Christiane Kolb

Aufklärung von Anfang an

Christiane Kolb

Aufklärung von Anfang an

Mit Kindern über Körper, Gefühle und Sexualität sprechen

Für Eltern von Kindern von 0 bis 10

Kösel

Sollte diese Publikation Links auf Webseiten Dritter enthalten, so übernehmen wir für deren Inhalte keine Haftung, da wir uns diese nicht zu eigen machen, sondern lediglich auf deren Stand zum Zeitpunkt der Erstveröffentlichung verweisen.

Dieses Buch wurde mit großer Sorgfalt verfasst und vielfältig gegengelesen, um Diskriminierung sowie nicht-intendierte klischeehafte oder verletzende Darstellungen zu vermeiden. Um Nähe zu möglichst vielen Eltern herzustellen, nutzt es eine neutrale Sprache und gelegentlich den Genderstern, der die Existenz von mehr als zwei Geschlechtern anzeigt. Trotzdem ist oft von Frauen und Männern, Mädchen und Jungen die Rede – weil Eltern und Kinder sich mit den Konzepten auseinandersetzen müssen, die vertraut sind. Leser*innen werden schnell erkennen, dass das Buch für vielfältige, nichthierarchische Perspektiven auf geschlechtliche Identität und sexuelle Orientierung argumentiert und dafür sensibilisiert. Die Autorin ist sich der Limitierung ihres Standpunkts ebenso wie des getroffenen Kompromisses bewusst.

MIX
Papier aus verantwortungsvollen Quellen
FSC® C083411
FSC www.fsc.org

Klimaneutral
Druckprodukt
ClimatePartner.com/14044-1912-1001

Penguin Random House Verlagsgruppe FSC® N001967

Lektorat: Imke Oldenburg
Sensitivity Reading: Alex Rump
Umschlag: Weiss Werkstatt München
Umschlagmotiv: Tatevosian Yana / Shutterstock.com
Satz: Satzwerk Huber, Germering
Druck und Bindung: CPI books GmbH, Leck
Printed in Germany
ISBN 978-3-466-31189-7
www.koesel.de

Inhalt

Willkommen

Ein Vorwort

Dieses Buch ist für Eltern♥ und alle, die erziehen: ein Aufklärungsbuch – im doppelten Sinn. Das möchte ich kurz erklären. Zuerst will dieses Buch dabei helfen, bei der Aufklärung von Kindern passende Worte zu finden und gute Wege zu gehen. Als studierte Sexualwissenschaftlerin kann ich hilfreiche Orientierung geben und fundierte Antworten auf viele Fragen rund um Sexualität gleich dazu. Als Mutter stehe ich für Geduld und Einfühlungsvermögen, weil ich den Alltag und die manchmal verwirrenden, manchmal lustigen Momente rund um Sex-Themen mit Kindern kenne, das mulmige Gefühl, Scham, Kichern, Lachen. Und wenn es einmal keine einfache Antwort gibt (weil Sexualität persönlich ist und kompliziert sein kann), dann ist mein Ziel, gute Gedanken anzustoßen. Am Ende sollen Sie als vertraute Bezugspersonen bei diesem sensiblen Thema selbst entscheiden, was sich für Sie und Ihr Kind richtig anfühlt. Schließlich empfindet rund um Lust, Liebe und Geschlechterfragen jeder und jede anders.

♥ *Ich verwende hier oft verallgemeinernd den Begriff Eltern und die Kategorien Väter und Mütter, obwohl mir klar ist, dass mehr Menschen Verantwortung für Kinder übernehmen, nämlich Bonuseltern, Verwandte, Verbandelte, diverse Erziehende, interessierte Fachkräfte. Sie (ich meine Sie persönlich) sind so am Wohlergehen »Ihrer« Kinder interessiert, dass Sie dieses Buch lesen. Danke dafür.*

Wundern Sie sich nicht, dass ich bei diesem Buch früh ansetze. Es widmet sich der Aufklärung, besser gesagt der Begleitung vom Baby- und Kleinkindalter bis zur Grundschulzeit, und daher schauen wir uns die Entwicklung der Kinder schon in diesem frühen Alter genau an. Dafür gibt es gute Gründe: Es ist wissenschaftlich belegt, dass Eltern und das Umfeld tief gefühlte Gewissheiten zu Körper, Liebe, Gefühlen und intimen Grenzen weitergeben. Wir prägen unser Kind von dem Moment an, in dem es auf die Welt kommt. Wenn wir über das Geschlecht eines Wunschkindes fantasieren (auch das gehört zum Themenkomplex Sexualität), sind unsere Gedanken sogar schon vor der Empfängnis davon geprägt: »Ich möchte einen Jungen, ein Mädchen, weil…«. Vom Zeitpunkt der Geburt an verhalten wir uns auf die eine oder andere Weise gegenüber einem Kind – in der Beziehung, die wir zu ihm aufnehmen, zum Körper, zu seinem Geschlecht, indem wir Gefühle einordnen. Vieles von dem, was wir tun, hat Einfluss auf die psychosexuelle Entwicklung. Ein schönes Beispiel dafür ist der Umgang mit den Genitalien. Bereits beim Wickeln ist die intime Zone berührt. Idealerweise fördern wir das Körperbewusstsein des Kindes, indem wir respektvoll agieren und angemessene Worte für die Genitalien vermitteln. Und so legen wir bis in die Grundschulzeit Grundlagen zum guten, gesunden Umgang mit Körper, Liebe und Beziehungen – immer und überall, bei unzähligen alltäglichen Begebenheiten.

Dabei hält die kindliche Entwicklung Situationen bereit, die unsicher machen können. Sich »da unten« anfassen und forschen. Das sogenannte Doktorspiel. Grenzwertige Worte. Und wie und wann erklären wir, woher die Kinder kommen? Sie werden sehen: Dieses Buch behandelt Kapi-

tel für Kapitel konkrete Erziehungssituationen und ordnet sie dabei in die psychische und körperliche Entwicklung ein, damit Sie Ihr Kind achtsam begleiten können.

Dazu kommt ein zweiter Teil der Aufklärung: Das Buch will auch Sie aufklären – über sich. Es möchte Ihnen helfen, sich Ihrer eigenen Haltung zu sexuellen Themen bewusst zu werden. Denn die geben wir als Eltern und Erziehende im Umgang mit Kindern unwillkürlich weiter. Uns leiten tiefe Gefühle und verinnerlichte Regeln, in der Sexualität sehr persönliche dazu. Zum Beispiel, wenn es um Nacktheit geht, oder das Richtig und Falsch »für eine Frau« oder »für einen Mann«. So können im Bad Grenzen berührt werden; dabei fragt ein Kind nur nach dem Penis oder der Vulva und kennt – buchstäblich – keine Tabus. Gefühlt geht es für Eltern in diesen Momenten um alles: das Ich, den Körper in all seiner Verletzlichkeit, die Sicherheit, gesellschaftliche Regeln.

Darum stellt das Buch Fragen an Sie. Denn wenn wir erkennen, welche Werte und Gefühle uns leiten, können wir selbstsicher und bewusst entscheiden, was wir weitergeben möchten. Eines kann ich versprechen: Die Suche nach diesen Werten und Gefühlen ist extrem spannend. Aufklären bedeutet hier nämlich auch, etwas sichtbar zu machen, was zuvor im Dunklen lag. Ob Tabu, Gefahr oder die Faszination aufregender Gefühle: Ich bin überzeugt, im Hellen kommen wir besser damit zurecht.

Noch etwas: Beim Nachdenken über die eigenen Werte rund um Sexualität landen wir automatisch bei der eigenen Aufklärung. Denn so wie unsere Kinder jetzt von uns geprägt werden, wurden auch wir von klein auf von unseren eigenen Eltern geprägt. Jede*r ertappt sich mal bei dem Gedanken: Hilfe, ich klinge wie meine Mutter oder wie mein Vater. Deshalb lädt das Buch ein, nach heutigem Stand zu sortieren: Was hat bei der eigenen Aufklärung geholfen? Was hat gefehlt? Warum reagiere ich bei meinem Kind vielleicht gar nicht so »aufgeklärt« wie ich möchte? Die folgenden Seiten bieten die Chance, gefühlte Wahrheiten und falsche Tabus durch besseres Wissen zu ersetzen.

Es erwartet Sie eine fundierte Wissensbasis aus der Kindheitsforschung und -pädagogik, die Ihnen inspirierende Einsichten für den Erziehungsalltag ermöglichen soll.

So begleitet kann Ihr Kind geschützt und selbstbewusst zu seinem positiven Umgang mit Körper, Geschlecht, Liebe und deren Grenzen finden.

Wie oft habe ich in Workshops und Seminaren Stoßseufzer wie diese gehört: »Hätte ich nur früher gelernt, über meine Bedürfnisse zu sprechen.« – »Hätte mir das mal jemand erzählt!« – »Wäre mir das bewusst gewesen …«. Das soll Ihren Kindern anders gehen. Und Ihnen als Eltern auch. Dazu möchte ich mit diesem Buch beitragen.

Ein Plädoyer für bewusste Erziehung rund um Sexualität

Eine Einführung

Zu Beginn behaupte ich einfach mal: Eigentlich ist das Begleiten von Kindern im Themenfeld Sexualität einfach. Es reicht, wenn Eltern sich in der akuten Erziehungsfrage rund um Körper, Liebe, Lust und Geschlecht in die eigene Kindheit zurückversetzen und sich fragen: Welcher klärende Satz, welche Reaktion hätte mir damals geholfen? Dann geht es zurück in die Gegenwart: Was hilft jetzt meinem Kind weiter? Wenn Sie eine Antwort auf diese Frage haben, können Sie sie direkt in die Tat umsetzen – los geht's! Das ist die Kernidee dieses Buches (plus ein Kilo Fachwissen und zwei Pfund einfühlsame Überlegung).

Bestimmt stellt nun der eine oder die andere fest: Über Sexualität zu sprechen, ist gar nicht so leicht. Früher gab es weniger gute Aufklärung und offene Worte als wünschenswert. Über Sexualität wurde in vielen Familien nicht geredet. Wenn es bei Ihnen anders war, hatten Sie großes Glück. Viele Erwachsene erinnern sich eher an Sätze wie: »Das ist nichts für dich« oder: »Dafür bist du zu klein«.

Manchen geht vielleicht sogar der unsägliche Vorwurf nach: »Wie kommst du bloß darauf!« Als würde ein Kind einen Fehler begehen, wenn es nach Fakten des Lebens fragt, nach Dingen, mit denen jeder und jede Heranwachsende umzugehen lernen muss. Anderen dröhnt noch das Schweigen der Eltern in den Ohren. Dabei war es den Eltern nur selbst peinlich, »darüber« zu sprechen. Doch Kindern helfen weder Empörung noch Unwissenheit, wenn sie die komplizierten Regeln und Entwicklungen rund um Körper und Sexualität verstehen wollen. Und dennoch hören manche Kinder leider selbst heute noch abwehrende Sätze.

Obwohl sie ein scheinbar allgegenwärtiges Aufregerthema ist, finden Eltern immer noch überraschend wenig Unterstützung bei der Erziehung rund um die Sexualität. Über Sexualität spricht man (immer noch) wenig, obwohl sie gleichzeitig ständig in den Medien diskutiert wird, beispielsweise im Zusammenhang mit Themen wie Body Positivity, neue Geschlechterverhältnisse und sexuelle Vielfalt, aber auch #MeToo, Missbrauch und Porno. Was ergibt sich aus diesem Ungleichgewicht für die aktuelle Erziehung? Trotz scheinbar größerer Offenheit bleiben viele Fragen – und Ängste. Und das, obwohl junge Eltern geradezu umzingelt sind von Ratgebern voller Rezepte und guter Hinweise dazu, was richtig ist und was falsch. Da geht es um die Geburt, das erste Jahr, die Kleinkind- und Schulzeit, ums Stillen, Einschlafen und vieles mehr. Doch was ist mit den Gefühlen rund um Körper und Liebe? Mein Eindruck ist: Ja, es gibt inzwischen viele wunderbare Bilderbücher zu Körper, Identität und Beziehungen. Doch liebevoll aufbereitete Hintergrundinformationen explizit für *Eltern* jüngerer Kinder gibt es selten. Dabei landen die vielen »sexuellen« Fragen und Situationen doch bei ihnen. Ist das, was mein Kind macht, normal oder Grund zur Sorge? Hier finden Sie viele Antworten.

Sexualität ist immer ein Thema – auch für kleine Kinder

Ein paar wenige Menschen meinen, Sexualität gehöre als Thema grundsätzlich nicht ins Kinderzimmer, passe nicht zum Bildungsauftrag von Kindertagesstätte oder Grundschule. Sie liegen falsch (oder schauen weg), denn Sexualität spielt in jedem Lebensalter eine Rolle – allerdings nicht in der Form, an die wir Erwachsene sofort denken. Das betonen auch Experten und Expertinnen aus Psychologie, Kindheitsforschung, Sexualwissenschaft und pädagogischer Praxis.

Denn all das ist Sexualität und kommt bei Kindern vor: die Akzeptanz des eigenen Körpers und Geschlechts, die Art und Weise, wie Menschen Beziehungen gestalten, Normen zu Scham, Grenzen und Nähe, Liebe und gute wie schlechte Gefühle von klein auf. Sexuelles schwingt mit in der Neugier auf den Körper. Sie kommt vor in Rollenspielen wie »Vater, Mutter, Kind«, vielleicht sogar mit dem Stethoskop beim Doktorspiel. Was Kinder da tun, kann Eltern unruhig machen. Doch es eröffnet auch Chancen, gute Werte zu vermitteln. Genau darum ist es wichtig, dass die Erwachsenen kompetent reagieren.

In meinem Studium der Sexualwissenschaften ging es mir nah, als sich Theorie und Praxis verschränkten. Vielleicht war das sogar eine Art Initialzündung für dieses Buch: Im Blockseminar nahmen wir die Entwicklung der frühen Kindheit durch, zu Hause war eine meiner Töchter in intensive Doktorspiele vertieft. Später stolzierte die andere mit Freundinnen wochenlang auf Stöckelschuhen durchs Kinderzimmer und sprach mit pseudoweiblicher Fiepselstimme – ich fand's gruselig. Nummer zwei schlüpfte phasenweise in Anzug und Krawatte. Gleich war ich mitten in den Geschlechterfragen: Was sage ich dazu? Wie sind Frauen, wie Männer? Wie sollen sie sein? Wie werden wir zu der Person, die wir sein wollen? Vor dem Hintergrund dieser Erfahrungen kann ich ein Problem gut nachempfinden, vor dem viele Eltern immer wieder stehen: in der Theorie zu wissen, was Sache ist, und in der Praxis entspannt zu reagieren, sind bei aufregenden Themen zwei Paar Stiefel. Ich hätte mir einen Ratgeber gewünscht, der mich beim Begleiten der Kinder begleitet.

Was die Sache so kompliziert macht

Dass es so wenig Informationen für Eltern gibt, hat damit zu tun, wie sensibel das Thema für uns ist. Schließlich geht es im Familienleben plötzlich nicht mehr um allgemeine Sachverhalte, sondern um uns persönlich. Sexualität geht uns nahe, wir können nicht allgemein bleiben wie bei so vielen anderen Themen. Selbst wenn »nur« das Kind fragt, landen wir schnell bei intimen Gefühlen, vieles ist besetzt mit peinlichen Gedanken, Hemmungen, Grenzen und Scham. Damit umzugehen, ist nicht einfach.

Und mal ehrlich: Wer ist schon ganz und gar im Einklang mit dem eigenen Körper? Wer ist dauerbeglückt und -befriedigt in Liebe und Lust? Das geht gar nicht. Es ist unrealistisch, dass die eigenen emotionalen und körperlichen Bedürfnisse für immer und ewig und zugleich in jedem einzelnen Moment zu denen des Partners oder der Partnerin passen. Das gesellschaftliche Idealbild der Liebe und der Sexualität können Menschen kaum erreichen. Das würde erstens voraussetzen, dass jede Person für sich mit all diesen komplizierten Themen im Einklang ist. Zweitens würde es (blindes) Einverständnis mit dem Partner oder der Partnerin erfordern. Und drittens sollen die privaten Gefühle in den Kontext einer

Gesellschaft passen. Ich setze dagegen: Auf allen drei Ebenen kann Sexualität kompliziert sein.

Deshalb werde ich in diesem Buch nicht das Hohelied der Perfektion von Liebe und Lust singen. Stattdessen sage ich: Das ist alles menschlich. Menschen sind verschieden. Empfindungen sind verschieden. Es ist nicht alles einfach mit dem schönsten der Gefühle. Wir alle spüren dann und wann eine Diskrepanz zwischen Körper und Seele, Wollen und Können, Bewusstsein und Unterbewusstsein. Betrachten wir Unterschiedlichkeit und Vielfalt in der Sexualität also mit Empathie und Menschlichkeit. Dann können wir leichter genießen, lieben und fühlen.

Kompliziert wird die Sache auch dadurch, dass die Beschäftigung mit Kindheit und Sexualität als doppelt sensibel gilt. So sensibel, dass manche Menschen meinen, es wäre gefährlich, sich überhaupt Gedanken darüber zu machen. Und tatsächlich ist die Sorge, dass das erwachsene Wissen und Handeln in Lust und Liebe Gefahren bergen kann, berechtigt. Menschen fügen einander im Namen der Sexualität emotionale Verletzungen zu, überschreiten Grenzen. Erfahrungen von Ablehnung und Abwertung in Beziehungen oder im Geschlecht treffen tief. Doch diesen Gefahren begegnen Eltern nicht, indem sie wegsehen, weghören und verstummen, sondern indem sie Kindern zwei Dinge vermitteln, natürlich altersgemäß, achtsam und zum Entwicklungsstand des Kindes passend:

Einerseits geht es darum, Kindern zu zeigen, wie sie sich selbstbewusst gegen solche Verletzungen verteidigen. Andererseits sollten wir ihnen beibringen, anderen mit dem Respekt und der Vorsicht zu begegnen, den wir selbst einfordern. Und um das zu vermitteln, brauchen Eltern Grundwissen rund um das Thema Sexualität beim Aufwachsen.

Wissen für Eltern: Aufklärung für Aufklärer

Das bringt mich zum Punkt: Eltern wissen heute so viel – aber kaum etwas zur psychosexuellen Entwicklung von Kindern. Und so verwundert es nicht, dass viele Erwachsene verunsichert sind, wenn ihnen das Verhalten eines Kindes »sexuell« erscheint. Wie verbreitet das ist, zeigen diese Erziehungsfragen – Klassiker an Elternabenden und in der Beratung. Wir brauchen also Aufklärung für Aufklärer.

- Wie häufig kommt Doktorspiel vor? Ist es okay oder gefährlich?
- Welche Begriffe sind richtig für die Genitalien?
- Wie sollen wir mit der Nacktheit in der Familie umgehen? Was ist natürlich, was nicht?
- Wie sollen wir reagieren, wenn sich das Kind gerade so gerne nackig macht: verbieten oder ermöglichen?
- Wo setzen wir Grenzen, wenn ein Kind die Genitalien erkundet?
- Was bedeutet es, wenn ein Kind dort ein schönes Gefühl entdeckt?
- Sollen Eltern explizit vor sexuellem Missbrauch warnen? Oder lösen sie so nur Ängste aus?
- Müssen Sätze wie »Mit Mädchen kann man nicht spielen« oder »Jungs sind doof« sein? Was sollen wir darauf entgegnen? Wir wollten doch geschlechtergerecht erziehen.

Erkennen Sie sich in diesen Fragen wieder? Solche Elternfragen begleiten jedes Kapitel dieses Buches. Sie stammen beispielsweise von Eltern, denen ich im Rahmen sexualpädagogischer Veranstaltungen oder Beratungen begegnet bin, oder bei Projekten, an denen ich beteiligt war. Alle diese Fragen (die Namen und exakten Altersangaben wurden zum Schutz der Privatsphäre geändert) zeigen, was Eltern heute beschäftigt und verunsichert. Doch es geht mir in den folgenden Kapiteln nicht darum, auf jede dieser Fragen *die* richtige Antwort zu finden. Vielmehr möchte ich die Fragen in Informationen zum jeweiligen Thema einbetten, denn am Ende geht es nicht um den einzig richtigen, seligmachenden Satz, sondern um eine Haltung, die für Sie passt. Ich möchte Wissen und Umsicht vermitteln, die Ihnen helfen, Ihre Position zu klären und eine angemessene Antwort für Ihr Familienleben zu finden. Gerade in der Sexualität gibt es selten ein objektives Richtig und Falsch. Für Eltern geht es darum, im Einklang mit eigenen Werten und Überzeugungen zu handeln.

Ein Blick zurück: Die eigene Prägung rund um Sexualität

Wenn eine alltägliche Begebenheit mit dem Kind wie aus dem Nichts zu sexuellen Fragen führt, berührt das uns Erwachsene oft emotional. Zum Beispiel, wenn unser Kind fragt, wie das »da unten« heißt. Es kann kurz peinlich (oder lustig) sein, wenn der Nachwuchs beim Baden oder Duschen ein Wort nennt, das eher ein Schimpfwort ist, oder eines, das wir gar nicht mögen. Ich denke, jeder Mensch kennt einige Bezeichnungen für die Genitalien, die er oder sie selbst verwendet, und darüber hinaus andere, die vielleicht okay wären, aber doch irgendwie fremd. Hören wir nun von unserem Kind solche Begriffe, reagieren wir unangenehm berührt. Das ist ganz normal. Mir geht es darum, an diesem Beispiel zu verdeutlichen, wie vertraut und tief verinnerlicht sexuelles Wissen ist. Woher kommt es? Welche Haltung zeigt sich darin? Vermutlich haben unsere eigenen Eltern uns unsere Worte in einer ähnlichen Situation im Bad vermittelt.

Und das führt zu der Frage: Geben wir unserem Kind eine ähnliche Haltung mit wie die, die uns im Elternhaus geprägt hat? Oder lösen wir uns davon und erzählen ihm, dass es mehr Worte gibt? Dann sind andere Begriffe, die das Kind anderswo aufschnappt, nicht mehr so befremdlich. Es ist eine Entscheidung, sich hier von den eigenen Kindheitserfahrungen abzugrenzen. Allerdings stimmt das unwillkürliche Handeln in einer Erziehungssituation – benutze ich dieses oder jenes Wort? – häufig nicht mit dem überein, was wir weitergeben möchten: »Ich wollte offener sein, nicht dieses alte Wort benutzen!« Solche Gedanken gibt es immer wieder.

Ein anderes Beispiel sind Haltungen zu Geschlechterfragen, das zeigen viele Experimente und der Blick in Spielzeugläden. Wir möchten gerne gleichberechtigt erziehen und fallen doch in Stereotype zurück, weil sie uns so vertraut sind. Wie oft ertappe auch ich mich dabei, dass ich das Aussehen meiner Mädchen lobe. Dabei sollen sie doch nicht ständig gefallen wollen, den eigenen Wert nicht vom Urteil anderer abhängig machen.

Und es geht nicht nur mir so: Die Wissenschaft hält uns bis heute den Spiegel vor und offenbart, dass wir bis über die Ohren in den Klischees stecken. Eindrücklich beweist das die BBC-Dokumentation *No More Boys and Girls*[1], die auch in einer deutschen Version zu sehen war: schon siebenjährige Kinder haben die klischeebehafteten Rollenbilder der Umwelt verinnerlicht. Das zeigt auch eine amerikanische Studie[2] aus dem Jahr 2017: Kindern im Vorschul- und Schulalter wurde die Geschichte einer besonders schlauen Person erzählt, ohne Hinweis zum Geschlecht. Anschließend wurden sie gefragt, ob das eine männliche oder eine weibliche Person war.

Im Alter von fünf Jahren ordneten die Kinder die Person überwiegend dem eigenen Geschlecht zu. Ab dem Alter von sechs Jahren stieg die Prozentzahl der Mädchen, die meinten, die smarte Person müsste ein Mann sein. Woher kommt das? Gelernt, vom Umfeld. Wann und wie das passiert, wiesen schon 1975 die berühmten »Baby X«-Studien[3] nach: Erwachsene behandeln bereits einen Säugling anders, je nachdem, ob sie anhand der Kleidung glauben, einen Jungen oder ein Mädchen im Arm zu halten.

Geht es um Identität und Intimität, wird unser Verhalten also von tief geprägten Überzeugungen geleitet, die unserem aufgeklärten Wissen und unseren Wünschen oft widersprechen. Dieses Buch will helfen, diese Überzeugungen zu Intimität, Körper, Scham und Geschlechtern zu erkennen, neu zu bestimmen und bewusster darin zu handeln – sich selbst und dem Kind gegenüber.

Mit Blick nach vorn: Wie kommen wir weiter?

Wie erkennen wir diese Haltungen und lernen, anders zu handeln? Spätestens hier wird es Zeit, dass ich mich bedanke, und zwar bei der englischen Psychotherapeutin Philippa Perry, deren Bestseller *Das Buch, von dem du dir wünschst, deine Eltern hätten es gelesen (und deine Kinder werden froh sein, wenn du es gelesen hast)*[4] mich berührt und inspiriert hat. Perrys Grundthese lautet, dass unsere Eltern unser Denken in vielen Bereichen prägen und wir diese Prägung oft an unsere Kinder weitergeben. Sie leitet in ihrem Buch dazu an, unbewusste Denkmuster aufzuspüren und zu überwinden – vor allem, wenn sie uns und unser Kind belasten, oder wenn damit verbundene Gefühle uns blockieren, statt uns zu befreien. Und es lohnt sich, wenn wir als Eltern scheinbar selbstverständliche Gewissheiten hinterfragen, denn wir möchten bei unseren Kindern ja eine gute, gesunde Entwicklung fördern, und nicht falsche oder hemmende Vorstellungen weitergeben.

Die eigene Aufklärung – oder Nicht-Aufklärung – wirft also einen langen Schatten auf die nachfolgenden Generationen. Genau darum biete ich Ihnen in diesem Buch selbstreflexive Einheiten an, die Zugang zu tiefen Überzeugungen und komplizierten Gefühlen ermöglichen sollen. Das hat zwei Vorteile: Einerseits können Sie damit Ihre persönlichen Überzeugungen ins Bewusstsein holen und überprüfen. Darüber hinaus bringt dieser Blick Sie auf Augenhöhe mit Ihrem Kind: Sie können nachfühlen, was es gerade bewegt (und was nicht). Dementsprechend können wir mit der buchstäblichen Rück-Sicht auf die eigene Kindheit besser verstehen, vor welchem Hintergrund das Kind Fragen stellt oder handelt. Das macht es einfacher, altersgerecht zu reagieren.

Ich verspreche: Wenn Sie in den Tiefen der Vergangenheit schürfen, soll Sie das nicht belasten. Selbst wenn nicht alle Erinnerungen schön ausfallen und Sie beispielsweise Wut verspüren angesichts dessen, was Eltern vermittelt haben (und was nicht): Sie können durch die Beschäftigung damit nur gewinnen – zuerst vielleicht Verständnis dafür, dass die eigenen Eltern es nicht besser konnten »mit der Aufklärung«. Vermutlich litten sie selbst unter den inneren Begrenzungen und lückenhaftem Wissen. Darüber hinaus bietet das Nachdenken Ihnen die Chance, negative Muster zu erkennen und zu verändern. Wir können lernen, besser für uns sorgen, Gefühle klären und anders handeln. Wer weiß, vielleicht bringen die neuen Erkenntnisse sogar frischen Wind in die eigene Sexualität und Partnerschaft. Was, wenn ein alter Glaubenssatz nicht der Wahrheit entspricht? Zum Beispiel die Vorstellung, dass man über sexuelle Wünsche nicht sprechen darf. Oder die, dass weibliche sexuelle Wünsche weniger wichtig sind als die des Mannes. Oder das Gefühl, dass man sich für Partien des eigenen Körper schämen müsse. Hier liegt eine Chance für jeden und jede, denn sexuelles Lernen funktioniert ein Leben lang.

Aufregende Entwicklungen: Das geht unsere Kinder an

Eine fundamental wichtige Begründung für dieses Buch erwähne ich erst jetzt, obwohl sie als Thema in den Medien ständig präsent ist: der aktuelle Umgang mit Sexualität, Sex im 21. Jahrhundert. Die Normen und Verhaltensregeln rund um die Sexualität sind immer in Bewegung und ändern sich. Darum muss jede Generation neue Antworten finden, für die eigene Gestaltung von Sexualität – und für die Aufklärung der nächsten Generation.

Neue religiöse und gesellschaftliche Strömungen, technische und medizinische Möglichkeiten, Pandemien (wie das HI-Virus gezeigt hat) – sie alle führen dazu, dass sich nicht nur die Möglichkeiten, sondern auch die Gefahren rasant verändern. Ob Corona die Beziehungswelt verändert, wird sich zeigen. Darum ist (auch für Eltern) aktuelles Wissen rund um Sexualität wichtig. Was geben wir Kindern mit, damit sie für die realen positiven wie negativen Entwicklungen gewappnet sind?

Ein paar Beispiele, um zu verdeutlichen, worum es geht: Die sexuelle Revolution der 70er-Jahre hat die Sexualität von vielen Tabus befreit, doch die (scheinbar) unbegrenzten Möglichkeiten haben Lust und Beziehungen auch zur Verfügungsmasse gemacht. Sex wird heute oft als Grad- und Leistungsmesser für Attraktivität und Beziehungsgüte betrachtet, wirkt wie ein Handelsgut und ein To-do, in dem Stellungseinlagen wie im Porno erforderlich sind. Manchmal scheinen der Zauber von Liebe, Leidenschaft und geheimnisvoller Intimität keine Rolle mehr zu spielen. Wollen wir Eltern das kommentarlos gelten lassen?

Eine andere – positive – Entwicklung ist das Empowerment einst marginalisierter Gruppen. Die Frauen- wie die Lesben-, Schwulen- und queere Bewegung hat Gleichberechtigung für alle vorangetrieben. Für Stars wie Pink, Beyoncé, Lady Gaga oder Billie Eilish, in Filterblasen und Videos scheint die Gleichberechtigung kaum mehr eine Frage zu sein. Doch auf dem Pausenhof einer Grundschule sind die Akzeptanz von Vielfalt und die Gleichwertigkeit der Geschlechter längst nicht selbstverständlich. Die mediale Offenheit für sexuelle Orientierungen und geschlechtliche Identitäten♥ ist größer denn je – doch ob ein Teenager das eigene Selbstgefühl im Alltag ohne Ausgrenzung und verletzende Reaktionen zum Ausdruck bringen kann, ist extrem vom Umfeld abhängig. Das betrifft unsere Kinder.

Stichwort Internet: Hier herrscht oft große Offenheit, doch auf der anderen Seite machen die perfekten Vorbilder in den sozialen Medien Kindern von früh auf Druck. Scheinbar muss sich jeder und jede mit perfekter Äußerlichkeit selbstoptimiert als Gesamtkunstwerk präsentieren. Die digitale Welt bringt sexuelle Spielwiesen wie Tinder und Onlinepornos hervor, die Chancen, aber auch Risiken bergen. Womit muss ein Kind sich beim Aufwachsen auseinandersetzen?

♥ *Als kurze Einordnung: Die Geschlechtsidentität fragt, wie wir uns selbst im Geschlecht definieren, in körperlichem Geschlecht und der Geschlechterrolle. Die sexuelle Orientierung fragt, wen wir lieben und begehren. Sexuelle Identität fasst etwas unscharf unsere Selbstbeschreibung in sexuellen Aspekten.*

Moment, Ihr Kind ist noch ganz klein. Das ist doch alles weit weg, könnte man denken. Stimmt nicht ganz. Denn durch Bilder in den Medien, Serien, Kleidung, Spielzeug rücken stereotype Ideale und Themen massiv in die Kindheit vor. Denken Sie an Babypuppen, Barbie, Elfen, Lichtschwerter und Bausätze, die den Krieg zwischen Galaxien thematisieren, schon in der Kitazeit. Das Umfeld können wir nicht ausschalten.

Und apropos Geschlechter: Zu Hause geht die Prägung der Kinder sofort los, denn wir Eltern sind ihre ersten Vorbilder, meist als Prototypen von Mann und Frau. Zum Glück nehmen heute mehr Väter Elternzeit, viele sind aktiver in der Familie als ihre eigenen Väter es waren. Und doch diskutiert sicher jedes Paar über Job und Haushalt. An der hohen Teilzeitquote der Mütter und der Vollzeitquote von Vätern lässt sich ablesen, wie die Mehrheit der Kinder aufwächst. Dabei möchte ich nicht kritisieren, wofür sich Eltern oft aus guten Gründen entscheiden. Ich selbst war und bin zu Hause präsenter als mein Mann. Doch der gründliche Blick hilft, um realistisch einzuschätzen, inwieweit wir Geschlechtergerechtigkeit wirklich vorleben. Selbstverständlich nehmen kleine Mädchen und Jungen wahr, wer wickelt, wer zum Arzt begleitet, sie sehen *Germanys next Topmodel* (zumindest die Werbung dafür) und hören Rap. Das Weihnachtsbasteln in der dritten Klasse meiner Tochter begleiteten drei Väter und 15 Mütter. All unser Handeln rund um die unterschiedlichen Aspekte von Sexualität prägt unsere Kinder, ob wir wollen oder nicht.

Es gibt ein letztes aktuell herausforderndes Feld: Eltern brauchen fundierte Informationen über den Umgang mit den Gefahren der Sexualität. Eine neue Studie zu sexuellem Missbrauch zeigt, dass Übergriffe in der Familie in der Hälfte der Fälle vor dem sechsten Lebensjahr beginnen[5]. Experten und Expertinnen zufolge ist in jedem Klassenzimmer ein Kind von sexueller Gewalt betroffen.

Wenn ich darüber hinaus Pornoclips anspreche, ist mir klar, dass die erregten Bilder in Kita- und Vorschulzeit kaum eine Rolle spielen. Doch schon in der Grundschulzeit können Kinder beim Surfen aus Versehen Hardcorebilder zu Gesicht bekommen. Der erste Blick darauf findet bei den meisten Jugendlichen heute zu Hause statt, fanden Forscher 2018 heraus.[6] 30 Prozent der befragten Elfjährigen geben an, bereits pornografische Akte oder Bilder gesehen zu haben, zeigt eine andere Studie von 2016.[7] Zur sexuellen Grenzüberschreitung gehören auch sexuell abwertende Worte wie »Hure«, heute eher »bitch«, oder »schwul« und »fuck« – sie sind nach wie vor auf dem Schulhof unterwegs.

Darum gilt als Leitlinie für den Umgang mit diesen Entwicklungen: Geben wir Kindern ab dem Kleinkindalter das Handwerkszeug mit, um die eigene Integrität zu verteidigen und die Grenzen anderer zu respektieren. Kinder haben sogar ein Recht darauf, siehe Grundgesetz. Es braucht Wissen, um die freie Entfaltung der Persönlichkeit zu ermöglichen. Das gibt Sicherheit, für jetzt und für später. Als Eltern fungieren wir als Mittlerinnen und Entwicklungshelfer dafür.

Gebrauchsanweisung für die Lektüre

Lassen Sie mich zunächst noch einmal betonen, wie persönlich Sexualität ist. Sie rückt Menschen zu Leibe. Das ist natürlich. Sie geht nah, sogar unter die Haut. Seien Sie also gefasst darauf, dass manche Aussagen intime Gefühle berühren. Das ging auch mir beim Schreiben so, im Ringen um die passende Ansprache: Was ist offen genug, aber nicht offensiv? Doch drumherum reden bringt nichts, nur respektvolle Offenheit bringt uns weiter – auch wenn es manchmal kompliziert scheint, mit Kindern über Themen zu sprechen, über die »man« nicht spricht. Das ist vielleicht schon die erste Lektion in der Aufklärung von Anfang an.

Das ist mein Plan: Ich gehe Situation für Situation auf Erziehungsfragen ein, die Eltern zu sexuellen Themen bewegen. Vorgeschaltet ist ein eher theoretisches Kapitel mit grundsätzlichen Gedanken zu Kindheit und Sexualität, das ich Ihnen zur Einstimmung ans Herz legen will. Die Elternfragen und -aussagen, anhand derer ich die unterschiedlichen Aspekte und Themen beleuchte, habe ich schon genannt. Darüber hinaus finden Sie immer wieder Kästen und farblich hervorgehobene Abschnitte, die sachlich erläutern, Tipps und Input zusammenfassen. Kursiv gehalten sind kleine Übungen mit dem Titel »Rückblick«. Die dort gestellten Fragen können Sie intensiv überdenken oder überfliegen, je nachdem, ob sie Sie ansprechen oder nicht.

Wenn in Ihrem Erziehungsalltag gerade eine konkrete Frage brennt, können Sie direkt die entsprechende Seite aufschlagen. Ansonsten lautet meine Empfehlung, das Buch von vorn bis hinten durchzulesen, egal, wie alt Ihr Kind ist. Denn die Themen bauen aufeinander auf und sind für das ganze Leben von Klein und Groß relevant. Selbst wenn das eigene Kind über die Kleinkindzeit hinaus ist, kann das Kapitel zu »Wie heißt das da unten?« spannend sein. Passende Worte, das Körperbild, Beziehungen zu sich und anderen, Grenzen, all das ist für jeden Menschen ein Thema. So ist es (auch) in der Sexualität: Alles hängt mit allem zusammen.

Viel Freude beim Lieben und Lernen!

1 Sexualität und Kindheit

Vier Antworten gleich zu Beginn

In den folgenden Kapiteln möchte ich Grundwissen zu Sexualität und Kindheit vermitteln, denn Eltern brauchen eine Vorstellung davon, welche Rolle Sexualität in den ersten Lebensjahren bis zum Ende der Grundschulzeit überhaupt spielt.

Im *ersten Kapitel* geht es darum, welche Aspekte von Sexualität in der frühen Kindheit vorkommen und wie sich die kindliche Sicht darauf von der erwachsenen Sicht unterscheidet.

Das *zweite Kapitel* fragt, welche Erfahrungen genau Menschen von klein auf in ihrer sexuellen Entwicklung beeinflussen; das sind nämlich nicht nur sexuelle Erfahrungen. In diesem Kapitel lade ich dazu ein, nachzuvollziehen, welche Erfahrungen Sie selbst geprägt haben.

Das *dritte Kapitel* zeigt auf, wann und wie Eltern jüngeren Kindern Inhalte zur Sexualität vermitteln können. Die Frage nach dem passenden Zeitpunkt und der richtigen Dosis von Wissen beschäftigt viele Eltern.

Das *vierte Kapitel* gibt schließlich einen umfassenden Überblick über die Meilensteine der psychosexuellen Entwicklung. Danach können Sie besser verstehen, wie Ihr Kind die Welt – hier die der Sexualität – begreifen lernt. Die zentralen Begriffe lauten: Augenhöhe, Augenmaß und Geschichte.

Ist Sexualität überhaupt ein Thema für kleine Kinder?

»Ich finde es unverantwortlich, kleinen Kindern etwas über Sex zu erzählen. Das ist viel zu drastisch. Sexualität kommt im Leben von Klein- und Kitakindern doch gar nicht vor.«

Marek, 35 Jahre, die Tochter Julika ist ein Jahr, Sohn Milos vier Jahre alt

Viele Menschen sind davon überzeugt, dass Sexualität kein Thema für kleine Kinder ist. Vermutlich haben sie die Gefahren und Rohheiten der sexuellen Welt im Blick. Doch bevor wir als Eltern das Thema pauschal ablehnen, sollten wir genauer schauen, welche Aspekte von Sexualität unseren Kindern beim Aufwachsen begegnen. Dann können wir sortieren – in Themen, die erklärungsbedürftig sind, in Situationen, die Erziehungshandeln erfordern, und in Tatsachen, die nicht ins Kinderleben gehören.

Lassen Sie uns zuerst einen Blick darauf werfen, was es bedeuten soll, wenn eine Sache »ein Thema« oder »kein Thema« ist. Viele behaupten ja, Sexualität sei für kleine Kinder kein Thema. Folglich müsse man sich nicht um das Thema kümmern und darüber sprechen. Doch das ist falsch. Denn Sexualität schwingt immer mit. Ich möchte das mit dem Thema Liebe vergleichen. Liebe ist in der Erziehung immer präsent, aber wir reden nicht ständig darüber. Eltern erklären einem Säugling oder Kleinkind nicht, was sie theoretisch tun, wenn sie Liebe leben: Sie reagieren Tag für Tag auf praktisch jede Lebensäußerung ihres Babys, nehmen es in den Arm, wenn es weint, antworten auf jedes Glucksen. Sie geben Nahrung, Sicherheit und Fürsorge. Das Baby nimmt auf: Die Liebe umgibt mich wie die Luft zum Atmen.

Und genauso ist es mit der Sexualität. Auch sie ist in vielerlei Hinsicht immer präsent, selbst wenn wir nicht darüber nachdenken. So klingen etwa beim Halten, Wickeln, Waschen, Trösten und Knuddeln Aspekte von Sexualität an, die sich in Nähe und Beziehung, respektvollem Umgang mit Körper und Seele äußern. Das Kind erlebt: So fühlt es sich an, sich körperlich und seelisch in Balance zu fühlen. Schon im Baby- und Kleinkindalter gibt es also viele Facetten von Sexualität, mit denen Eltern im Familienalltag achtsam umgehen sollten. Allerdings bedeutet das nicht, dass sie mit einem Kind ständig ausufernd und detailreich über Sexualität sprechen müssen und sie ständig wortwörtlich als Thema auftaucht.

In den Diskussionen darüber fällt auf: Menschen, die dem Thema Sexualität in der Kindheit skeptisch gegenüberstehen, verwenden »Sex« und »Sexualität« häufig als Synonyme. Doch das ist ein Trugschluss, denn die Begriffe bezeichnen nicht dasselbe. Richtigerweise leuchten bei »Sex und Kindheit« Warnlampen auf. Schließlich steht Sex für den Teil der Sexualität, der in der kindlichen Welt nicht vorkommt: Sex, wie ihn Erwachsene an intimen Rückzugsorten ausüben – leidenschaftliches Begehren mit Körper, Genitalien und Seele in all seiner Schönheit und mit entsprechenden Risiken. Die erwachsenen Handlungen sind das Sperrgebiet, um das wir für Kinder ein rotes Band ziehen. Überhaupt hat handfester Sex wenig mit den sexuellen Fragen der Kindheit zu tun. Es gibt nur wenige Berührungspunkte – und wenn, dann sollten Eltern über die Chancen, Gefahren und Wege zum Schutz informiert sein. Darum geht es etwa in den Kapiteln zu Missbrauch, Doktorspielen und Körpererkundung. Denn natürlich fragen Eltern sich je nach Situation amüsiert bis peinlich berührt, wie sexuell es ist, wenn Kinder Liebemachen nachspielen oder Genitalien untersuchen. Ist das ein Fall für die Warnleuchte oder gibt es grünes Licht?

Kommen wir zum unterschiedlichen Blick von Kindern und Erwachsenen etwa auf intime Handlungen. Mit Blick auf kleine Kinder ist es ein bisschen wie beim Spiel »Ich sehe was, was du nicht siehst«. Noch genauer müsste es heißen: »Ich sehe was, was gar nicht da ist« – weil Kinder, wenn sie intime Handlungen nachspielen, nicht das tun und intendieren, was wir darin sehen, nämlich erwachsen-sexuelles Verhalten. Den Unterschied zwischen dem kindlichen und dem erwachsenen Blick auf Sexualität erhellt die Sexualtherapeutin Ina-Maria Philipps.[8] Kinder handeln aus Neugier und Unbefangenheit, wenn es um Zärtlichkeit und das Kennenlernen des Körpers geht. Sie suchen Wohlbefinden mit allen Sinnen, nicht zielgerichtet genital orientierte Lust wie Erwachsene. Sie kennen weder die Bedeutungen noch die Regeln zu Körper und Liebe, die uns Erwachsenen in Fleisch und Blut übergegangen sind. Kleinen Kindern geht es fast immer um das Ausprobieren von Rollen oder Testen von Nähe, was Philipps »Probehandeln« nennt. Ihr kindlicher Antrieb ist, die Welt zu verstehen. Hier ein kompakter Vergleich der Perspektiven:

Psychosexuelle Entwicklung: Die Perspektiven von Kindern und Erwachsenen

Dimension	So sehen Erwachsene Sexualität	So sehen Kinder Sexualität
Wie wird gehandelt?	• zielgerichtet • entlang der entwickelten, eigenen (Geschlechts)-Identität	• spontan, neugierig, spielerisch • nicht auf die Zukunft hin, (noch) nicht orientiert an einer festen Identität
Was ist das Ziel?	• genitale Sexualität und Befriedigung • Außenwirkung • partnerschaftliche Intimität	• Erleben des Körpers mit allen Sinnen • ganz bei sich sein • Körpererkundung • Körperwahr-nehmung
Was sind die Bedürfnisse?	• Wunsch nach Nähe, Geborgenheit, Vertrauen • auf Erregung, Begehren ausgerichtet • Befriedigung	• Wunsch nach Nähe, Geborgenheit, Vertrauen • Schaffen von Wohlgefühl beim Kuscheln, Umarmen • Neugier befriedigen, Ausprobieren
Wie drückt sich Sexuali-tät aus?	• Zärtlichkeit, Masturbation, Geschlechtsverkehr • beziehungsorientiert • in der erwachsenen, privaten Sphäre	• Doktorspiele • Vater-Mutter-Kind-Spiele, Rollenspiele • Handlungen werden nicht als sexuell wahrgenommen
Wie bewusst wird gehan-delt?	• absichtsvoll • befangen. Tabus und Scham sind bewusst • Grenzen und Gefahren sind bewusst	• unbefangen • Normen und Grenzen zu Intimität sind nicht oder noch kaum bewusst

Hier wird deutlich, dass es in die Irre führt, wenn Erwachsene spielerisch-kindliches Handeln als erwachsen-sexuell einordnen. Darum lautet der Rat von Fachkräften: Wenn Sie Ihr Kind in einer Handlung erleben, die Sie als unpassend sexuell empfinden, setzen Sie die kindliche Brille auf: Wie sieht das Kind sein Tun? Was versteht es davon? Ist das nur zum Spiel, also Probehandeln? Dann fällt es leichter, angemessen zu reagieren. Selbstverständlich gibt es Situationen, in denen Erwachsene formulieren sollten, dass sie etwas nicht möchten und warum. Der entscheidende Punkt, auf den ich hinaus möchte, lautet: Ohne Verständnis für die kindliche Intention reagieren Eltern aufgebracht, ängstlich und abwehrend. Mit mehr Verständnis gelingt es, das Kind auf seinem Entwicklungsniveau abzuholen und mit Augenmaß Grenzen, Möglichkeiten und Regeln zu vermitteln.

Gleichwohl ist aller Neugier und Arglosigkeit zum Trotz nicht jedes Tun im unbeobachteten Winkel oder hinter Büschen harmlos, nur weil Kinder handeln. Wer Kinder aufzieht weiß, wie lange es braucht, bis ein Kind Selbstkontrolle erlernt, bis es die sozialen Regeln verinnerlicht hat und Vernunft das Handeln leitet. Auf dem Weg dorthin verletzen Kinder Grenzen, manchmal unbedarft, manchmal mit Absicht, zum Test. Die Entwicklung zum sozial kompetenten Wesen führt über viele Wünsche, die nicht erfüllt werden können, macht Stress, verletzt Seelen und bringt Wutausbrüche mit sich. Sie nimmt eher selten Rücksicht auf andere. Genau deshalb ist es in der Sexualerziehung wichtig, nicht wegzuschauen, sondern zu identifizieren: Was ist das Thema für mein Kind, welche Entwicklungsaufgabe verbirgt sich darin? Statt eines Tabus rund um Sexualität vermitteln Eltern so Schutz und ein sicheres Selbstbewusstsein.

Um klarer zu sehen, welche Phänomene der Oberbegriff Sexualität umfasst, sammelt der nächste Abschnitt alle Aspekte. Sie werden sehen, wie viele schon in der alltäglichen Lebensrealität von Kindern vorkommen.

Welcher Teil von Sexualität ist relevant für Kinder?

Erotik und Fortpflanzung sind so etwas wie der Markenkern der Sexualität – nicht von ungefähr denken die meisten Menschen als erstes an diese Komponenten der Sexualität. Aber zum Gesamtbild gehören noch viel mehr Aspekte, die ich hier zusammengetragen habe. Die meisten dieser Aspekte erlebt unser Kind im eigenen Umfeld, als kleine Facetten im Elternhaus, in der sozialen Umgebung und in den Medien.

Das gehört zur Sexualität:

- **Erotik** Gelebte erwachsene Lust mit Küssen, Petting, Geschlechtsverkehr, zielgerichteter Erregung.
- **Fortpflanzung** Zeugung, Familienplanung, Verhütung.
- **Sexuelle Orientierung und Identität** Wen oder was finden wir aus einer inneren Gewissheit anziehend, wie handeln und verorten wir unser Selbstverständnis rund um Liebe und Lust.
- **Geschlechtsidentität** Die innere Gewissheit, weiblich oder männlich zu sein, oder in Ablehnung oder Erweiterung der Konzepte.
- **Liebe und Bindung** Verbundenheit mit geliebten Personen und wie wir sie leben.
- **Gefühle und Bedürfnisse** Sie zu erkennen und mit ihnen umgehen zu können ist eine menschliche Entwicklungs-

aufgabe. Für die Sexualität sind Liebe, Zugehörigkeit, Mitgefühl, Einsamkeit, Trauer, Schmerz, Sehnsucht, Freude und körperlicher Genuss zentral.

- **Die körperliche Basis** Hormonelle und genetische Bedingungen, Gesundheit, Krankheit, angeborene Züge von Körper und Persönlichkeit.
- **Der Körper als Tor zur Welt** Der Körper ist die Basis unserer Existenz. Entscheidend ist, wie wir ihn in Besitz nehmen.
- **Partner- und Elternschaft** Das Umfeld prägt in der Kindheit, was wir als normal und passend empfinden.
- **Kulturelle und gesellschaftliche Regeln** Die geltenden Normen und Verhaltensregeln zu Körper, Geschlechtern, Partnerschaft, Familie und erotischem Handeln geben sexuelle Ideale vor. Damit muss sich jeder Mensch als Teil der Gemeinschaft auseinandersetzen.

Manchmal haben Kinder punktuell Kontakt mit Lust oder Erotik, die nicht in die kindliche Welt gehören. Zum Beispiel, wenn ein Kind Teenager beim nie endenden Kuss beobachtet. Igitt, essen die sich auf? Natürlich verhalten wir uns als Erwachsene dazu – und legen einen Mosaikstein in der Sexualerziehung. Sogar Fortpflanzung kommt vor, denn wie kommt das Baby in den Bauch? Kinder fragen, ob sie noch ein Geschwisterchen bekommen, und schon geht es um Familienplanung. Ein weiteres Beispiel für elterliches Verhalten, das relevant ist für das spätere sexuelle Selbst: die Haltung zum Körper. Früher wurden Kindern die Genitalien als Tabuzone vermittelt, sie hießen sogar »die Scham«. Etwas, wofür ein Mensch sich schämt – wie soll man damit später Liebe und Erfüllung erleben?

Damit wird deutlich, dass Sexualität einen weiten Teil unserer Persönlichkeit und unseres Lebens ausmacht. Darum lautet die

Antwort auf unsere Ausgangsfrage: Alle möglichen Aspekte von Sexualität sind relevant für Kinder, jeweils in kleiner Dosis, verständlich verpackt, passend zur Lebenswelt und ihren Fragen. Weil Kinder uns immer wieder mit Verständnis, Können und ihrer stetigen Entwicklung überraschen, ist häufig ein kleines bisschen mehr Information relevant als wir glauben. Sicher ist erwachsener Sex nichts für Kinder, doch den Themenkomplex Sexualität sollten Eltern im Blick behalten: Er gehört zur Persönlichkeitsentwicklung jedes Menschen. Einen sicheren Umgang damit zu finden, ist eine lebenslange Herausforderung.

Was die psychosexuelle Entwicklung bei Kindern prägt: Bedürfnisse, Körper, Beziehungen und Geschlecht

Nachdem wir gerade gesehen haben, dass Sexualität an allen Ecken und Enden der kindlichen Entwicklung vorkommt, soll es jetzt um die Frage gehen: Was prägt die Persönlichkeit rund um das Thema Sexualität? Fangen wir bei uns selbst an. Wir spüren sexuelle Identität als einen festen Kern, der sich dem bewussten Einfluss entzieht. Dieser Kern ändert sich bei den meisten Menschen nicht oder nur wenig und manifestiert sich im Lauf der Kindheit. Dazu gehört beispielsweise die Frage, ob wir uns als eindeutig männlich oder weiblich sehen oder eben nicht. Das haben wir nicht an einem x-beliebigen Tag entschieden. Wenn Menschen im Lauf des Lebens eine andere geschlechtliche Identität oder sexuelle Orientierung in sich entdecken, war diese meist schon vorher vorhanden, nur wurde sie – buchstäblich – nicht wahrgenommen, also für wahr genommen und zugelassen. Auch die Frage, in wen wir uns verlieben, ist keine bewusste Entscheidung. Es passiert so oder so, oder eben nicht. Halten wir fest: In der Sexualität tragen wir Wesensmerkmale, die sich ohne Zutun der Erziehung oder des Umfelds entwickeln.♥

Dann gibt es noch einen zweiten Anteil, nämlich all das, was wir zu Sexualität verinnerlicht haben. Er ist veränderlich – was nicht bedeutet, dass er nach der Kindheit einfach zu verändern wäre. Ein gutes Beispiel ist die Stärke der Scham, oft ein Nachhall des Umgangs mit Nacktheit und Nähe im Elternhaus. Bei den Überzeugungen zu den Geschlechterrollen haben unsere Eltern die ersten Interpretationen vorgelebt, aber auch andere Vorbilder prägen. Bis ins Erwachsenenalter beeindrucken uns Prominente, Denkerinnen, Figuren in Filmen mit ihren Geschlechts- und Liebesentwürfen und ermöglichen uns Aha-Momente: »So kann es also auch gehen!«

Kinder wachsen in beide Anteile hinein, und wir Eltern haben das große Privileg, bei diesem Prozess zuschauen und begleiten zu dürfen. Natürlich ist dabei der veränderliche Anteil des Lernens rund um Sexualität wichtig, denn er wird stark durch die Kindheit geprägt. Den Blick auf diesen Prozess schärft ein Konzept des renommierten Sexualforschers Gunter Schmidt, das beschreibt, wie sexuelles Wissen und Fühlen geprägt wird (Vorsicht, jetzt wird es ein bisschen theoretisch. Ich verspreche aber, dass Sie davon in der Praxis profitieren!) Eine seiner zentralen Aussagen, die Sie als grundlegende Erkenntnis für die Erziehung mitnehmen sollten, lautet: Die *»sexuelle Entwicklung und sexuelle Sozialisation vollziehen sich weitgehend und in erster Linie im nichtsexuellen Bereich«*.[9] Konkret bedeutet das: Die Persönlichkeit und die Einstellung zu Sexualität werden zu einem Großteil von Erfahrungen und Erlebnissen geprägt, die wir alle nicht als sexuell bezeichnen würden. Schmidt unterscheidet dabei folgende vier Bereiche:

♥ *Auf einem anderen Blatt steht leider, was Menschen als legitime sexuelle Identitäten und Orientierungen akzeptieren oder bewerten.*

Wissen und Überzeugungen zu Sexualität werden geformt durch …

1. … die Geschichte unserer Bedürfnisse und Wünsche,
2. … die Geschichte unseres Körpers,
3. … die Geschichte unserer Beziehungen und
4. … die Geschichte in unserem Geschlecht.

Weil wir Eltern die Entwicklungsgeschichte unserer Kinder so stark mit beeinflussen, lohnt es sich, die »Geschichten« einzeln zu betrachten.

Schauen Sie also gleich Punkt für Punkt zurück auf Ihre persönliche Geschichte der Bedürfnisse, des Körpers, der Beziehungen und des Geschlechts. Nur wenn man die eigene Prägung und Haltung präsent hat, kann man bewusst entscheiden, wie man in dieser Hinsicht mit den eigenen Kindern umgehen möchte. Was möchten Sie zum jeweiligen Thema weitergeben?

Rückblick Die Geschichte der Bedürfnisse

Wie haben Ihre Eltern auf Ihre emotionalen Bedürfnisse reagiert, als Sie klein waren? Wie haben sie sich verhalten, wenn Sie Trost suchten oder Schutz brauchten? Welchen Stellenwert hatten Gefühle in der Familie? Fallen Ihnen ein oder zwei typische Situationen dazu ein?

Ebenfalls erhellend kann sein, wie die Eltern mit ihren eigenen Bedürfnissen umgingen. Was haben Sie beobachtet: Gelang es ihnen, gut für sich zu sorgen? Auch darin waren Ihre Eltern erste Vorbilder für Sie.

Egal, ob es um unsere Eltern oder uns als Eltern geht: Es macht einen Unterschied, wie feinfühlig Bezugspersonen mit kindlichen Bedürfnissen und Gefühlen umgehen. Denn Kinder lernen über das Feedback ihrer engsten Vertrauten, die eigenen Gefühle einzuordnen. Sie erfahren, wie ernst sie sich und ihre inneren Regungen nehmen dürfen. Wer lernt, die eigenen Bedürfnisse zu erkennen, zu steuern und gute Antworten darauf zu finden, lebt gesünder und zufriedener in sexuellen wie nichtsexuellen Lebenssituationen.

Das ist keine neue Erkenntnis – für die gesunde Entwicklung eines Kindes ist es wichtig, dass Bezugspersonen vor allem in den entscheidenden ersten Lebensjahren zuverlässig auf ihre Bedürfnisse eingehen. Guy Bodenmann, Professor für Klinische Psychologie mit Schwerpunkt Kinder, Paarbeziehung und Familie, rät,[10] dass Eltern bei Säuglingen in den ersten neun Monaten sofort auf Klagen, Weinen oder Schreien eines Kindes reagieren sollen – heutzutage für die meisten Eltern eine Selbstverständlichkeit. Nach diesen ersten Monaten lernen alle miteinander, Kind und Eltern: Wann braucht das Kind eine sofortige Reaktion? Was ist ein Bedürfnis, was ein Wunsch? Wann gelingt ein wenig Geduld und Aufschub? Nach und nach entwickelt ein Kind Selbstkompetenz und meistert mehr Herausforderungen. Natürlich bekommt ein Baby seine Milch schnellstmöglich. Das Kleinkind aber kann verstehen, dass die Nudeln auf dem Herd noch ein paar Minuten brauchen. Auf Babylaute reagieren wir umgehend, in der Kita oder mit Geschwisterkind lernt das soziale Wesen in spe, dass auch andere Aufmerksamkeit brauchen.

In unserer Geschichte der Bedürfnisse haben wir also gelernt, wie wir und andere auf uns bedrängende Gefühle reagieren – in der Liebe gehören dazu etwa Bedürfnisse nach Zugehörigkeit und Annahme, nach körperlicher Nähe und Zärtlichkeit. In der Intimität können wir hoffentlich kompetent mit diesen Bedürfnissen umgehen und Nähe einvernehmlich gestalten. So soll es auch unser Kind lernen.

Rückblick Die Geschichte des Körpers

Hier geht es um die Frage, welches Verhältnis zum Körper Ihre Eltern vorgelebt haben. Das zeigt sich zum Beispiel daran, wie Körper gepflegt wurden – distanziert und sachlich oder freundlich und behutsam? Oder war Körperlichkeit tabu? Wo wurden Grenzen gezogen?
Sportlichkeit, Schönheit, Körpergefühl: Wurde der Körper als Mittel zum Zweck der Leistung oder als Resonanzboden der Sinne betrachtet? Die Königsfrage lautet wie immer: Gibt es einen Zusammenhang zwischen dem Umgang mit dem Körper in Ihrer Herkunftsfamilie und Ihrem erwachsenen Körpergefühl? Was sind Ihre Überzeugungen dazu?

Vielleicht steigen Sätze wie »Du bist zu dick« oder »Sei tapfer, das war doch nicht schlimm« in Ihnen auf, wenn Sie sich unter diesem Aspekt an Ihre Kindheit erinnern. Negative Urteile über den Körper und das Aussehen treffen Kinder in Mark und Bein. Also sollten auch wir damit vorsichtig sein, denn der Körper kann Quelle von Selbstkritik und Projektionsfläche für unrealistische Vollkommenheit sein, Stichwort Bodyshaming.♥ Dabei wäre es optimal, den

♥ *Als kleiner Überblick (ausführlicher dann im Kapitel zum Körperbild): Als Bodyshaming werden die vor allem in sozialen Netzwerken inflationär verwendeten abwertenden Kommentare über Körper bezeichnet. Die Body Positivity hält dem entgegen, dass alle Körper richtig und liebenswert sind. Die Body Neutrality kritisiert die generelle gesellschaftliche Fixierung auf den Körper und sieht körperliche Vielfalt als neutrales menschliches Merkmal.*

Körper mit einer gesunden Akzeptanz in Besitz zu nehmen und seine Signale zu lesen. Schließlich ist der Körper unser faszinierendes und facettenreiches Medium für das Erleben der Welt!

In der »Geschichte des Körpers« ist die Verbindung zur Sexualität überdeutlich: Wie selbstbewusst und gesund wir Sexualität mit dem Körper genießen können, hängt davon ab, ob wir Körpergefühle erkennen, zulassen können und uns (inklusive Genitalien) in unserem Körper sicher fühlen. Grenzen setzen lernen und positive, beglückende Sinneserfahrungen sind ebenfalls ein Teil der Geschichte des Körpers.

Zum aktuellen Umgang mit Kind und Körper gibt es gute und schlechte Nachrichten: Eltern gehen damit heute aufmerksamer um denn je. Die körperliche Nähe wird im ersten Jahr intensiv gepflegt, Säuglinge werden von Vätern und Müttern häufiger am Körper getragen, sie schlafen oft im oder am Elternbett. Durch Babymassage, PEKiP- oder Krabbelkurse dürfen Kleinkinder die Welt über den Körper erfahren, Körperpflege wird zelebriert. Auf der anderen Seite ist die Verunsicherung im Umgang mit intimen Situationen gewachsen. Nach den wichtigen, aber beunruhigenden gesellschaftlichen Diskussionen über Missbrauchsfälle sind die Ängste riesig, etwas falsch zu machen. Scham, Hemmungen, eine Idealisierung von Kindheit und oft schlichtes Unwissen führen darum oft dazu, dass normale Entwicklungen wie Neugier auf Genitalien oder Körperspiele eher mit Besorgnis betrachtet werden. Dabei wäre es besser, sie als Lernerfahrung positiv zu begleiten – achtsam und mit Vorsicht, aber nicht vorverurteilend.

Kommen wir nun von der Körpererfahrung zu den emotionalen Bindungen der ersten Jahre.

Rückblick Die Geschichte der Beziehungen

Erinnern Sie sich: Wie wurde zwischenmenschliche Nähe in Ihrem Elternhaus gelebt – liebevoll und respektvoll, oder distanziert, hitzig und kompliziert? Haben Sie eine gute elterliche Beziehung miterlebt oder gar eine Trennung?
Denken Sie dabei sowohl an die Liebesbeziehung zwischen den Erwachsenen als auch an die emotionale Nähe zu Ihnen als Kind. Was hat Sie geprägt?

Sie haben das Muster bestimmt längst verstanden: Die Selbstreflexion führt am Ende zu der Überlegung: Wie gehe ich in dieser »Geschichte« mit meinem eigenen Kind um? Im Zusammenhang mit dem Thema Beziehungen ist bewiesen, wie wichtig die sichere Bindung zwischen den Bezugspersonen und dem Kind für dessen Liebesfähigkeit ist. Studien zeigen, dass unsicher gebundene Kinder als Eltern selbst eher unsicher gebundene Kinder hervorbringen. Wie Beziehung vorgelebt wird, beeinflusst sogar, wie gut der Nachwuchs später in eigenen Beziehungen klarkommt: Bei Scheidungskindern ist das Risiko des Scheiterns einer eigenen Ehe größer. Es gibt allerdings kein automatisches »Trennungskindersyndrom«. Der entscheidende Faktor ist offenbar, wie Eltern auseinandergehen: in Krieg oder Frieden, Kampf oder Kompromiss.

Dieser sogenannte intergenerationale Transmissionseffekt wurde in vielen Studien nachgewiesen – Beziehungsfähigkeit wird quasi weitervererbt. Die Übertragung läuft offenbar über zwei Wege: einmal über das Vorbild der Eltern, sprich, Trennungskinder erleben mit, dass Beziehungen leicht gelöst werden können und die Bedürfnisse des Einzelnen mehr wiegen als das Ziel, als Familie zusammenzubleiben. Der zweite Übertragungsweg betrifft die Art, wie Eltern miteinander umgehen und Konflikte lösen – oder eben nicht, Stichwort Streitkultur und Kompromissfähigkeit. Als Kind erlebte Bindungen prägen die Beziehungs- und Liebesfähigkeit von Menschen.

Rückblick **Die Geschichte im Geschlecht**

Laut Schmidt schlägt sich die »individuelle Geschichte als Mädchen oder Junge, als Frau oder Mann«[11] auf unsere Identität im Geschlecht nieder. Welche Urteile und Regeln gab es für die Rolle als Junge oder als Mädchen zu Hause?
Besonders spannend: Welche Erwartungen an Sie als Junge oder Mädchen empfanden Sie als bestätigend, welche fühlten sich ungerecht oder einschränkend an?

Sich im Geschlecht zu verorten und sich mit den damit verbundenen Erwartungen auseinanderzusetzen ist eine lebenslange Aufgabe. Wir sind ständig mit den Idealen zu Männlich- und Weiblichkeit konfrontiert, ob wir konform damit gehen oder nicht. Selbst als Eltern verfolgen uns die heteronormativen Stereotype: *So* bin ich eine gute Mutter (so nicht!), *so* ein guter Vater, Ehefrau und Ehemann, Verführer und Verführerin und so weiter, bis hin zu *so* verhält sich ein Opa und *so* eine Oma. In der Welt der Kinder lassen sich geschlechtsspezifische Erwartungen schon an Kleidung und Spielzeug ablesen. Zum Geschlecht vermeintlich passendes oder unpassendes Verhalten wird vom Umfeld kommentiert. Welche Neigungen und Talente schreiben die wichtigsten Kontaktpersonen Kindern zu, welche werden herbeigeredet, welche übersehen? Überall funkt die Kategorie »Geschlecht« dazwischen und will uns in Schubladen sortieren. Die Ordnung bietet wunderbare Möglichkeiten der Identifikation und Selbstvergewisserung. Doch wer nicht hineinpasst, den oder die engt sie ein. Das fixe System kann der Grund für Ausgrenzung werden.

Dieses Schubladendenken kollidiert mit der sexuellen Vielfalt; schon vor mehr als einem Jahrhundert hat der deutsche Arzt und Pionier der Sexualwissenschaft Magnus Hirschfeld festgestellt, dass es geschlechtliche Identitäten und Orientierungen in Abstufungen gibt. Etwa 50 Jahre später schlug Alfred Kinsey ein graduelles System der sexuellen Orientierung vor. Und doch sind Kinder auch heutzutage noch früh mit Schubladendenken konfrontiert, im rosa-geblümten oder hellblau gestreiften Strampler. Immerhin herrscht im gesellschaftlichen Umfeld und bei pädagogischen Fachkräften, die Identität vielfältiger sehen, immer häufiger ein neues Bewusstsein für die einengende Wirkung der Kategorie Geschlecht auf Kinder.

Und nun? Natürlich reicht der Schatten der Kindheit weit, auch im Bereich der Sexualität. Wir spüren, dass uns die Geschichte der Bedürfnisse, des Körpers, der Beziehungen und unsere Erfahrungen im Geschlecht prägen. Und nun prägen wir wiederum unsere Kinder und wollen dabei alles richtig machen. Also liegt die Latte in allen Beziehungen hoch, wir wollen als Eltern stets bestmöglich eingehen auf Bedürfnisse, den Körper, sollen eine perfekte Partnerschaft vorleben und immer geschlechtergerecht agieren. Oft beschleicht uns das Gefühl, als läge die Verantwortung für das gesamte Lebensglück der Kinder auf unseren Schultern. Moment mal. Atmen wir durch und entlasten uns. Wir können es nur so gut machen wie möglich. Vielleicht tragen die Überlegungen auf diesen Seiten dazu bei, dass es uns gelingt, aus dem alten Schatten in die Sonne zu treten. Und dann gestalten wir die Dinge anders als unsere Eltern, ganz bewusst, für uns und unsere Kinder.

Allein, dass Sie viele Dinge bewusst betrachten und sich diesem Buch öffnen, ist bemerkenswert. Die Selbstreflexion kann Ihnen neue Perspektiven öffnen. Schon wenn Sie das Thema Sexualität umfassender betrachten, bringt das neue Denkanstöße. Erinnern Sie sich immer daran: Eltern sein, das hat uns keiner beigebracht, wir üben noch – bis das Kind groß ist.

Darüber hinaus funktioniert Erziehung nicht wie ein Trichter, in den Eltern alles Mögliche einfüllen, und unten kommt der perfekte Mensch heraus. Bei jedem Menschen spielen Veranlagung und die Persönlichkeit eine Rolle, zusätzlich mischt die Gesellschaft mit, Freunde, Familienmitglieder, pädagogische Fachkräfte, Zufälle, das Umfeld, die Lebensumstände. All das prägt die Geschichte unserer Kinder – von Körper, Bedürfnissen, Beziehungen und Geschlecht. Zu guter Letzt machen sich Kinder frei von unseren Ansichten; sie gestalten die eigene Geschichte mit und führen immer mehr selbst Regie, auch in der Sexualität.

Wann erklärt man was? Was Sexualerziehung mit (Straßen-) Verkehrserziehung zu tun hat

»Aufklären, das würde ich kurz vor der Pubertät machen. Ich hätte jedenfalls die Sorge, dass zu viel Wissen meinen Kindern schadet und sie nur auf falsche Ideen bringt. Ich will nicht, dass sie zu früh anfangen.«

Maja, 31 Jahre, Sohn Oscar ist zwei, Tochter Anna fünf Jahre alt

Im Familienalltag gibt es viele Momente, in denen es um praktische Fragen zu Körper, Liebe und Lust geht, sogar zu erwachsenen Themen. Vielleicht findet Ihr kleiner Sohn Tampons im Bad. Ihre Tochter schüttelt sich, weil sie einen Zungenkuss beobachtet hat. Ein Kondom liegt am Wegesrand. Zufälle gibt's. Auf den folgenden Seiten geht es wie versprochen um den passenden Zeitpunkt und die passende Dosis der Vermittlung von sexuellem Wissen. Und einen Tipp für sexuelle Wissensvermittlung haben Sie gerade schon bekommen: Aufklären können Sie ständig, bei kleinen Anlässen in ganz kleinen Häppchen.

Mein Lieblingsvergleich zum Erklären von Sexualität ist der Straßenverkehr – überlegen wir doch mal, wie wir im Straßenverkehr erziehen und vergleichen das mit der Aufklärung! Die Sache mit den Fahrzeugen beginnt mit dem ersten Brumm-Brumm eines Holzautos auf dem Wohnzimmerboden. Im Kinderwagen ist das Baby passiver Verkehrsteilnehmer, im Buggy kann es beobachten, dass wir an der roten Ampel warten. Im Auto wird es in den Kindersitz geschnallt, zur Sicherheit. Wenn das Kleinkind läuft, wird es von der Fahrbahn gepflückt, denn da fahren Autos, und das ist gefährlich. Erweitert sich der Bewegungsradius mit dem Laufrad, halten wir es dazu an, an Bordsteinkanten, Ampeln und Einfahrten zu warten. Später lernt unser Kind, alleine zur Schule zu gehen oder zu fahren. Es dehnt den Radius auf selbstständiges Brötchenholen aus, fährt zum Vereinssport. Mit 16 Jahren gibt's vielleicht ein Moped, und mit 18 Jahren kommt der Führerschein fürs Auto. Dafür muss man das Fahrzeug beherrschen können und alle Verkehrsregeln kennen. Dann darf der oder die junge Erwachsene ans Steuer – und nimmt am Verkehr teil. Verantwortungsvolles Handeln ist Pflicht.

Ich würde behaupten, die Sexualerziehung läuft ähnlich ab: Erst kommt das Vertrautwerden mit den Grundzügen, mit dem eigenen

Körper, mit Kategorien und Grundregeln. Was darf ich, was nicht, wie nah dürfen Menschen einander kommen. Je älter ein Kind wird, desto größer werden die Möglichkeiten. Parallel vermitteln wir jedes Jahr ein Quäntchen mehr Wissen zu Schutz und Gefahren. Dabei erfährt das Kind natürlich auch, dass das respektvolle, altersangemessene Fortkommen Freude bereitet; irgendwann eröffnet sich der Ausblick darauf, dass das erwachsene Tun etwas für die Großen ist, die dabei viel Verantwortung für sich und andere übernehmen müssen. Vielleicht wäre es gut, wenn wir für die Sexualität auch einen Führerschein erfinden, damit es seltener zu Unfällen und Verletzungen kommt. Dazu sollte auch eine Abschlussprüfung gehören, die beweist, dass der Nachwuchs souverän die Verkehrsregeln einhält; »Vorfahrt achten«, Einverständnis und gute Kommunikation sind nötig. Das ist natürlich nur Spaß – aber eine schöne Vorstellung.

Richten wir den Blick auf Ihren vermutlich noch recht jungen Nachwuchs, wird klar, dass man einem kleinen Kind natürlich noch nicht erklären wird, wie man sich auf der Autobahn verhält, in Höchstgeschwindigkeit mit dem Porsche. Entsprechend gilt im Themenfeld Sexualität: Ein Kleinkind muss noch nicht wissen, wie Geschlechtsverkehr aussieht. Aber Grundzüge, etwa, dass man an der roten Ampel stehen bleibt (sprich: Grenzen der Intimität nicht übertritt) oder der Fahrtwind um die Nase nett ist (also: Umarmen fühlt sich schön an, der eigene Körper ist prima) vermitteln Eltern auch schon – und gerade! –, wenn der Nachwuchs noch klein ist.

Wir Eltern können es also wie in der Verkehrserziehung halten: Sexuelle Themen erklären wir altersgemäß und für den Anfang eher allgemein und kurz. Dabei aber wahrheitsgemäß, und so, dass das Kind verstehen kann, worum es geht – also mit Aussagen auf Augenhöhe und mit Augenmaß.

Möchte man sich an diesem Konzept orientieren, wird deutlich, dass das Thema »persönliche Grenzen« nicht erst kurz vor der Pubertät besprochen werden sollte, sondern immer dann, wenn solche Grenzen von Kindern eingehalten werden sollen. Das passiert automatisch, etwa wenn Eltern nach und nach Regeln aufstellen wie: »Ich möchte alleine aufs Klo.« Oder: »Achte darauf, wie jemand guckt oder dasteht, den du umarmen möchtest. Wenn die Person nicht möchte, solltest du es lassen.« Und: »Du musst kein Küsschen geben.«

Entsprechend könnten Eltern ihrem vierjährigen Sohn oder der Tochter, der oder die per Zufall zum ersten Mal im Leben einen Tampon oder eine Binde zu Gesicht bekommt, mit wenigen Worten erklären, dass es Watteprodukte gibt, die Mama einmal im Monat braucht, wenn sie blutet. Das hat mit dem Kinderkriegen zu tun und ist nicht schlimm. Weiter ausholen können Eltern, wenn gezielte Fragen vom Schulkind kommen. Aufklärungsgespräche sind oft überraschend kurz – weil es reicht, etwas knapp einzuordnen, um Kindern Sicherheit zu vermitteln. Man muss nicht bei Adam und Eva anfangen und nicht immer die ganze, ausführliche Geschichte erzählen.

Aufklärung versus Sexuelle Bildung

Die Sexualpädagogik und -wissenschaft gehen davon aus, dass Aufklärung – betrachtet man sie als bloße Wissensvermittlung über Sexualität – zu kurz greift. Denn Information ist zwar eine gute Basis, doch Wissen allein reicht nicht, um so handeln zu können, dass die eigene Gesundheit oder persönliche Grenzen geschützt werden, wenn es drauf ankommt. Das eine ist die Theorie, das andere die Praxis. Ein Beispiel aus der Erwachsenensphäre: Über Kondome

Bescheid zu wissen, ist Theorie. Sie im echten Leben zu besorgen, die Anwendung zu besprechen, ein Kondom überstreifen können – all das ist mindestens ebenso wichtig. Dieses Verhältnis von Theorie und Praxis spielt genauso bei Körpergrenzen im Kleinkindalter eine Rolle, bei Körperspielen und dem Körperbild. Darum sollten Kinder und Jugendliche nicht nur Wissen erwerben, sondern darüber hinaus auch Haltung und Handlungsfähigkeit entwickeln. Deshalb sprechen Fachleute heute von der **Sexuellen Bildung**, die Menschen zusätzlich zum Wissen zum selbstbestimmten Handeln rund um Sexualität befähigen will.

Vielleicht fällt Ihnen auf, dass ich trotz des umfassenderen Begriffs der Sexuellen Bildung in diesem Buch (sogar in dessen Titel) das Wort Aufklärung benutze. Das tue ich, weil es im alltäglichen Sprachgebrauch sofort deutlich macht, dass es um Sexualität und Kindheit geht. Trotzdem lege ich in diesem Buch das Konzept der Sexuellen Bildung zugrunde, weil es für alle, die erziehen klar macht: Wir sind mehr als nur Stichwortgeber und Wissensvermittlerinnen. Wir möchten Kinder stark machen für eine immer größere, selbstbestimmte Handlungsfähigkeit und eigenes Urteilsvermögen in sexuellen Fragen.

Noch einmal zurück zum Straßenverkehr, diesmal mit Blick auf die Frage: Überfordert man Kinder mit sexuellen Themen? Auch in der Verkehrserziehung ist Angst vor Überforderung unnötig. Erklären Eltern zu viel zu früh, merken sie schnell, dass komplexe Vorlesungen nicht verfangen. Man wird einer Fünfjährigen weder einen Turbomotor erklären noch die gesamte Straßenverkehrsordnung herunterbeten, sondern sich auf das beschränken, was wichtig ist: Der Gehweg ist für dich. Genauso referiert man Dreijährigen kaum das Konzept Konsens, sondern sagt in etwa: Penis oder Scheide gehören dir, da darf dich niemand gegen deinen Willen anfassen. Genauso sollst du auf die Grenzen bei anderen achten.

Wenn Sie mögen, habe ich noch eine generelle Frage zu Ihrer Aufklärung. Dabei denken Erwachsene oft an ein umfassendes Gespräch vor der Pubertät, doch das ist wenig realistisch, wie die Verkehrsanalogie zeigt. Alles kommt in kleinen Häppchen zu seiner Zeit, wie immer beim Erziehen. Wie war das bei Ihnen?

Rückblick Die eigene Aufklärung

Wie wurden Sie aufgeklärt? Vielleicht können Sie sich erinnern: Welche Personen haben mit Ihnen über intime Themen wie körperliche Veränderungen, Geschlechtsverkehr und Verhütung gesprochen? Was war gut? Was war schlecht? Wo hätten Sie sich mehr Unterstützung gewünscht?
Vielleicht gab es Leerstellen im Wissen, weil Eltern über vieles nicht sprachen. Bei vielen Menschen spielen auch Bücher oder Filme, Freundschaften und nahestehende Personen eine Rolle für den Erwerb von sexuellem Wissen.
Was hat Ihnen geholfen – oder Sie in die Irre geführt?

Vielleicht geben Sie dem Thema etwas inneren Raum. Es braucht Zeit für Gedanken und Erinnerungen. Möglicherweise kommen Ärger und Wut an die Oberfläche, wenn das Gefühl nachhallt, alleingelassen worden zu sein. Viele Menschen sind nicht gut vorbereitet für die Kompliziertheit sexueller Situationen. Wenn wir selbst Eltern werden und erleben, wie schwierig Erziehen bei sensiblen Themen ist, werden wir oft milder: Vermutlich haben die eigenen Eltern es selbst nicht besser gekonnt oder gewusst. Vielleicht ist es ein Trost, dass Sie heute besser damit umgehen können, für sich und Ihr Kind. Wenn Ihnen schwerwiegende Erfahrungen auf der Seele liegen, sollten Sie mit einer vertrauten Person darüber sprechen oder sich dafür professionelle Hilfe suchen. Hinweise auf Beratungsstellen finden Sie im Anhang.

Für Ihr Kind können Sie gute Schlüsse aus dem eigenen Erleben ziehen. Überlegen Sie, wie Sie sich Aufklärung und Reflexion für Ihr Kind wünschen. Und dann tun Sie es, wie nebenbei. Hier kommt eine kleine Merkliste für das »Wie und Wann« sexueller Aufklärungsgespräche:

Wie und wann aufklären? Eine Übersicht

- Je kleiner das Kind, desto allgemeiner die Erklärung.
- Nutzen Sie altersgemäße, einfache Worte und Beschreibungen.
- Erklären Sie trotzdem wahrheitsgemäß.
- Wenn Sie ein Verhalten nicht richtig finden: Lassen Sie das Nein nicht unkommentiert stehen. Erläutern Sie kurz den Hintergrund. Das weckt Verständnis und Einsicht.
- Sie fühlen sich in einer Situation überrumpelt oder unsicher? Es ist okay zu sagen, dass Sie nochmal nachdenken müssen.
- Kommen Sie bald auf die Frage zurück. Beispielsweise am nächsten Tag oder an einem ruhigen Abend miteinander.
- Schwappt ein »Sex-Wort« nach Hause, etwa aus der Kita, erklären Sie unaufgeregt und altersangemessen, was es bedeutet. Es bleibt verboten, weil es Gefühle verletzt.

- Sie halten ein Thema, ein Wort für zu früh? Trotzdem gilt es, dazu Stellung zu nehmen, denn wir können das Wort nicht aus der kindlichen Welt schaffen.
- Problematisch kann es sein, wenn Erklärungen »zu spät« kommen. Wenn etwa die Gleichaltrigen im Umfeld Bescheid wissen und sich lustig machen, wenn ein Schimpfwort kursiert und das Kind bedrückt allein bleibt damit, weil solche Themen zu Hause tabu sind. Da ist es besser, dem Kind elterliches Basiswissen und Haltung mitzugeben.
- Als Ausblick: Jugendliche, die besser aufgeklärt sind, verhüten übrigens gewissenhafter und haben ihr erstes Mal zu einem späteren Zeitpunkt.[12]

Große und kleine Sprünge in der psychosexuellen Entwicklung

Um ihre Kinder gut begleiten zu können, brauchen Eltern eine Orientierung über die Meilensteine der kindlichen Entwicklung rund um das Thema Sexualität. Darum gibt es hier einen Überblick, welche Entwicklung von Körper und Verhalten in welchem Lebensjahr bei Kindern »dran ist«, von der Empfängnis bis zur Pubertät. Jede Altersspanne ist unterteilt in drei Kategorien: »Körper und Biologie«, »Geschlechterfragen« sowie »Verstehen und Verhalten«.

Dabei sollten Sie im Hinterkopf behalten, dass eine Altersfestlegung einerseits hilft, andererseits aber auch verunsichern kann. Hilfreich ist sie insofern, als Eltern damit endlich einordnen und beruhigt durchatmen können: Das ist jetzt dran, ganz normal. Schwierig ist, dass wir unruhig werden, wenn ausgerechnet unser

Kind das typische Verhalten gar nicht zeigt oder viel stärker, früher oder später. Wir alle kennen das Gefühl, als unser Baby etwas noch nicht konnte, was Gleichaltrige schon beherrschten: Wo bleibt der Entwicklungsschritt? Unser Baby liegt noch wie ein Käfer auf dem Rücken, während Gleichaltrige auf zwei Beinen oder krabbelnd um das liegende Baby wuseln. Auch beim nächtlichen Trockenwerden gibt es große Unterschiede – alles normal, sagt die kinderärztliche Praxis. Am Ende gehen praktisch alle Kinder auf beiden Beinen durchs Leben (und aufs Klo). Trotzdem gibt es Ausnahmen, und Eltern behalten im Blick, was besorgniserregend ist und was nicht.

Denken Sie also bitte immer daran: Die Entwicklungsschritte zur Sexualität, die ich hier vorstelle, sind keine fixe Festlegung. Manches Kind kann Geschlechter früher zuordnen, ein anderes später. Einige Kinder beschäftigt, was in der Hose ist, andere scheinen Genitalien keines Blickes zu würdigen. Ob ein Aspekt von Sexualität zum Thema wird, mit dem das Kind sich beschäftigt, kann mit dem Umgang der Familie zu tun haben, dem Umfeld, der Reifung und der Persönlichkeit des Kindes. Auch die Lebenssituation spielt eine Rolle: Ist ein Geschwisterkind unterwegs oder eine Schwangere im Umfeld, kommen eher Fragen auf. Trotzdem ist weder das interessierte Kind *zu* interessiert, noch müssen Erziehende ein uninteressiertes Kind auf das Thema stoßen. Mein Ziel ist, zu beruhigen und die Bandbreite üblicher Entwicklung zu zeigen. Ich stelle sie hier vor – wie Sie als Eltern darauf reagieren, wie Sie mit sexuell konnotierten Spielen oder Sorgen zum Thema Missbrauch umgehen können, wird später im jeweils passenden Kapitel erklärt.

Die Meilensteine von der Zeugung bis ins Grundschulalter

Die Altersspannen, die ich betrachte, umfassen bis gegen Ende der Kitazeit ein Jahr, dann gehe ich über zur Betrachtung von jeweils zwei Jahren, immer unterteilt nach »Körper und Biologie«, »Geschlechterfragen« sowie »Verstehen und Verhalten« des Kindes mit Blick auf die Sexualität.

Zeugung und Schwangerschaft

Körper und Biologie

Geschlecht entsteht Etwas Neues entsteht, wenn die relativ große Eizelle (sie wäre mit ihren gut 0,1 Millimetern gerade noch mit dem bloßen Auge sichtbar) und das kleine Spermium verschmelzen. Die Mutter gibt ein X-Chromosom, vom Vater kommt je nach Samenzelle ein X oder Y dazu. Übrigens ist bisher nicht erforscht, warum das eine oder andere Spermium das Rennen macht. Nicht nur das *Survival of the Fittest* oder *Fastest* zählt, sprich, das gesündeste oder schnellste Spermium gewinnt; nein, offenbar redet auch die Eizelle ein Wörtchen mit im Auswahlprozess, der mit der Passung der DNA zu tun hat. Dann lässt die Eizelle ein Spermium in ihr Innerstes vordringen. XX und XY machen das Geschlecht klar? Meistens, aber nicht immer. Darüber hinaus gibt es XXX, XXY und X. Übrigens: Viele Gene, die für die Geschlechtsentwicklung ebenfalls bedeutsam sind, liegen gar nicht auf dem X- oder Y-Chromosom. In der Forschung wird inzwischen auch dem Zusammenspiel der Gene und nicht-codierender DNA-Sequenzen sowie Umweltfaktoren mehr Bedeutung beigemessen.[13]

Anlage der Genitalien Etwa von der 5. bis zur 12. Schwangerschaftswoche werden die Genitalien ausgebildet, also Penis und Hoden, Vagina und Vulva, Gebärmutter, Eierstöcke mit Eizellen. Manchmal entstehen individuelle, geschlechtlich uneindeutige oder doppeldeutige Organe – ein zwischen- oder intergeschlechtliches Kind.

Geschlechterfragen

Wirkung der Sexualhormone Der entstehende Körper und das Gehirn werden sowohl von Hormonen aus den Keimdrüsen des Embryos als auch vom mütterlichen Hormonspiegel geprägt. Von der 10. bis zur 24. Schwangerschaftswoche produziert der Fötus die Geschlechtshormone Testosteron und das Östrogen Estradiol, was sich auf die Reifung der Geschlechtsorgane und das Gehirn auswirkt.[14] Wie genau sich die Sexualhormone auf die geschlechtsspezifische Entwicklung auswirken, wird diskutiert. Manche Forschenden betonen die Unterschiede, die sich aus diesen Hormonschüben ergeben, andere zweifeln diese Auswirkungen vor allem für Persönlichkeit und Verhalten an.

Ein Exkurs zu den Sexualhormonen

Es ist eindeutig, dass prägende Unterschiede entstehen, wenn die Sexualhormone aus den Keimdrüsen ab der Pubertät geballt wirken. Sie bringen die sekundären Geschlechtsmerkmale hervor, Brust, Behaarung, weibliche Rundungen und männliche Konturen. Vielleicht könnten trans* Personen am ehesten Auskunft geben, wie und ob Geschlechtshormone das Selbstgefühl verändern, wenn sie mit Testosteron- oder Östrogengaben ihr Geschlecht einnehmen.

Starke Veränderungen des Hormonhaushalts erleben auch Frauen in der Schwangerschaft oder in den Wechseljahren, wenn das Weiblichkeitshormon Östrogen sich aus der Großproduktion verabschiedet. Frischgebackene Väter produzieren übrigens eine Weile ein Drittel weniger Testosteron.[15] Im Lauf des Lebens kommen also natürliche Veränderungen im Hormonstatus vor, die Menschen nicht grundlegend verändern.

Verstehen und Verhalten

Geschlechtsunterschiede Nur so viel: Offenbar kann ein Kind schon im dritten Trimester der Schwangerschaft die Tonhöhen von weiblich und männlich klingenden Stimmen unterscheiden.[16]

Das erste Lebensjahr

Körper und Biologie

Körpererfahrung Liebe, Sorge, Berührung und Gehaltenwerden sind in den ersten Monaten eine Ganzkörpererfahrung für das Kind. Sie prägen laut Bindungstheorie vereinfacht formuliert Liebes- und Bindungsfähigkeit, Belastbarkeit und Psyche. Ein Säugling erfährt die Welt zunächst über die Haut, den Körper und den Mund. Weil die Unterstützung des Körperbewusstseins so wichtig ist, komme ich später auf das Thema zurück (siehe »Warum der Satz ›Dein Körper ist richtig‹ nicht reicht«).

Orale Phase Es ist offensichtlich, dass Saugen und Nuckeln an der mütterlichen Brust, dem Fläschchen, Händchen oder dem Schnuller ein Wohlgefühl beim Säugling (der Name ist Programm!) auslöst. Für diese Zeit wurde daher auch der Begriff der »Oralen Phase« geprägt. Sie dauert an, bis der Mund weniger wichtig wird für die Welterfahrung. Als Erwachsene bleiben uns davon die genussvollen – ja, befriedigenden – Gefühle beim Essen und Trinken, Lutschen und Kauen, Lecken und Küssen bis zum ungesunden Zug an der Zigarette. Nach und nach spielen im ersten Lebensjahr der Tast- und Sehsinn und die Motorik, das Beherrschen des Körpers, eine immer wichtigere Rolle.

Genitalien Schon in diesem frühen Alter gibt es unwillkürliche Erektionen, die bei Jungen und Mädchen durch Durchblutungsphasen der Genitalien hervorgerufen werden, auch auf dem Wickeltisch. Sogar im Mutterleib wurden sie in der Phase des sogenannten REM-Schlafes, des tiefen, erholenden und entspannenden Traumschlafes, nachgewiesen.

Geschlechterfragen

Geschlecht erkennen Babys erfahren von Anfang an, dass sich viele Bezugspersonen ihnen gegenüber entlang der üblichen Geschlechterlinien verhalten – unterschiedlich. Wer wirft das Baby mutiger in die Höhe? Wer plappert eher mit ihm und hebt dabei die Stimme? Das Stillen ist vermutlich die einzige Zuwendung und Versorgungsleistung, die nur von Menschen mit ausgeprägtem Brustgewebe ermöglicht werden kann.

Hormone Alle Kinder erleben nach der Geburt für einige Wochen bis Monate eine Phase der erhöhten Produktion der Geschlechtshormone, in der Östrogene bei den Mädchen, Testosteron bei den Jungen gebildet wird. Gut untersucht ist etwa der Einfluss auf eine erste Hodenreifung vom 3. bis 6. Lebensmonat. Die Forschung bestätigt einen organisierenden Einfluss vor allem auf die Fortpflanzungsorgane und nennt die Phase Mini-Pubertät.[17] Andere Ergebnisse deuten auf einen Einfluss der hormonaktiven frühen Phasen auf Fruchtbarkeit und Körperbau bei Jungen und die Sprachentwicklung beider Geschlechter hin. Die Daten zum Einfluss auf das Verhalten sind widersprüchlich. Nach diesen aktiven Phasen spielen die Geschlechtshormone bei beiden Geschlechtern bis zur Pubertät keine Rolle mehr und sinken bei Mädchen und Jungen auf kaum messbare Werte ab. Aussagen über eine stärkere Testosteronausschüttung in Kita- und erster Grundschulzeit gehören damit ins Reich der Märchen. Die Keimdrüsen ruhen bis zum Beginn der Pubertät.

Verstehen und Verhalten

Stereotype am Werk Kinder können das gesellschaftliche Konzept sowie biologische Unterschiede der Geschlechter noch nicht verstehen. Das unterschiedliche Verhalten registrieren sie schon. Sie lernen und ordnen wie selbstverständlich ein, was sie grob von wem erwarten dürfen. Und sie beobachten, was von ihnen erwartet wird.

Haltung zum Körper Wie erwähnt prägt die Erfahrung von Grundvertrauen und sicherer Bindung die eigene Bindungsfähigkeit, der Umgang mit dem Körper das eigene Körperverständnis.

Das zweite Lebensjahr

Körper und Biologie

Körper in Besitz nehmen Es ist ein Wunder, wie Kinder im ersten und zweiten Lebensjahr die Welt erobern: Sie erlangen Körperbeherrschung, sie drehen sich, führen Dinge zum Mund, lernen das Fühlen mit den Fingern, brabbeln, krabbeln, stehen, gehen, sie greifen und erkunden. Zu fast allem, was das Kind tut, gibt es ein Körperfeedback und Reaktionen der engen Bezugspersonen. Auf die gleiche Weise wie Kleinkinder irgendwann den Bauchnabel oder die Ohrläppchen untersuchen, fassen sie ihre Genitalien an, nach und nach gezielter und untersuchender, sofern Eltern sie lassen. Für sie macht es keinen Unterschied, was sie in die Hände bekommen, alles gehört zum eigenen Körper. Das gibt Sicherheit und Selbst(er)kenntnis.

Körper unterscheiden Das Kind erfasst nach und nach, dass die Genitalien, jedenfalls so weit sichtbar, in seinem Erleben vornehmlich in zwei Versionen vorkommen und dass es dafür Namen gibt. Eine vor gut zwanzig Jahren durchgeführte Studie[18] – ich zitiere sie in diesem Kapitel häufiger – zeigte, dass der Namen des weiblichen Genitals unter Zwei- bis Fünfjährigen weniger bekannt war als der des männlichen. Heute beugen wir der Sprachlosigkeit vor, indem wir Kindern aller Geschlechter alle Grundbegriffe beibringen.

Geschlechterfragen

Geschlechterrollen Kinder erleben immer bewusster, dass ihre Umwelt sie – je nach Person und Umfeld unterschiedlich stark – in Mädchen und Jungen einordnet. Sie erleben, was Frauen und Männer üblicherweise tun, wie sie offenbar häufig aussehen, agieren, reagieren. Sie versuchen diese Realität einzuordnen und ahmen das Verhalten nach. Für sie ist es kein Problem, wenn ein Mensch nicht ins Schema passt. So ist die Welt, das lernen sie ja gerade. Sie gleichen gespannt ab, wie das Umfeld reagiert.

Geschlechter zuordnen In der Studie konnten Zweijährige anhand von Bildern die Geschlechter zuordnen, begründeten das jedoch nicht. Sie geben offenbar ihre Alltagserfahrungen wieder.

Verstehen und Verhalten

Körper-(Selbst-)Erfahrung Kinder erlangen nach und nach die Macht über den eigenen Körper, das eigene Ich, und werden immer unabhängiger von den Bezugspersonen. Der eigene Wille wird erprobt mit ersten Salven unbequemer Neins, mal im Spiel und mal im Ernst. Eine wichtige Erfahrung für das Kind ist der Respekt – zum Beispiel indem es selbst bestimmen darf, welche Berührungen es geben und und welche es empfangen möchte.
Schamlos In diesem Lebensalter kennen Kinder noch kein Schamgefühl, sie fühlen sich frei in Körper und Sein. Der Körper ist das Instrument, mit dem sie unverstellt die Welt erfahren.

Das dritte Lebensjahr

Körper und Biologie

Neugier auf Körper Das bin ich mit Haut und Haar: Kleinkinder agieren selbstvergessen und vollkommen eins mit ihrem Körper. Darum vergleichen viele Kinder nun ohne Hemmungen, wie Körper aussehen, auch an den Genitalien. Sie untersuchen mit Neugier und Forschergeist, welche biologischen Tatsachen es in welcher Ausprägung gibt, bei mir, bei dir, unter Kindern, Erwachsenen, im Kinderbuch.
Stolz auf Ausscheidungen Das Körperbewusstsein wächst auch in der Windelzone: Kinder werden stolz auf das, was sie produzieren, weil wir das anerkennen: »Ich kann Pipi und Kacka machen.« Sie lernen nach und nach, das zu spüren und zu beherrschen. Es entstehen Bewusstsein, Gefühl und Kontrolle für die Körpersignale im Beckenboden rund um Blase und Darm. Dieser Lernpro-

zess beginnt früh, ist aber sehr individuell. Interesse an den Vorgängen und größer werdende Abstände der Leerung von Darm und Blase begleiten die Entwicklung. Nachts brauchen Kinder die Windel meist länger.[19] Wenn die Windel rund um den dritten Geburtstag weggelassen werden kann,♥ sind alle befreit, das Kind von der Windel, wir von der Aufgabe des Wickelns. Der Zeitpunkt für den Abschied von der Windel hängt von der Aufmerksamkeit für Körpersignale des Kindes ab und von der Reifung der Nervenbahnen.

Geschlechterfragen

Symbolspiel Kinder imitieren nun, was die Erwachsenen vorleben. Wenn sie jetzt beispielsweise Papas oder Mamas Rolle nachmachen, versetzen sie sich noch nicht geistig in die (Geschlechts-) Rolle, sondern ahmen meist sehr schematisch nach. Nach und nach geht das Spiel in echtes Rollenspiel über, in dem Verhalten entlang der stereotypen Rollen erprobt und verinnerlicht wird.

Geschlechter zuordnen Mit drei Jahren treffen Kinder die Geschlechterzuordnung überwiegend sicher und begründen sie mit äußeren Merkmalen wie Körperbau, Haaren, Bart, Kleidung und Busen. Sie erkennen: Ich bin wie Papa oder Mama, wie Schwester, Bruder, Freundin oder Freund. Im vierten Lebensjahr können praktisch alle Kinder das eigene Geschlecht benennen, übrigens auch trans* Kinder.

♥ *Was ist normal? Das ist unterschiedlich. Kinder werden in Kulturen ohne saugfähige Windeln und mit anderen Alltagsanforderungen früher trocken, etwa in Vietnam, der Mongolei oder in afrikanischen Kulturen. Der oft engere Körperkontakt und die rasche Reaktion der Bezugspersonen auf kindliche Signale spielen eine große Rolle, genau wie das Windelmaterial. Das nimmt die Methode Windelfrei auf, die von Geburt an mehr Aufmerksamkeit auf das Ausscheidungsbedürfnis legt.*

Verstehen und Verhalten

Selbstständig werden Die Entdeckung und Eroberung des Ichs läuft im zweiten und dritten Lebensjahr auf Hochtouren. Das Kind erkennt sich etwa im Alter von 18 bis 24 Monaten im Spiegel als Individuum[20], sagt im dritten Lebensjahr überzeugt »Ich« zu sich. Die Autonomie, also sich als eigenständige Person zu entdecken, ist eine überwältigende Erfahrung. Nun ist »selber machen« angesagt, beim Waschen, Anziehen und anderen Tätigkeiten – auch wenn nicht gleich alles klappt.

Biologische Fakten Die Zeit der Warum-Fragen beginnt um den dritten Geburtstag. Ihre Hauptphase liegt im vierten Lebensjahr – eventuell auch mit Fragen zu Liebe und sexuell-biologischen Fakten. Selbst bei großem Interesse (und der spannenden Erkenntnis, dass man Erwachsene mit heiklen Fragen in Verlegenheit bringen kann) ist noch wenig Verständnis und keine Geduld für lange Ausführungen vorhanden.

Körperspiele In diesem frühen Kitaalter probieren Kinder im Spiel vieles rund um den Körper, das uns komisch vorkommt. Es kann Scham und Besorgnis bei den Erwachsenen provozieren, wenn ungeniert nackt, an den Genitalien, mit gegenseitiger Berührung gespielt wird. Doch dabei folgen kleine Kinder nur dem, was sie fasziniert und sich gut anfühlt, ohne erwachsen-sexuelle Hintergedanken. Ein Körpererkundungsspiel hat den gleichen Stellenwert wie Schaukeln oder im Matsch spielen. Das Denken ist ichbezogen, das Kind kann sich noch nicht in andere hineinversetzen. Die Regeln des Miteinanders müssen erlernt werden.

Zeigelust Der Stolz über den eigenen Körper, die sogenannte Schau- und Zeigelust, ist groß: Schau her, da bin ich! Zugleich stellt es die Erwachsenen vor Probleme, wenn sich Kinder in dieser Phase in allen möglichen und unmöglichen Situationen von

Kleidungsstücken befreien. Bei aller Mitfreude und Staunen über so viel Körperglück kommt oft auch eigenes Schamgefühl auf, gepaart mit Sorge und Verantwortungsgefühl, weil Eltern das Kind vor falschen Blicken schützen möchten. Mehr dazu später.

Das vierte Lebensjahr

Körper und Biologie

Körpergrenzen Im klassischen Kindergarten- oder Elementaralter ab drei Jahren werden Kinder geschickter, sie wachsen nach und nach aus dem knubbligen Babyspeck und dem kugelrunden Bauch heraus. Nun wird die Körperkontrolle perfektioniert, die Windel kann weg und damit wächst die Selbstständigkeit, genau wie das Bedürfnis, mehr über sich zu bestimmen. Körperpflege kann zu Diskussionen führen, es geht um Grenzen und Autonomie. Ein kleiner Teil der Kinder zeigt erste Schamgefühle – sie entwickeln sich sehr individuell. Kinder entdecken ihr körperliches Geschlecht, beziehen andere ein, vergleichen, versichern sich im Spiel – alles normal, das hast du, das habe ich, so sind wir.

Geschlechterfragen

Eigene Einordnung Das Geschlechtsbewusstsein baut sich allmählich auf, viele Kinder können ab dreieinhalb Jahren das eigene Geschlecht benennen. Der Zusammenhang von biologischem Geschlecht und sozialen Zuschreibungen wird immer deutlicher wahrgenommen, im Spiel gespiegelt und getestet. Was Kleidung und Verhalten angeht, wird der Unterschied stärker ausgelebt und damit Identität markiert. Manchmal geht es in Kindergruppen schon um die Einteilung von »wir« und »die«, also in geschlechtergetrennte Gruppen von Jungen und Mädchen.

Verstehen und Verhalten

Probehandeln Die Kinder wollen die Welt noch besser verstehen, etwa in Grenzen und Nähe, Gefühlen und Selbstbehauptung. Sie erspielen sich im Doktorspiel und dem Ausprobieren von Dingen, die sie bei Erwachsenen gesehen oder gehört haben, ein Verständnis für die Realität. Sie erproben Verhalten im Spiel.

Vorstellung von Beziehung Die Kleinen äußern oft fantasievolle Heiratswünsche, die Erwachsene abwegig finden. Aber auf Klassiker wie »Wenn ich groß bin, heirate ich dich« – also Mama oder Papa – braucht es keinen Entrüstungssturm oder Fachvortrag. Solche Aussagen sind nur der Beweis tiefer Zuneigung. Kleine Kinder verstehen die Konzepte von Ehe und leidenschaftlicher Liebe noch nicht. Sie können den langen Horizont eines Lebens, die Kompliziertheit von Liebe, Sex und Fortpflanzung (noch) nicht begreifen. Darum: Danke für so viel Liebe!

Wie kommt man auf die Welt Nun taucht sie vielleicht auf, die Frage, woher die Babys kommen. Hier geht es meist um Schwangerschaft und Geburt und nur vage um den Geburtsweg oder die biologisch-praktische Entstehung eines Babys. Wie ein Kind in den Bauch kommt und geboren wird, ist für jüngere Kitakinder noch sehr abstrakt. Vorschläge, wie Sie auf solche Fragen reagieren können, finden Sie im Kapitel »Woher die Kinder kommen: Altersangemessen formulieren«.

Das fünfte und sechste Lebensjahr

Körper und Biologie

Körper und Kraft Die Kinder werden immer größer, stärker und geschickter. Oft wird nun bei körperlichen Fertigkeiten von Erwachsenen aus dem Umfeld eingeschätzt, was daran wohl typisch Junge, typisch Mädchen sei – obwohl es bis zum Einsetzen der Pubertät keine Ausschläge in der hormonellen Entwicklung gibt. Den viel zitierten Testosteronschub bei Jungen in diesem Alter gibt es wie erwähnt nicht.[21] Mädchen und Jungen sind hinsichtlich ihrer körperlichen Gegebenheiten ähnlich belastbar und stark, Jungen im Durchschnitt ein bis zwei Zentimeter größer, ansonsten entwickeln sie sich parallel.[22]

Geschlechterfragen

Eigenes Wissen Mit dem wachsenden sozialen Bewusstsein rückt die Einordnung in Geschlechtergruppen ins Zentrum der Aufmerksamkeit. Die eigene geschlechtliche Identität ist den Kindern überwiegend klar. Manche bemerken, dass die Stereotype für sie nicht passen, queere Erwachsene erinnern sich an entsprechende Gefühle in diesem Alter.
Extremes Spiel Sehen und im Spiel verstehen: Menschen im Umfeld, miterlebte Situationen, Bücher und Filme fungieren immer stärker als Vorbilder und Rollenmodelle für das »richtige« männliche und weibliche Verhalten. Das »richtig« steht in Anführungszeichen, weil die Ideale und Normen je nach Familie, Kultur, Zeit und Ort unterschiedlich sind. In den Medien sind viele Charaktere stereotyp und völlig überzeichnet, Ausnahmen bestätigen die Regel. Das können Vorschulkinder erkennen, wenn Eltern

mit ihnen darüber nachdenken. Wenn Kinder im Rollenspiel und Kleidungsexperiment in die Extreme gehen, zeigt das ihr Bedürfnis nach Einordnung: Sie probieren Identitäten und wie sie sich anfühlen. Sie richten sich in einer eigenen Interpretation ein.

Verstehen und Verhalten

Sexuelles Wissen In der bereits zitierten Studie zum Sexualwissen von Zwei- bis Sechsjährigen zeigte kein Kind genaues Wissen über erwachsenes sexuelles Verhalten. Drei Viertel umschrieben den Zeugungsprozess mit Schmusen und Küssen. Erwachsenes sexuelles Handeln ist weit entfernt von der Erfahrungswelt der Kinder. Allerdings wachsen in diesem Alter das moralische Urteilsvermögen und das Wissen um soziale Normen und Tabus in der Gesellschaft – auch dazu, dass »Sex« ein Thema ist, bei dem viele Menschen ihnen gegenüber empfindlich und verschlossen reagieren.
Scham und Grenzen Der größte Zuwachs an Schamentwicklung wurde im Durchschnitt im Alter von etwa fünf Jahren festgestellt.[23] Kinder beginnen nun ein stärkeres Bewusstsein für die eigene Privatsphäre zu entwickeln. Auf der anderen Seite wird Fäkalsprache mit noch recht harmlosen Worten wie »Kacke« gerne bewusst provozierend genutzt, um Grenzen zu testen.
Körperspiele Eltern bekommen oft nur noch per Zufall mit, wenn Kinder rund um Körper und Intimität spielen, denn mit fünf oder sechs Jahren ziehen sie sich immer mehr zurück. Das liegt daran, dass sie soziale Regeln besser verstehen und verinnerlichen. Ihnen ist klar: »Das« macht »man« nicht in der Öffentlichkeit.

Das siebte und achte Lebensjahr

Körper und Biologie

Kraft und Sport In den ersten beiden Schuljahren gibt es abgesehen vom altersentsprechenden Größenwachstum keine körperlichen Veränderungen, die mit dem Geschlecht zu tun haben. Jungen sind im Durchschnitt einen Hauch größer und schwerer als Mädchen. Die Sportwissenschaft kommt zu unterschiedlichen Ergebnissen in der Frage, ob sich die Geschlechter vor der Pubertät hinsichtlich ihrer sportlichen Fähigkeiten unterscheiden – insgesamt aber scheint der Unterschied klein zu sein, oft nur eine Frage von Motivation und Förderung.[24] Offenbar entwickelt sich die Leistungsfähigkeit bis zur Pubertät nahezu identisch, Geschlecht gilt laut manchen Studien als wenig wichtiger Einflussfaktor.[25]

Geschlechterfragen

Wir und die In der Schule wird das Verhalten »als Mädchen« und »als Junge« enorm prägend, die privaten wie medialen Vorbilder sind nun sehr präsent. Für nicht-binäre Kinder fehlen sie leider oft. Die »richtige« Rolle zu spielen, akzeptiert zu werden und sich als Mädchen, Junge, als Individuum zu bestätigen, ist wichtig für den sozialen Selbstfindungsprozess. So entwickelt sich oft eine Ablehnung und Trennung in Geschlechtergruppen, die sich mit der Anziehung der Gruppen abwechselt. Erwachsenen kommt das oft übertrieben vor. Ärgern und geärgert werden, ausschließen und zusammenrotten, es geht heiß her. Oft sind Spiel, Austausch und Zusammensein jenseits des Gruppendrucks einfacher und freier, wenn sich Kinder in kleiner Runde oder zu zweit treffen.

Verstehen und Verhalten

Privatsphäre In diesem Alter zeigen die meisten Kinder Schamgefühle und weisen nun auch vertraute Familienmitglieder zurück, im Bad, beim Umkleiden, aus dem Zimmer. Der Umgang mit Körper, Geschlecht und Privatheit genießt einen neuen Stellenwert. Enge Beziehungen zu Freunden oder Freundinnen werden wichtiger – und wechseln mit dem innigen Wunsch, in der Familie vollkommen aufgehoben zu sein.

Sexuelle Themen Von wegen Latenzphase♥, in der wenig passiert:[26] Die Antennen für Themen rund um Geschlecht und Sexualität sind ausgefahren. Das hängt damit zusammen, dass Kinder nun in allen Lebensbereichen riesige Fortschritte im Verständnis der Welt machen, auch, wenn es um Normen, Grenzen, Zusammenleben geht. Nicht ohne Grund wird diese Phase im Englischen als »the age of reason«, das Alter der Vernunft, bezeichnet. Das rationale Denken und soziale Gewissen wird stärker, genau wie die Impulskontrolle – kein Wunder, dass Kinder in diesem Alter in die Schule kommen. Nun verstehen sie biologische wie soziale Zusammenhänge, auch mit einem differenzierteren Blick. Aus Schwarz und Weiß werden Grautöne. Dass es negative Themen in der Welt gibt und Menschen damit umgehen müssen – Ungerechtigkeit, Krankheit, Tod, Streit und Gewalt –, tritt näher ans Kinderleben heran. Und um den Kreis zu schließen: Die Diskussionen

♥ *Sigmund Freud, der sich als einer der ersten Denker intensiv mit der Entwicklung der Sexualität auch in der Kindheit beschäftigte, beschrieb in seiner psychoanalytischen Theorie das Lebensalter zwischen dem sechsten und zwölften Lebensjahr als Phase, in der die Sexualität in den Hintergrund tritt, also latent wird, weil die Geschlechter oft getrennt agieren und nur noch wenig Interesse an körperlichem Handeln zu bestehen scheint. Eventuell aber verstehen Kinder ab dem Alter, dass das Thema Sexualität ein privates ist, was zu Freuds Zeit noch stärker der Fall war.*

um die Geschlechter, Konkurrenz, Idealbilder, sexuell aufgeladene Bildwelten kommen ebenfalls nach und nach im Kinderzimmer an.

Das neunte und zehnte Lebensjahr

Körper und Biologie

Demnächst im Umbau Die Kinder sind jetzt etwa in der dritten und vierten Klasse. Meist sind die Sexualhormone noch nicht aktiv. Bei Jungen beginnt die Produktion um den zehnten Geburtstag, bei Mädchen ungefähr ein Jahr früher. Bei beiden besteht übrigens ein enger Zusammenhang zwischen dem Gewicht und dem Einsetzen der Pubertät. Je geringer der Body-Mass-Index (das Verhältnis von Körpergewicht zu Körpergröße), desto später kommt sie, je höher der Index, desto früher. Weil sich der Körper bei manchen Mädchen schon ab acht Jahren sichtbar verändert (zuerst erscheinen an der Brustknospe Ansätze von Weiblichkeit, dann kommt der Weißfluss und ein bis eineinhalb Jahre später die erste Periode), wäre es gut, alle vorsichtig vorzubereiten. Die Kinder selbst, damit sie sich in ihrem Körper auskennen, und alle anderen, damit sie einen respektvollen Umgang mit den Veränderungen finden.

Längenwachstum Bis zum zehnten Lebensjahr wachsen beide etwa gleich schnell, die Jungen sind weiterhin im Mittel einen bis zwei Zentimeter größer. Dann allerdings setzt das Längenwachstum bei Mädchen ein, etwa ein Jahr vor den Jungen. Für gut zwei Jahre sind die Mädchen nun auf der Überholspur.

Geschlechterfragen

Stereotype Die Kinder sind damit beschäftigt, ihr Selbstkonzept zu finden, sich individuell anhand von Vorbildern und Eigenheiten in der Welt zu orientieren – und sich im sozialen Zusammenhang zu positionieren. Eltern erleben intensiv, wie sie mit Hobbys, Kleidung, Look, Musik, Einrichtung des Zimmers, Vorlieben und Verhalten ihren Weg entlang oder entgegen der gängigen Geschlechterklischees suchen. In der Schule sind die Kinder nun häufig in geschlechtergetrennten Gruppen unterwegs und zugleich heftig miteinander beschäftigt, Mädchen gegen Jungs, Jungs gegen Mädchen – aber auch Mädchen mit Jungs, Jungs mit Mädchen.

Verstehen und Verhalten

Wissen um Sexualität Die Grundschulzeit ist eine Zeit, in der die Fragen zu Empfängnis und Geschlechtsverkehr an Bedeutung gewinnen – selbst wenn sie nicht immer ausgesprochen werden. Was ist das, worauf überall angespielt wird, wozu kaum ein Erwachsener mit der Sprache herausrückt? Altersgemäße Antworten werden dankbar angenommen und gut verstanden.
Derbe Sprüche Erwachsene sollten sich nicht wundern über die wenig jugendfreie Sprache, die heftigen Worte und obszönen Witze (Fachwort: sexualisierte Sprache). So äußern sich das wachsende Bewusstsein für körperliche Tabus und die Neugier auf Fakten und Grenzen. Außerdem kann man damit zuverlässig Aufmerksamkeit und Ansehen gewinnen.
Privatsphäre Nun sind Kindern die Grenzen bewusster denn je, sie werden mit immer mehr Bestimmtheit von ihnen gezogen. Die Scham ist meist vollumfänglich da, sie reagieren empfindlich auf Nacktheit.

Ab dem zehnten Geburtstag. Ein Ausblick

Körper und Biologie

Wachstum und Entwicklung Die Pubertät wirft ihre Schatten voraus. Trotzdem sind die meisten Kinder beim Wechsel in die weiterführende Schule noch kindlich. Mädchen sind mitten im Längen-Wachstumsspurt und sehen oft langbeinig und -armig aus wie Fohlen. Im Alter von etwa 13 Jahren kreuzen sich die Wachstumslinien, dann holen die Jungen die Mädchen im Längenwachstum ein.

Geschlechterfragen

Selbstfindung Interessanterweise finden Mädchen und Jungen in der fünften und sechsten Klasse wieder einen entspannteren Umgang miteinander. Vielleicht, weil die Rollen nun klarer sind. Natürlich gibt es je nach Klassenverband, Individuen und Grüppchen auch Ausnahmen. Trotzdem kehrt im sozialen Miteinander ein wenig Ruhe vor dem Sturm ein.

Verstehen und Verhalten

Größere soziale Kreise Kinder beginnen sich stärker nach außen zu orientieren, enge Freundschaften und Freundeskreise werden immer wichtiger. Weiterhin lieben und pflegen sie die Geborgenheit im Nest.

Annäherung an Sexuelles In dieser Phase werden unter Mädchen mit der liebsten Freundin manchmal eigenartig anmutende Dinge ausprobiert, zum Beispiel ein Zungenkuss, ohne dass es einen erotischen Antrieb dazu gibt, zum Test. Bewusst wird mit erwachsenen Insignien der Weiblichkeit experimentiert, von Schminke bis zu knapper Kleidung. (Manche) Jungen dagegen nähern sich sexuellen Szenen mit erotischen Filmen an, als Mutprobe, aus Neugier. Sie testen sexualisierte Sprache, Imponiergehabe und üben sich in Coolness.

Wissen um Sexualität Das Thema Sex ist nun interessant und kann verstanden werden. Zugleich ist erwachsene Sexualität noch fern vom eigenen Handeln. Geschlechtsverkehr, Empfängnis und Geburt in der knappen, faktischen Beschreibung werden mit einem skeptischen »Igitt« und Abscheu quittiert (trotzdem ist es gut, darüber Bescheid zu wissen). In diesem Alter sind gelegentliche familiäre Gespräche dazu ideal. Denn bei den Kindern sind Wissen und Interesse ausgeprägt, aber noch nicht die intensiven Schamgefühle und das Abgrenzungsbedürfnis gegen Eltern, das die Pubertät demnächst bringt.

Im Verständnis der Welt begreifen Kinder nun auch komplizierte, schwerere Themen. Entsprechend können sie verstehen, dass sexuelles Handeln negative Folgen haben kann, ungewollte Schwangerschaften, Krankheiten, dass Missbrauch vorkommt und dass im Internet Dinge kursieren, die für Kinder verboten sind. Davor möchten und müssen wir sie schützen. Zugleich brauchen sie auch das Verständnis, dass Intimität unter Erwachsenen positive körperliche Kommunikation ist, die mit Liebe, Zärtlichkeit, aufregenden Gefühlen und wohlwollendem Füreinander-Dasein zu tun hat. Das Thema Sexualität soll nicht von der negativen Sicht bestimmt werden.

Rückblick **Wie ging es Ihnen mit diesen Fakten?**

Das war eine geballte Ladung an Tatsachen, die prägend für die Entwicklung rund um Sexualität sind. Haben Sie Neues erfahren?

Vielleicht sind in Ihnen konkrete Erinnerungen aufgestiegen? Haben Sie Vergleiche zur eigenen Entwicklung gezogen? Lassen Sie die besonders einprägsamen Eindrücke nachwirken. Vermutlich werden mit dem neuen Wissen aktuelle Alltagssituationen und Verhaltensweisen Ihrer Kinder klarer.

2 Die Basics – Das bist du, mit Haut und Haar

Wissen zu Körper und Aufklärung und wie wir es achtsam weitergeben

Aufklärung von Kopf bis Fuß beginnt am eigenen Körper, nämlich bei den Worten, die wir in der Familie für die Genitalien finden. Dazu kommt nach und nach etwas Wissen über Anatomie und die Körperfunktionen, möglichst kindgerecht. Weil Kinder gesund und selbstbewusst in den eigenen Körper hineinwachsen sollen, geht es in diesem Teil des Buches darüber hinaus um das Körperbild und das Körperbewusstsein, das schon in der frühen Kindheit etabliert wird. Und weil wir hier beim Körper und den Fragen dazu sind, zeige ich Ihnen, wie Eltern liebevoll erstes Wissen zu Zeugung und Geburt vermitteln. Denn bei diesen Themen fällt es oft schwer, passende Worte zu finden.

Der Name ist Programm: Angemessene Worte für »Da unten«

Schon beim Wickeln sind Eltern mit den kindlichen Geschlechtsorganen befasst. Gut, wenn man das ein bisschen bewusster angeht – dabei macht nicht nur die respektvolle Herangehensweise den Unterschied, sondern auch das konkrete Benennen aller Körperteile, die dazugehören. Das Wort »Scham« für die Genitalien ist out, für diesen Körperbereich muss sich heute kein Mensch mehr schämen.

»Ich benutze gern vertraute Worte, damit die Intimzone nichts Fremdes, sondern etwas Natürliches für meine Kinder ist. Doch bei meiner Tochter bin ich unsicher. Soll man schon einem so kleinen Mädchen erklären, was die Klitoris ist? Das kommt mir komisch vor.«

Seraphina, 37 Jahre, ihr Sohn Filippo ist sechs Jahre, Tochter Mira zwei Jahre alt.

Welche Worte sind angemessen? Bei dieser Frage arbeite ich mich vom Allgemeinen ins Spezielle vor – also von generellen Grundsätzen und Worten, die jedes Kind kennen sollte, hin zu fantasievollen Bezeichnungen und familiären Schöpfungen. Dabei können wir auch überlegen, was die unterschiedlichen Begriffe über unsere innere Haltung zur Intimzone sagen.

Begriffe, die jedes Kind kennen sollte

Prinzipiell sind vertraute, persönliche Worte, die im familiären Umfeld für die Genitalien verwendet werden, eine gute Sache. Sie stellen ein Gefühl von Sicherheit her und kommen den Beteiligten häufig leichter über die Lippen. Darüber hinaus ist es von Vorteil, wenn Kinder im Kitaalter en passant erfahren, dass es auch andere Begriffe gibt, die beispielsweise in anderen Familien, also auch bei kleinen Freundinnen und Freunden, üblich sind. Das beugt einem Befremden vor, wenn das Kind sie beim Übernachtungsbesuch oder in der Kita hört. Außerdem zeigt es Kindern, wie normal es ist, Worte für alle Körperstellen zu haben – sogar unterschiedliche.

Gleichzeitig gilt aber: Eltern sollten Kinder mit den medizinisch korrekten Worten für die Geschlechtsorgane vertraut machen – als einer Art neutraler Sprache, die alle teilen. Dabei müssen wir uns nicht verkünsteln oder überlegen, wann genau die Worte dran sind – das ergibt sich nach und nach von selbst, in der Badewanne, auf dem Wickeltisch, beim Umziehen. Gerade bei der Körperpflege ist es sowieso respektvoll, die Handlungen anzukündigen. Wir begleiten sie mit Worten, damit das Baby oder Kleinkind nachvollziehen kann, was mit ihm passiert; diese Prozesse verstärken sich noch mehr, wenn es ans Sprechen und Begreifen geht.

Zentral sind bei Jungen die Begriffe Penis, Hoden, Eichel und Vorhaut. Bei Mädchen Vagina oder Scheide für den nicht sichtbaren und Vulva für den sichtbaren Teil der weiblichen Geschlechtsorgane, dazu die Vulvalippen und Klitoris. Das gehört dazu und ist biologisch von Bedeutung, ohne falsche Scham. Die neutralen Bezeichnungen sind aus mehreren Gründen wichtig:

Neutrale Begriffe für die Genitalien: Vier gute Gründe

1. Eine Sprache für alle Lebenslagen Für die Kindertagesstätte und die Grundschule ist es wichtig, dass ein Kind ausdrücken kann, wenn in der Intimzone etwas nicht stimmt oder wehtut. Ohne Peinlichkeit und verständlich für alle Auskunft geben zu können, kann gegenüber pädagogischen Fachkräften oder im medizinischen Notfall wichtig sein.

2. **Hilfe gegen Hänselei** Über allgemeingültige Begriffe können andere sich weniger lustig machen. Bringen Eltern ihren Kindern diese Begriffe bei, beugen sie der verunsichernden Erfahrung von Ahnungslosigkeit oder der Gefahr, ausgelacht zu werden, vor.

3. **Für das Körperbewusstsein** Mit einem Namen entsteht ein Bewusstsein dafür, dass an der Stelle etwas von Bedeutung liegen muss. In der Kleinkindzeit entsteht im Kopf eine Landkarte des eigenen Körpers – die Basis für ein gutes Körpergefühl. Viele Menschen, denen Genitalien als namenlose, negativ besetzte Tabuzone vermittelt wurden, fällt es schwer, ein gesundes Verhältnis zum eigenen Körper, zu ihren Grenzen zu entwickeln und die positiven sexuellen Möglichkeiten auszuleben.

4. **Wissen als Schutz** Sexuell übergriffige Personen nutzen es aus, wenn die Genitalien zur namenlosen Tabuzone erklärt wurden. Durch das mangelnde Bewusstsein trauen sich ihre Opfer oft nicht, Übergriffe anzuzeigen. Manchmal können sie eine Grenzverletzung nicht einmal als falsch einordnen. Dazu kommt, dass Kinder ohne die Begriffe und die damit erworbene Sicherheit im Umgang Fehlentwicklungen oder Ängste nicht besprechen können.

Familiäre und vertraute Begriffe

Kommen wir noch einmal zurück zu den familiären Worten, zum Wann und Wie, zu guten und weniger guten Begriffen. Wenn das Kind lernt, dass es speziellere Körperteile wie Lid und Pupille,

Nasenspitze und Nasenloch, Bauchnabel oder das Ohrläppchen gibt, kommen die Feinheiten der intimen Organe dazu, ohne großes Aufheben darum zu machen: Das gehört dir und das ist gut so.

In der Familie sind alle Worte in Ordnung, die die intimen Organe mit etwas Positivem verbinden. Bei Begriffen wie Pipimann, Pieschercher oder Puller und Piller kommt das eher zu kurz, weil sie den Penis nur mit Ausscheidungen in Verbindung bringen. Außerdem ist bei verniedlichenden Begriffen zu bedenken, dass irgendwann Alternativen gefragt sind, schließlich entwachsen Kinder diesen Worten im Jugendalter.

Worte wirken. Die Emotionen, die die intimen Begrifflichkeiten wecken, können einiges über unser eigenes Verhältnis zu den Genitalien verraten. Darum lade ich Sie ein, für sich zu klären, wie Sie zu intimen Begriffen stehen. Schon beim Bilden des Wortes berühren wir die gemeinte Zone in Gedanken. Sollte Ihnen diese Vorstellung nahegehen, ist das kein Versehen, sondern eine zutiefst menschliche Reaktion – der emotionale Nachhall des Denkens im eigenen Körper.♥

Rückblick **Welche Begriffe verwenden Sie für die Intimzone?**

Überlegen Sie, welche Worte Sie im Alltag für die Genitalien verwenden. Welche Worte würden Sie bei einer medizinischen Untersuchung verwenden, welche in der Partnerschaft? Was fühlt sich vertraut und akzeptabel an? Was nicht?

♥ *Dazu hat mich der folgende Satz beeindruckt: »Was der Leib gelernt hat, […] das ist man«, schrieb der französische Soziologe Pierre Bourdieu. Wie wahr.*[27]

Können Sie sich erinnern, woher die Begriffe stammen? Die vertrautesten Namen stammen oft aus der eigenen Kindheit, von unseren Eltern. Darüber hinaus übernehmen wir Begriffe aus Partner- und Freundschaften, von Büchern oder aus Filmen.

Sie können diesen Rückblick auch noch ausweiten – wie wäre es, sich in der Partnerschaft darüber auszutauschen: Was denkst du? Was denke ich? Und welche Worte nutzen wir in der Erziehung? Manchmal erleben Paare an dieser Stelle übrigens einen kleinen Clash der Kulturen. Schließlich stammt jedes Elternteil aus einer Familie mit ganz individuellem Sprachgebrauch und ebenso individueller Alltagskultur, in diesem Fall Sexual- und Körperkultur. Kommunikation macht vieles klarer. Vielleicht finden Sie für den Nachwuchs eine gemeinsame Linie, vielleicht nicht. Das muss kein Nachteil sein, im Gegenteil: So wächst das Kind mit sprachlichen Alternativen auf.

Sie können sogar die Chance nutzen, zu besprechen, welche Begriffe Sie als Liebespaar verwenden. Welche Worte verwendet der Partner oder die Partnerin (vielleicht ohne sie je auszusprechen)? Was sind die Gefühle dazu? Die Wahrscheinlichkeit, dass Sie bei diesen Gesprächen Neues übereinander erfahren und Hemmungen besser verstehen können, ist groß. Vielleicht kommen auch gut gehütete Geheimnisse oder Fantasien ans Licht.

Im Studium der Sexualwissenschaft habe ich dazu eine spannende Übung erlebt: Die gesamte Gruppe sollte ihre persönlichen Begriffe für die Genitalien und für den Geschlechtsakt auf Kärtchen schreiben. Die anonyme Sammlung umfasste Worte wie Busen, Boobies, Titis, Titten, Brüste, Penis, Pimmel, Schlingel, Schwert, Schwanz, Teil, Eier, Hoden, Bälle, Gehänge, Billardkugeln, Kronjuwelen, Mumu, Muschel, Muschi, Möse, sogar Fotze, Clit, Klitoris, Perle, Gipfelchen, Lustpunkt, Kitzler, Liebe machen, Sexen, miteinander schlafen, ficken, vögeln, es tun, und so fort.

Dann durften wir kommentieren. Die Bandbreite der Reaktionen reichte von fremd bis normal, spannend, spießig über abstoßend, respektlos und eklig bis erregend. Die beiden F-Worte lehnten einige für sich ab, aber es gab auch Menschen, die mit den Schultern zuckten oder sie fürs Liebesspiel anregend fanden. Das Experiment zeigt, wie extrem unterschiedlich wir auf die Begriffe reagieren – und wie eng die Reaktion mit unserem inneren Bild von Sexualität, mit uns selbst als Person und unseren intimen Körperstellen verbunden ist. Wir können innere Grenzen wahrnehmen: Was die eine für schmutzig hält, klingt für die andere vertraut. Was der eine für verboten hält, wirkt aufregend auf den anderen. Spielen Sie damit und erweitern Sie die Übung um einen Gedanken:

Rückblick **Welche Gefühle rufen die Worte hervor?**

Achten Sie darauf, was in Ihnen vor sich geht, wenn Sie die Begriffe lesen oder hören. Wo bildet sich unwillkürlich Abscheu, wo Amüsement, wo Fremdheit oder Faszination? Was halten Sie – Achtung, nicht von den Begriffen, sondern – von Ihrer eigenen Reaktion? Wie wurde sie geprägt? Welches Bild von Sexualität zeigt sich?

Vielleicht bemerken Sie dabei, ob Sie sich Penis und Vulva in Gedanken mit derselben Freundlichkeit annähern können wie dem Bauchnabel, der Brust oder den Lippen. Unsere zum Teil vor Jahrzehnten von den eigenen Eltern übernommenen Begriffe für den Leib und die Genitalien prägen unsere Haltung zu unseren

Geschlechtsorganen – und ebenso die Grenzen und Freiheiten im Umgang damit. Einiges davon geben wir an unsere Kinder weiter. Ich möchte übrigens mit all diesen Gedankenspielen nicht an Ihren persönlichen Vorlieben rütteln. Mir geht es darum, dass wir ein Bewusstsein dafür entwickeln, wie persönlich und unterschiedlich das Verhältnis zur Intimzone ist – fest geprägt, und doch veränderbar.

Herrschaftswissen: Namen für das weibliche Geschlecht

Die weiblichen Geschlechtsorgane und angemessene Worte dafür gehören ins Zentrum der Aufmerksamkeit, denn die weibliche Sexualität war jahrhundertelang tabu. Das Wissen, ja sogar die Forschung zu den weiblichen Geschlechtsorganen und ihrer Funktion wurden vernachlässigt. Das ist heute anders, und doch gibt es in der Aufklärung noch Aufholbedarf. Darum sollten Eltern auf dem aktuellen Stand der Diskussion sein, korrekte Bezeichnungen kennen und diese je nach Alter weitergeben.

Lassen Sie uns als Erstes einen Blick auf das Wort Scheide werfen. Der sehr geläufige Begriff wird unterschiedlich bewertet: Viele lehnen ihn ab, weil eine Scheide per Definition eher als dienendes Element gilt, als Hülle und Nebensache, in die man eine Hauptsache einführt, zum Beispiel einen Säbel, ein Schwert oder im erwachsenen Kontext von Lust den Penis. »Scheide« klingt demnach zu passiv und gering geschätzt im Vergleich zum schneidigaktiven Prunkstück. Dabei ist die Vagina – so lautet der medizinische Begriff für die Scheide – nicht so passiv, wie manche denken.

Vielleicht kommt jetzt ein Stück Aufklärung, das neu ist für Sie: Die Vagina ist im Beckenboden von drei Muskelschichten umgeben, die es ihr ermöglichen, etwas in sich aufzunehmen – oder sich verschlossen♥ zu verhalten. Sie kann umfassen, sich anspannen und loslassen. Dieses aktive Umschließen bezeichnet als Gegenbegriff zur Penetration das Wort Circlusion (eingedeutscht Zirklusion).[28] Ich bin sicher, dass das Wissen um die aktiven Möglichkeiten des weiblichen Genitals hilfreich ist für das sexuelle Selbstbewusstsein, körperlich wie psychologisch. Dass Frauen die sexuelle Begegnung ebenfalls aktiv gestalten können, ist eine wichtige Information. Ein gutes Bewusstsein für diese Fähigkeiten kann für alle Beteiligten nur von Vorteil sein.

Natürlich werden diese erwachsenen sexuellen Möglichkeiten der Vagina erst später ein Thema. Die Muskeln bewusst anzusteuern, sie also anspannen und entspannen zu lernen, ist für Mädchen und natürlich auch Jungen jedoch schon im dritten Lebensjahr dran, wenn es darum geht, die Ausscheidungen zu kontrollieren. Mit der Kontrolle der Strukturen im Beckenboden werden Kinder Chef und Chefin im eigenen Körper. Wir brauchen die aktiven Muskeln auch beim lauten Sprechen, Singen und Hüpfen. Sie stützen unsere inneren Organe. Dabei ist ein gut ausgeprägtes Gespür für die Region in sexueller Hinsicht sogar für Männer ein Vorteil, vor allem wenn sie (zu) schnell und früh zum Höhepunkt kommen. Also profitieren alle von einem gesunden Bewusstsein und einer differenzierten Steuerungsfähigkeit für den eigenen Beckenboden.

♥ *Es gibt eine medizinisch anerkannte sexuelle Störung namens Vaginismus, bei der sich die Muskeln rund um die Vagina für die Patientin nicht kontrollierbar anspannen, was zärtliches Zusammensein mit Geschlechtsverkehr unmöglich oder schmerzhaft macht. Ängste, Schmerzen und Traumata können der Grund sein.*

Kehren wir zurück zum Begriff »Scheide«: Umgangssprachlich benutzen viele Menschen den Begriff für die gesamte weibliche Intimzone, obwohl er eigentlich nur den inneren Bereich, die Vagina, bezeichnet und nicht die Vulva, den sichtbaren Teil. Streng genommen gibt es keine Gesamtbezeichnung, außer »das weibliche Genital«. Die Sexualpädagogin Ella Berlin hat vor einigen Jahren die Neuschöpfung Vulvina ins Spiel gebracht.[29] Probieren Sie ihn einmal aus.

Die eher skeptische Beurteilung des Begriffes »Scheide« wird aber nicht von allen Menschen geteilt; viele empfinden das Wort nicht als passiv und negativ, sondern als normal und neutral. Vielleicht passt das, wenn man das Wort als Bezeichnung für eine Trennstelle versteht, die ein geographisches Gebiet in zwei Hälften teilt, wie der Begriff der Wasserscheide. Ich habe jedenfalls bei der Recherche geschmunzelt, als ich herausfand, was das Wort Vagina bedeutet. Es kommt aus dem Griechischen und wird übersetzt mit – Scheide. Kommen wir Eltern damit nun vom Regen in die Traufe? Nein. Wählen Sie die privaten Worte nach Ihrem Empfinden.

Nun bleiben noch die Begriffe Scham- und Scheidenlippen sowie die Benennung der Klitoris. Bei diesen kitzligen Körperstellen sind die Hemmungen davor, ins Detail zu gehen, häufig sehr groß. Die eigenen Eltern haben oft kein Wort darüber verloren. Doch es ist wichtig, darüber zu informieren, dass Mädchen Scheiden- oder besser gesagt Vulvalippen besitzen. Die inneren Lippen – auch das ist ein guter Begriff – sind mit Schleimhaut bedeckt, die äußeren mit Haut. Die Klitoris erkennt man an der kleinen Klitoriseichel. Und ja, sie ist ausschließlich dazu da, sexuelles Vergnügen zu bereiten. Wieder gilt: Eltern werden nicht in der Kindergartenzeit den ganzen Hintergrund erklären, doch dem Punkt seinen Namen zu geben, ist wichtig. Man kann zum Beispiel bei der Körperpflege darauf hinweisen. Bei Jungen zögert niemand, von der Eichel und ihrer Spitze zu sprechen.

Ich halte es auch für vernünftig, wenn Eltern ihrem kleinen Mädchen im Kitaalter erklären, wo die Harnröhre mündet – nämlich unterhalb der Klitoris und über dem Eingang der Vagina. Schließlich stellen sich Jungen ab diesem Alter selbstverständlich in die Landschaft, nehmen den Penis in die Hand, zielen und pieseln. Bei Mädchen ist das Urinieren im Freien etwas komplizierter. Im Vergleich zum jungenhaft unbekümmerten Zugang zum Genitalbereich finde ich die Vorstellung unangenehm, dass Mädchen denken müssten, der Urin käme bei ihnen aus der Tiefe der Vagina. Wer über den eigenen Körper Bescheid weiß, ist im Vorteil.

Es ist von zentraler Bedeutung, dass Mädchen erfahren, welche Organe bei ihnen vorhanden sind, und dass sie ebenso benennenswert sind wie die von Jungen. Dass die weiblichen Genitalien nicht unmittelbar sichtbar sind bedeutet ja nicht, dass sie weniger wichtig wären. Wenn alle Kinder die biologischen Bezeichnungen kennenlernen, während sie aufwachsen, führt das für alle zu Sicherheit und Selbstverständlichkeit.

Basiswissen Biologie: Was ist »da unten« wirklich?

Nachdem wir uns Klarheit über die Begriffe verschafft haben, die wir für die Genitalien angemessen finden, gehe ich einen Schritt weiter, denn zu den Namen gehört die Anatomie. Die werde ich nun verbal mit Ihnen abschreiten. Denn auch wenn die wichtigsten Körperstellen rund um die Sexualität bereits zur Sprache kamen, ist es sinnvoll, deren Feinheiten zu kennen. Es gibt viele Details, die für Kinderzeit und Erwachsenwerden wichtig sind, und grundsätzlich gilt:

Unseren Körper in Besitz nehmen können wir nur, wenn wir seine Funktionen gut kennen. Das gilt auch für »da unten« – wie soll man sonst zu einem erfüllenden und gesunden Liebesleben finden?

Mein kleines Biologie-Seminar umfasst auf den folgenden Seiten spannende Fakten zur Anatomie (wie sich beispielsweise die Geschlechtsorgane schon im Mutterleib entwickeln) und reicht bis zu einem Ausblick in die Pubertät. Da geht es dann um die Veränderungen von Körper und Psyche, über die Eltern von Grundschulkindern Bescheid wissen sollten (Stichwort »frühe Pubertät«). Diese Informationen sollten über Sie als Eltern bei allen Kinder ankommen, denn selbst wenn das eigene Kind mit zehn Jahren vielleicht noch einen kindlichen Körper hat, gibt es garantiert eine Freundin oder Klassenkameradin, deren Körper sich zu wandeln beginnt. Damit sollten alle respektvoll und informiert umgehen können.

Ein paar Grundlagen der Anatomie

Fangen wir mit ein paar physiologischen Knaller-Informationen an. Also: Am Anfang unseres Lebens sind wir alle gleich, eine geschlechtsneutrale Urform, Embryo. Ab der siebten Woche nach der Empfängnis, wenn sich die Geschlechtsorgane des Embryos differenzieren und organisieren, entwickeln sich gleichartige Gewebeteile zu gleichartigen Organen. Vielleicht ist es vielen nicht bekannt, aber es klingt logisch, dass sich zum Beispiel die Schwellkörper von Penis und Klitoris (wir sprechen vom Gesamtorgan, nicht nur der sichtbaren Spitze) aus demselben Gewebe bilden. Oder dass die Penis-Eichel der Klitoris-Eichel entspricht, wenn man genau hinschaut ja sogar vom Aussehen her. Zum Spektrum der Entwicklung gehören auch uneindeutig entwickelte Geschlechtsorgane, deren Vielfalt ich an dieser Stelle nicht gerecht werden kann.

Ich verzichte hier bewusst auf schematische Darstellungen, weil sie nie wirklich hübsch sind und weil ich mich noch an das distanzierte Gefühl beim Sexualkunde-Unterricht erinnere: Was hat das zweidimensionale Schema mit meinem fühlenden, dreidimensionalen Körper zu tun? Ich bekam das nicht überein. Sie können die angesprochenen Körperteile sicher mental gut nachvollziehen.♥

Schnallen Sie sich an, jetzt umkreisen wir das Gebiet in einer gedanklichen kleinen Körperreise, von außen nach innen.

Das weibliche Geschlecht

Bei kleinen Mädchen und vielen Frauen sieht man zunächst die Vulva, den äußeren Teil der Genitalien. In der Kindheit sind der gewölbte Venushügel und die äußeren Vulvalippen aus glatter Haut und gestatten meist keinen Blick auf weitere Details. Eher zu Beginn der Pubertät wird diese Zone nach und nach von Haaren erobert, was je nach Gusto und Mode so bleibt oder frisiert und rasiert wird. Die eher schleimhäutigen inneren Vulvalippen sind im Kindesalter noch wenig ausgebildet. Im Laufe des Erwachsenwerdens prägen sie sich allmählich stärker aus und ragen bei vielen Frauen ein wenig, bei manchen sogar ein gutes Stück über die äußeren Lippen heraus. Die inneren Lippen können glatt oder

♥ *Gute Darstellungen finden Sie etwa auf der Seite www.familienplanung.de von der Bundeszentrale für gesundheitliche Aufklärung (BZgA). Für Jugendliche gibt es Broschüren im Angebot von www.profamilia.de.*

gekräuselt sein, von blassrosa bis bräunlich gefärbt, groß oder klein. Die Natur kennt alle Schattierungen.

Derzeit idealisiert unsere Kultur das glatte Genital, und das so sehr, dass viele Menschen die kindlich anmutende Variante für normal halten – und lassen damit das, was für viele Frauen normal und natürlich ist, falsch aussehen. Doch es ist eher die Ausnahme, dass sich Vulvalippen an die Mode halten, genau wie Nasen, Hände oder Brüste. Alles kann klein oder groß ausfallen, dünn oder dick, symmetrisch oder asymmetrisch. Kurz: Alles ist individuell geformt und eben nicht genormt.

Daraus leitet sich ein Erziehungsauftrag für Eltern ab, vielleicht für die ganze Menschheit: Alle sollten wissen, dass praktisch alles normal ist, sofern es nicht schmerzt oder seine Funktion nicht erfüllen kann. Dass es sich mal ein bisschen unbequem anfühlt, zählt nicht. Der Penis und die Hoden können schließlich auch beim Radfahren stören, und niemand käme beim Mann auf die Idee eines chirurgischen Eingriffs, wie er Frauen in Medien und Medizinwerbung nahegelegt wird. Alle Geschlechts- und anderen Merkmale fallen unterschiedlich aus, und das ist okay. Genitalien sind nun mal so: in natura haarig, häutig, mit Falten, dazu sind sie ein wenig feucht. Der Mund ist auch nicht trocken. Das ist nicht »igitt«. Besser, wir (und unsere Kinder) freunden uns mit dem an, was wir haben.

Wie der Genitalbereich von erwachsenen Frauen wirklich aussieht, und vor allem welche Unterschiede üblich sind, ist übrigens im Vergleich zum männlichen Körperbau erst spät wissenschaftlich untersucht worden: Im Jahr 2005 erschien erstmals eine größere Studie mit 50 Probandinnen von der Gynäkologin Sarah M. Creighton. Inzwischen gibt es eine weitere Studie mit über 650 Probandinnen aus dem Jahr 2018 mit vergleichbaren Ergebnissen.[30] Creighton untersuchte unter anderem die Größe der Klitoris, Maße und Farbe der Labien (so der medizinische Fachbegriff für die Vulvalippen), Distanz der Klitoris von der Mündung der Harnröhre, außerdem vermaß sie den Vaginaleingang. Sie und ihre Mitforscherinnen fanden heraus, dass es keine Norm gibt, stattdessen sind enorme Unterschiede die Norm. Bei den untersuchten Frauen variierte etwa die Länge der inneren Genitallippen von zwei bis zehn Zentimetern, die Länge der Klitorisspitze betrug 0,5 bis 3,5 Zentimeter, die Breite 0,3 bis ein Zentimeter. Alle Frauen sollten diese Fakten kennen – vor allem solche, die an Selbstzweifeln leiden, weil sie glauben, dass ihr Genital so aus dem Rahmen fällt, dass sie eine Schönheits-OP erwägen. Dabei muss man sich vor Augen führen, dass die angebliche »Ideal«-Vorstellung entweder aus Pornos oder (wenigen) Bildern aus dem Netz und Magazinen stammt, in denen die Vulva retuschiert und idealisiert dargestellt wird – keineswegs realistisch.

Ein Fazit für Eltern: Diese erwachsenen Fakten gehören nicht in Unterhaltungen mit kleinen Kindern. Was jedoch dazugehört, ist Respekt zu vermitteln dafür, wie unterschiedlich Körper aussehen – und dass sie allesamt richtig und normal sind. Nase, Scheide und Penis können immer ein bisschen anders aussehen, je nachdem, wem sie gehören, Papa und Mama, Freund oder Freundin. Ein bisschen ins Detail gehen und zumindest die Möglichkeit einer Bandbreite ansprechen können Eltern, wenn Kinder größer werden und idealisierte Darstellungen hinterfragen können, etwa von Bauch, Busen, Beinen und Po. Sie könnten etwa Barbies Brust und Taille kommentieren, Actionhelden-Muskelberge, insgesamt Körperdarstellungen in Werbeanzeigen. Zu wissen, wie unterschiedlich Genitalien sich entwickeln können, hilft Kindern vor beziehungsweise zu Beginn der Pubertät, damit sie nicht zusätzlich verunsichert sind, wenn Brust, Vulva und Penis beginnen, sich zu verändern.

So viel zu den sichtbaren Teilen der Anatomie. Nachtragen möchte ich noch die Mündung der Harnröhre, die vorne oben, innerhalb des Vaginaleingangs, liegt. Um die Harnröhre im Körper legt sich bei Frauen die weibliche Prostata, empfindungsreich und fähig, bei Erregung anzuschwellen und beim Orgasmus ein Sekret zu produzieren. Vielleicht haben Sie in diesem Zusammenhang vom sogenannten Squirting gehört. Vermutlich spielt dieser Bereich mit bei den guten Gefühlen, die ein Penis, Finger oder Sexspielzeug an der vorderen Vaginalwand auslösen kann.

Von der Klitoris sieht man äußerlich nur ihre perlenförmige Spitze, die höchst empfindsame Klitoriseichel mit geschätzt 8000 Nervenenden.[31] Dahinter verbirgt sich ihr tiefer liegendes Gewebe, das sich mit zwei eleganten, sieben bis 13 Zentimeter langen Schenkeln nebst Schwellkörpern an die Vagina schmiegt. Die Klitoris und ihre Schwellkörper werden bei Erregung groß.

Natürlich sind die Fakten kein Vertiefungsthema für kleine Kinder. Aber dieses Wissen kann für Jugendliche bei ersten Geh- und Kuschelversuchen rund um Sexualität entscheidend wichtig sein. Denn dann wäre es gut zu wissen, was im Körper passiert, wie er reagiert. Ob nun wir als Eltern etwas dazu sagen oder ein gutes Buch oder eine Broschüre (siehe Anhang) davon erzählt, können wir später entscheiden.

Ein paar Worte zum Hymen oder Jungfernhäutchen: Die kleine Membran, die den inneren Scheideneingang umrahmt, ist im Mutterleib verschlossen und öffnet sich normalerweise im Verlauf der Entwicklung bis vor der Geburt. Was bleibt, sind kleine Hautreste in unterschiedlicher Form, Anordnung und Aussehen. Es ist ein Mythos und Ausdruck einer patriarchalen Vorstellung, dass der Gewebekranz irgendetwas über den Wert einer Frau oder eines Mädchens zu sagen hat. Die Idee, dass er beim ersten Geschlechtsverkehr reißt, entspricht nicht der Realität.[32] Es kann eng sein, es kann bluten, aber niemand kann der Vagina eines Mädchens oder einer Frau ansehen, ob sie schon einmal Sex hatte.

Hinter der Körperöffnung des Scheiden- oder Vaginaleingangs reicht die Vagina bei großen Menschen um 6,5 bis 12,5 Zentimeter in den Beckenraum. Die Länge ist hier ein dehnbarer Begriff – ohne die gefältelten, elastischen Wände der Vagina würde weder Sex noch eine Geburt funktionieren. Die weiteren inneren Organe und ihre Aufgaben sind für die Aufklärung dann relevant, wenn das Thema »Woher kommen die Kinder?« in der biologischen Dimension genauer ausgeleuchtet wird: die Gebärmutter als das Nest und Andockstation für das befruchtete Ei und die Eierstöcke, in denen die Eizelle in kleinen Eibläschen monatlich reift und sich auf den Weg macht. Dabei können Sie es belassen.

Das männliche Geschlecht

Bei den Jungen ist alles ein bisschen offensichtlicher. Penis und Hoden machen schon durch ihre Lage und Anatomie auf sich aufmerksam. Darum können kleine Jungen ihr Geschlecht unkompliziert be-greifen und tun das von frühester Kindheit an. Ebenso erklären Eltern ihnen die sichtbaren Geschlechtsorgane häufig mit mehr Selbstverständlichkeit: den Penis und die Vorhaut, die man zur Pflege mit Wasser etwas zurückzieht, und die empfindsame Eichel. Jungen spüren, wie die Hoden und Hodensäcke sich bei warmem Wetter entspannen und bei Kälte an den Körper ziehen. Warum das nötig ist, können Schulkinder schon begreifen: Im Hoden werden, wenn man groß ist, Samenzellen gebildet, und die stellen die zweite Hälfte, die es für die Entstehung eines Kindes braucht. Diese Zellen entwickeln sich jedoch nur bei einer Temperatur von 35 Grad, also ein paar Grad unter der Körperinnentemperatur. Darum hat die Natur die Organe kurzerhand nach außen verlegt, leicht versetzt, damit es keine räumliche Konkurrenz gibt.

Wenn sich Kinder im späteren Grundschulalter intensiver mit den biologischen Tatsachen beschäftigen, können Erwachsene die Vorgänge genauer erklären, etwa, dass im Körper weitere Organe mitwirken wie die kastaniengroße Prostata. Sie liefert eine zuckerhaltige Nähr- und Transportsubstanz für die Spermien, Hauptbestandteil der Spermaflüssigkeit.

Ich streue hier für Ihren Hintergrund ein paar formale Fakten zum Penis ein: Als Durchschnittswert für die Penislänge bei erwachsenen Männern gab eine weltweite Studie exakt 9,16 Zentimeter im schlaffen und 13,12 Zentimeter im erigierten Zustand an.[33] Nun ist ein Durchschnittswert nicht immer hilfreich, beruhigender ist eine Spanne, die als normal gilt. Das sind in unseren Gefilden sieben bis zehn Zentimeter ohne und elf bis 17 Zentimeter mit Erregung.[34] Tatsächlich macht hier die Herkunft einen Unterschied, vergleichbar mit der Körpergröße oder dem Körperbau, der etwa bei Asiaten und Südeuropäern im Durchschnitt kleiner ausfällt, während Nordeuropäer und Nordamerikaner eher größer gewachsen sind. Dabei ist die Penisgröße weder für das Lebens- noch das Liebesglück entscheidend.

Ein paar Worte möchte ich als Exkurs auch zum Thema Beschneidung sagen. Sie kann unter Kindern auch schon im frühen Kindesalter ein Thema sein, wenn es etwa mit der Schule zum Schwimmen geht. Beim beschnittenen Penis sieht man die Eichel immer, weil die schützende Vorhaut ein- oder abgeschnitten wurde. Der Eingriff ändert das Aussehen, aber nicht die Erlebnisfähigkeit. Bei allem Respekt vor religiösen Ritualen bleibt die Beschneidung bei Kindern ein erzwungener Eingriff in einen gesunden Körper bei einem Menschen, der aufgrund des Alters nicht einwilligungsfähig ist – buchstäblich ein verletzender Einschnitt an der privatesten Stelle. Doch dies ist ein Feld, auf dem Eltern je nach kultureller und religiöser Prägung unterschiedliche Prioritäten setzen – was die Diskussion bei unterschiedlichen Haltungen sehr emotional macht.

Bei einem medizinischen Eingriff aufgrund einer Phimose (Vorhautverengung) würde man übrigens nicht von einer Beschneidung sprechen. Eltern von Jungen sollten aber in diesem Zusammenhang unbedingt wissen, dass es normal ist, wenn sich bei Kleinkindern und Kindern die Vorhaut am Penis sehr lange nicht oder nur schwer über die Eichel zurückziehen lässt. Geduld, das entwickelt sich in den allermeisten Fällen.

Leider sind Jungen im Hinblick auf die Aufklärung häufiger im Nachteil. Laut einer Untersuchung der Bundeszentrale für gesundheitliche Aufklärung (BZgA) wird im Elternhaus mit ihnen weniger über Körper und Sexualität gesprochen als mit Mädchen.[35] Über die Gründe kann ich nur mutmaßen: Liegt es vielleicht daran, dass alles so klar und offensichtlich scheint, dass Eltern meinen, wenig erklären zu müssen? Ist Aufklärung mit Jungen peinlicher? Trauen sich Väter als die eigentlich naheliegenden Vermittlungspartner (mit der gleichen biologisch-anatomischen Erfahrung) weniger, über Körper und Sexualität zu reden? Wissen sie weniger? Liegt es am überkommenen Männerbild, der klassisch verstandenen Geschlechterrolle, die sie fern von sozialem oder emotionalem Wissen sieht?

Möglicherweise wurde auch nur über Generationen eine Distanziertheit vorgelebt und weitergegeben. Es ist nötig, heute anders zu handeln. Jungen und Mädchen, alle Kinder brauchen das gleiche Wissen über Gesundheit und Gefühle. Vielleicht würde es helfen, wenn sich Väter wie Mütter an eigene Fragen und Wissenslücken erinnern und sie bei ihren Kindern füllen.

Was vor der Pubertät passiert

Eine gute Grundlage ist alles! Jungen und Mädchen sollten bereits vor der Pubertät wissen, was bevorsteht. Also sollten auch Sie als Eltern vorbereitet sein. Darum stelle ich Ihnen noch ein paar handfeste Fakten vor, die zeigen, wie unterschiedlich sich Körper und Genital entwickeln können, bei beiden Geschlechtern.

Bei Jungen wachsen ungefähr ab einem Alter von elf Jahren erst die Hoden und bilden mehr und mehr Testosteron, der Penis beginnt zu wachsen. Der Penis befindet sich übrigens zur Hälfte im Körper. Er besitzt drei Schwellkörper, und wenn der Junge etwa 13 Jahren alt ist, wird der Penis öfter steif, ohne ersichtlichen Grund. Ebenso zeigt sich dunkle Behaarung rund um das Genital, am Bauch, den Beinen, irgendwann am Kinn und – je nach Anlage – auch auf der Brust oder dem Rücken. Bitte bedenken Sie: Altersangaben sind wie immer ohne Gewähr, die Entwicklung kann sich in einem Zeitraum von plus/minus ein bis zwei Jahren zeigen.

Auch bei den Mädchen entwickeln sich die Geschlechtsorgane unterschiedlich früh oder spät, nur weniger sichtbar. Erst verändern sich die Brustwarzen leicht, dann setzt das Brustwachstum ein. Wie bei den Jungen kann die Hautfarbe der Genitalien auch bei Mädchen variieren, von hellrosa über bräunlich und auch bläulich, wenn Adern durchschimmern. Außerdem ist es normal, wenn sich Geschlechtsmerkmale wie Brüste, Vulvalippen oder auch der Penis leicht asymmetrisch entwickeln. Wenn man zu Farbe, Größe, Form, Symmetrie, unterschiedlicher Behaarung einen verständnisvollen, erklärenden Satz verliert, kann das die angehenden Jugendlichen bei der allgegenwärtigen Frage »Bin ich normal?« beruhigen. Ja, alles ist richtig, wie es ist, nichts ist falsch.

Schon vor der Pubertät sollten Eltern ihre Kinder auf den Moment vorbereiten, an dem die Fruchtbarkeit einsetzt – damit sie nicht ahnungslos davon überrascht werden. Bei den Jungen markiert die sogenannte Ejakularche (der erste unwillkürliche, meist nächtliche Samenerguss) diesen Zeitpunkt, bei den Mädchen die Menarche (die erste Regelblutung).

Geschlechtsreif oder fortpflanzungsfähig, das sind Worte, die uns angesichts noch kleiner Kinder merkwürdig in den Ohren klingen, auch noch bis zum Ende der Grundschule. Doch gerade die erste Regel kann schon in diesem Alter ein Thema sein: Manche Mädchen bekommen heute schon in der letzten Grundschulklasse zum ersten Mal ihre Tage. Der sogenannte Weißfluss, milchig-weißer Ausfluss, weist darauf hin, dass sich die weiblichen Fortpflanzungsorgane auf die erste Blutung einstellen. Diese zeigt an, dass in jedem Zyklus eine Empfängnis möglich wäre, aber nicht stattgefunden hat. Umfragedaten zeigen, dass Mädchen darauf mehrheitlich rechtzeitig vorbereitet werden, Jungen auf den ersten Samenerguss weniger gut.[36]

Ein paar Zahlen, damit wir Eltern uns an den Gedanken gewöhnen können: Die meisten Mädchen erleben die erste Periode mit zwölf oder 13 Jahren. Jedes fünfte Mädchen jedoch erlebt sie schon mit elf Jahren, wenige auch davor.[37] Das ist viele Lebensjahre früher als noch zu Anfang des 19. Jahrhunderts, was die Wissenschaft darauf zurückführt, dass wir heute besser genährt und körperlich weniger gefordert sind. Als weitere Einflussfaktoren werden außerdem hormonell wirksame Umweltgifte aus Plastik und soziale Faktoren diskutiert.[38]

Jungen sollten wissen, dass sich der erste unwillkürliche Samenerguss je nach Studie im Durchschnitt im Alter von etwa zwölfeinhalb bis 13 Jahren ereignet. Wieder ist die Varianz groß. Mancher Junge erlebt ihn schon mit zehn, der andere erst mit 14 Jahren.[39] Beides ist, wie man so schön sagt, normal. »Es« passiert meist nachts, weil zwischen vier und fünf Uhr in der Nacht der Testosteronpegel am höchsten ist. Die Information, dass Jungen feuchte Träume haben können, ist genauso hilfreich wie taktvolle Begleitung. Wie gesagt: Es hilft, wenn wir Eltern uns vorab ein paar Gedanken zu diesen ersten Malen machen – für eine gute Vorabinformation und eine einfühlsame Reaktion, wenn es soweit ist.

Kleiner Trick: Wie sprechen Eltern heikle Themen gut an?
Themen wie Regelblutung, dunkle Haare an intimen Körperstellen, Samenerguss oder Brüste provozieren bei Schulkindern oft Scham und Ablehnung: Igitt! Da hilft es, wenn Sie über andere sprechen: Soundso hat jetzt manchmal Bauchweh wegen ihrer Tage. Derundder entwickelt Bart oder Körperhaare. So können Sie anknüpfen. Wenn Sie mögen, schildern Sie kurz eigene Erfahrungen, wie Sie sich in der Entwicklung gefühlt haben (… war schon komisch/… konnte ich erst nichts damit anfangen/… war sehr spannend/… schön). Selbst wenn Ihr Kind nicht auf das Thema einsteigt, weiß es, dass es Ihnen heikle Fragen anvertrauen kann.

Warum der Satz »Dein Körper ist richtig« nicht reicht: Wie wir Körperbewusstsein prägen, mit und ohne Worte

Ist es nicht unglaublich, wie ein Kind den eigenen Körper erobert? Wie es sein Instrument des Lebens immer bewusster spielen lernt? Eltern werden Zeuge einer großartigen Entwicklung: In den ersten

Lebenstagen halten sie ein völlig hilfloses Wesen in ihren Armen, doch nach etwa sechs Wochen hat es raus, dass alle Welt (und es selbst eingeschlossen) reines Glück fühlt, wenn es lächelt. Im ersten Jahr erobert ein Kind die Kontrolle über den Körper – das reicht vom Sehen, Halten, Stehen, Gehen bis hin zur verbalen Kommunikation. Die Meilensteine der Menschwerdung beobachten zu dürfen, ist ein Geschenk. Nach und nach ziehen Identität und Bewusstsein in den kleinen Körper ein.

Das große Ziel heißt, sich im Körper zu Hause zu fühlen. Schließlich *sind* wir unser Körper, wir leben durch ihn. »Das Körpergefühl bedingt die Gefühle, die ein Individuum seinem Körper entgegenbringt und es kann, je nach erlebten Erfahrungen, positiv oder negativ sein«, schreibt Anette Schneider, Professorin für Kindheitspädagogik, in ihrer Dissertation, die auf einem großen Forschungsprojekt zur Entwicklung des kindlichen Körperbilds basiert.[40] Das Gefühl entspricht aber manchmal auch nicht der Realität, was sich in psychischen Erkrankungen wie Magersucht ganz drastisch zeigen kann. Eine gute Basis ist also wichtig für ein stimmiges Selbstbild. Schneider kommt zum Schluss: Früh fördern ist das Beste, was Eltern tun können.

Genau darum geht es hier: wie Eltern bewusst bei der Entwicklung helfen. Dafür gibt es drei Wege: **1.** im bewussten Umgang mit dem kindlichen Körper, **2.** als gutes Vorbild und **3.** in der Art und Weise, wie sich Bezugspersonen zum Druck der Schönheitsideale positionieren. Insgesamt machen die elterliche Pflege und das Feedback einen großen Teil der von Schneider beschriebenen »erlebten Erfahrungen« aus.

Wir Eltern wünschen uns, dass sich alles natürlich entwickelt. Aber was heißt denn eigentlich »natürlich«? Wie in der Natur, also ohne Scham und gesellschaftliche Normen? Angesichts dieser Gedanken wird klar: »Natürlich«, verstanden als einen idyllischen Urzustand, frei von Beschränkungen, das gibt es nicht. In jeder menschlichen Gesellschaft wird die herrschende Körperkultur von Geburt an an alle Mitglieder herangetragen. Sie umfasst unter anderem Regeln zum Verhalten, zum Aussehen, zu Frisuren, Kleidung, sogar typischen Bewegungen, die mit Geschlecht oder sexueller Identität identifiziert werden. Diese Regeln umgeben uns wie eine Kommentarfunktion, die ständig vielstimmig plappert und sagt: Macht man, macht man nicht, so ist es gut, das bedeutet … Im Internet, in den Blicken der anderen, in dem, was man als Kleidung trägt und als Körperpflege tun und kaufen soll oder nicht. Ein paar Stichworte: Bikini Cut in der Intimzone, Haare unter den Achseln, Falten. Wie viel Natur darf es sein?

Kinder erleben diese Regeln im sozialen Miteinander von Familie über Kindergarten bis zur Schule. Dabei sagen schon Blicke vieles, Worte und Reaktionen sind noch direkter. Alle Eindrücke wirken im Kopf weiter und münden in eine Selbstbewertung, wenn die Identität immer stärker reift. Als soziale Wesen gleichen wir ständig eigene Wünsche und Gefühle mit den Normen, die uns umgeben, ab. Wenn Sie sich nun fragen, warum das Körperbild ausgerechnet in einem Buch zu sexuellen Fragen viel Raum bekommt, finden Sie hier Antworten:

Was Körperkultur mit Aufklärung zu tun hat

Körperbewusstsein und Sexualität hängen eng zusammen. Nur wer sich richtig fühlt im eigenen Körper, kann sicher mit ihm umgehen – mit privaten Grenzen, im Geschlecht und in intimen Situationen. Das zeigen diese Beispiele:

- Wer früh gelernt hat, seinen Körper als feste Burg und eigenen Besitz zu betrachten, kann ihn ein Stück wehrhafter vor ungewolltem (sexuellen) Zugriff schützen.

- Mit einem guten Körpergefühl kann man körperliche Empfindungen besser entschlüsseln, das braucht es für Grenzsetzung *und* Genuss.
- Wer mit dem Körper vertraut ist, kann besser auf die eigene Gesundheit achten, von der Verhütung bis zur Prävention von Krankheiten.
- In der körperlichen Entwicklung ist Sicherheit wichtig, wenn das Kind in bislang ungewohnte, erwachsene Körperformen hineinwächst.
- Den eignen Körper zu akzeptieren hilft dem Kind, sich gegen Stereotype und unrealistische Schönheitsideale zu verteidigen.
- Innere Hürden bezüglich der Genitalien werden bereits in der frühen Kindheit aufgebaut. Wird die Intimzone mit negativen Urteilen belegt, ist es später schwer, damit frei und erfüllend umzugehen.

»Dein Körper ist richtig« und »Das alles gehört dir« sind Sätze, die Eltern weitergeben. Doch manchmal kommen sie uns leicht über die Lippen, und in anderen Momenten verhalten wir uns unbeabsichtigt auf eine ganz andere Weise. Deshalb meine ich: Reden ist Silber, sich entsprechend zu verhalten Gold – und gar nicht so einfach. Um mehr Bewusstsein dafür geht es jetzt.

Eltern sind Entwicklungshelfer fürs Körperbewusstsein

Aus der Neurobiologie wissen wir, dass Körperkonzepte vom Input und Feedback des engen sozialen Umfelds abhängen. Unser gedankliches Bild des Körpers ist eine Mischung aus objektiven

Erfahrungen und der subjektiven Interpretation. Subjektiv und für sich spürt unser Kind seinen Körper, objektiv ordnen die wichtigsten Menschen um es herum die Erfahrungen mit Blicken, Wort und Tat ein, ganz konkret etwa, wenn Eltern einen Säugling pflegen oder ein Kleinkind versorgen.

Die erste Kernfrage, um die es hier geht, lautet also: Wie werden wir gute Entwicklungshelfer für das Körpergefühl unseres Kindes? Schauen wir genauer hin. Sein Körperkonzept bildet das Kind aus *Sinneserfahrungen*. Auch *Bewegungen* vermitteln Körpererfahrung. Beim *Berühren* erfahren Kinder, wie sich das anfühlt, sich an den Händen halten, kitzeln, Zöpfe flechten, beieinander übernachten, sich eincremen, kuscheln mit Mama und Papa. Und dann gibt es noch die Ebene der *Sprache* und *Feedback der anderen*.

Wir sind also automatisch Entwicklungshelfer, indem wir von klein auf Körpergefühle einordnen. Wir halten den Säugling und geben beim Wickeln Raum für Körpererfahrung, beschreiben, was gerade passiert. Wir benennen Signale des Kindes und heben sie so auf die Ebene einer bewussten Wahrnehmung. Wir reagieren auf das Bedürfnis nach Kontakt und Gehaltenwerden, Unwohlsein, auch Ablehnung von Nähe mit Respekt. Wir erklären, warum man sich mit Fieber nicht wohlfühlt und wozu es gut ist. Wir helfen dabei, großen und kleinen Schmerz, körperliche und seelische Verletzungen zu unterscheiden und zu überwinden. Für Klein- und Kitakinder sind Bücher hilfreich: So ist der Körper, da geht das Essen hin, dabei lachen wir, das tut gut. Da drückt es, wenn du traurig bist. Durch diese Erfahrungen und Informationen lernt unser Kind, seine Körperwahrnehmung richtig einzuschätzen – und ihr zu folgen.

Bis das Verständnis dafür erwächst, vergeht einige Zeit. Entwicklungshelfer brauchen Geduld. Zum Beispiel dauert es eine Weile, bis etabliert ist: Ist ein Aua groß oder klein? Sie kennen das sicherlich: Plumps, hingefallen. Über lange Zeit prüfen Kinder dann mit einem Blick Richtung Erwachsene, wie die wohl reagieren – und beginnen erst danach zu schreien. Die Elternreaktion entscheidet also bei kleineren Blessuren, ob das Kind herzzerreißend weint oder nach einmal Pusten unbekümmert weiterspielt. Mit dem Schulkind führen viele Eltern immer wieder die frühmorgendliche Diskussion: Mit welchen Beschwerden kannst du in die Schule? Manchmal ist das ein Test, das Kind hat keine Lust. Ein anderes Mal rollt wirklich eine Infektion an, oder – dann wird es kompliziert – es handelt sich um Bauchdrücken oder Kopfweh ohne organische Ursache. Es könnte auch Überforderung oder Mobbing dahinterstecken. Da müssen Eltern wie Detektive denken, um Ursache und Wirkung zu erfassen.

Am Ende prägen wir in vielen Situationen mit, wie das Kind später mit körperlichen Beschwerden umgehen wird, auch mit Stress, Ängsten, Arbeitsfähigkeit, dem Erkennen, was die Ursache ist für negative Gefühle, die sich im Körper niederschlagen. Eltern können bei Ärger oder psychischem Schmerz viele Lösungen vorschlagen, beispielsweise: Du kannst dich zurückziehen. Du kannst dich jemandem anvertrauen. Manchmal heilt die Zeit die Wunden. Ein anderes Mal helfen Gedanken, Nachdenken oder sich mit dem Problem auseinanderzusetzen statt wegzuschauen.

Manchmal gehen Eltern und Kinder miteinander Irrwege. So klagte eines meiner Kinder im Kitaalter immer wieder bitterlich über schweres, unerklärliches Bauchweh am Morgen. An vielen Tagen war es da, ganz doll. An anderen nicht. Wir waren ratlos. War es das Essen? Gluten? Allergene? Die Milch im Müsli? Erst nach Wochen gelang es meinem Mann und mir, eins und eins zusammenzuzählen: Der Darm bereitete den Stuhlgang vor, das kann empfindlich wehtun. Schmerz und WC-Besuch lagen aber zeitlich auseinander. Das Entwicklungsthema für uns und das Kind war, das fiese Bauchdrücken als normale Körperempfindung einzuordnen: Ach, das ist es, jetzt weißt du Bescheid. Ja, es ist unangenehm, aber es gehört dazu. Ein Viertelstündchen später drückt es weiter unten, dann gehst du aufs Klo und bist befreit. Wie einfach. Oder?

Für uns Entwicklungshelfer ist es also wichtig, achtsam mit den Körpersignalen umzugehen. Der Helferweg heißt: gut beobachten, was im Kind vorgeht, dann dolmetschen und konstruktive Lösungen zu guten wie negativen Gefühlen anbieten.

Sprechen ist Silber und Verhalten Gold – weil Eltern Vorbilder sind

Wir prägen also mit Worten und Taten. Doch darüber hinaus leben wir auch den eigenen Umgang mit unserem Körper vor: Wir sind im Hinblick auf den Umgang mit Körper und Gesundheit die ersten Vorbilder, die das Kind beobachtet. Darum ist es das eine, dem Kind zu erklären: Alles an dir ist gut –, wenn wir andererseits vor dem Spiegel unsere körperlichen Unzulänglichkeiten beklagen. Dass Mütter eine entscheidende Rolle dabei spielen, wie Mädchen sich wahrnehmen, beschreibt eine australische Studie:[41] Bei fünf- bis achtjährigen Kindern zeigte sich ein enger Zusammenhang zwischen der kindlichen Unzufriedenheit mit dem Körper und der von den Kindern bei den Müttern wahrgenommenen Unzufriedenheit. Bestimmt gibt es ähnliche Zusammenhänge zwischen Vätern und Söhnen, oder generell in der Familie (Wobei der kritische Blick für sogenannte Problemzonen eher Frauen aufgezwungen wird. Die Idee der Selbstoptimierung gilt aber für beide Geschlechter gleichermaßen.).

Sogar kleine Alltagsentscheidungen erzählen etwas über unser Körperbild – nämlich was wir anziehen, wie wir uns schminken, wie wir Körperpflege betreiben; das geht bis hin zu Familienentscheidungen wie »Was essen wir« und »Kann ich so (mit einem mütterlichen Körper) ins Freibad?«. Väter erleben andere Freiheiten und Zwänge, aber aber auch da gibt es einschlägige (Rollen-)Erwartungen: Cremt ein Mann sich ein? Wie weit geht Körperpflege? Wie gehen Männer mit Schwäche und Krankheit um? Wie mit körperlicher Nähe und Gefühlen? Auch für Männer gibt es gesellschaftlich anerkannte Regeln rund ums Körperbild. Kein Mensch kann sich davon ganz freimachen. Aber wir alle können lernen, besser damit umzugehen. Und netter zu uns selbst zu werden. Spielen Sie mit diesen Gedanken:

Rückblick **Was leben wir vor?**

»Dein Körper ist gut« – das möchten wir weitergeben. Doch leben wir das vor? Das registrieren Kinder genau. Beobachten Sie sich darum mit den Augen Ihres Kindes: Zeigen Sie sich zufrieden mit sich? Runzeln Sie angesichts des eigenen Spiegelbilds die Stirn? Sagen Sie häufiger, dass Sie zum Beispiel »eigentlich« schlanker sein müssten?

Dabei sollten wir die Latte nicht zu hoch legen – Eltern sind keine Heiligen, die immer alles richtig machen (müssen). Aber es ist an der Zeit zu überprüfen, wie viel Macht wir Schönheitsidealen geben und welchen Teil unseres Selbstwertes wir vom Aussehen oder dem Urteil anderer abhängig machen.

Falls das einen wunden Punkt trifft: Wir werden unabhängiger von fremden Idealen, wenn wir den Körper – den eigenen wie den kindlichen – nicht ständig unter dem Gesichtspunkt der Optimierung und Konkurrenz betrachten und ihn nicht auf Schritt und

Tritt bewerten. Die berühmte britische Psychoanalytikerin Susie Orbach♥ bekräftigt: »Frauen müssen anfangen, sich in ihrem Körper wohlzufühlen, damit sie dieses Gefühl an ihre Kinder weitergeben können.« Sie schlägt vor, statt ständig die Schönheit und das Aussehen zu thematisieren, lieber unseren »zuverlässigen, stabilen Körper« zu würdigen. Mit all dem, was er kann und was wir durch ihn erreichen.[42] Die Body-Aktivistin fragt, wie lange wir es noch zulassen wollen, dass wir uns dafür schämen, wie unser Körper natürlicherweise aussieht, von »nur« normalen Stellen bis zu den Genitalien. Sie findet es frauenfeindlich, den Wert von Frauen und Mädchen vom Aussehen abhängig zu machen. Man kann es auch ganz allgemein menschenfeindlich nennen, den Wert von Menschen vom Aussehen abhängig zu machen.

Wir sollten uns auch vergegenwärtigen, wie irreal die Idealbilder sind, die uns – in den Medien, der Werbung – ständig umgeben. Diese Körper und Bilder sind geschönt, gestellt, bearbeitet. Laut Orbach werden wir zwei- bis fünftausendmal pro Woche mit Bildern digital manipulierter Körper konfrontiert. Wir wissen eigentlich, dass diese strahlenden Momentaufnahmen im Gegensatz zu unserer alltäglichen Körpererfahrung stehen. Normal ist die kleine Müdigkeit, der Anflug von Kopfschmerz, das herzhafte Lachen, und mal ehrlich (und banal), das sieht nicht immer gut aus.

Gegenüber Kindern sollten wir darum möglichst wertschätzen, was der Körper kann, nicht wie er aussieht: schlau sein, weit springen, Spaß haben, klettern, tun und fühlen. Leben! Wir könnten einem Kind den Körper als Haus beschreiben, in dem es wohnt. Wir dürfen es wohnlich machen, gerne schmücken. Der Hauptzweck

♥ *Orbach ist der Kopf hinter der diversen Dove-Kampagne, war Therapeutin von Lady Di und ist Body-Aktivistin. Ihr aktuelles Buch heißt* Bodies. Im Kampf mit dem Körper (Arche-Verlag 2021).

des Hauses ist aber, uns warm und trocken zu halten. Darum soll das Dach dicht sein. Die Wände schützen vor Kälte und Einbrechern. Küche, Bad und Bett müssen vor allem funktionieren. Dekorieren macht Spaß. Aber wenn wir nur noch damit beschäftigt sind, etwas vor die Fassade zu kleben, in rosa Glitzer- oder Plastikputz, wenn wir Toskanasäulen davorstellen, um vorzugeben, es sei eine riesige Villa in Italien, wo wir doch nördlich der Alpen wohnen, kommen wir vor lauter Fassadenkosmetik nicht mehr zum Wohnen. Dann beschönigen wir buchstäblich und laufen Äußerlichkeiten hinterher, statt das häusliche Leben zu genießen.

Der Körper ermöglicht es, sich der Welt zu bemächtigen, sie zu erleben, mitzumachen und zu genießen. Wer sich ständig selbst beobachtet und bewerten lasst, kriegt nicht mal die Hälfte davon mit. Das Leben besteht nicht aus Gefallenwollen. Was haben Sie diesbezüglich in der eigenen Kindheit gelernt?

Rückblick **Wie wir im Körper angekommen sind**

Auch wir hatten Entwicklungshelfer, vielleicht auch -verhinderer. Erinnern Sie sich an Reaktionen Ihrer Eltern oder anderer nahestehender Personen zu Ihrem kindlichen oder jugendlichen Körper: Gibt es positive wie negative Sätze, die Sie geprägt habe? Sind manche davon noch heute relevant? Darüber hinaus zur Gesundheit: Wie gut haben Sie gelernt, mit Schmerzen und negativen Gefühlen umzugehen? Was hat geholfen, was nicht? Mussten Sie Hürden überwinden, um zum besseren Umgang damit zu gelangen?

Viele Menschen haben erlebt, wie in der Kindheit über den eigenen Körper geurteilt wurde. Anuschka Rees, Autorin von *Beyond Beau-*

tiful. Wie wir trotz Schönheitswahn zufrieden und selbstbewusst leben können, berichtet von Interviews mit Erwachsenen für ihr Buch: »[…] ich fand krass, was Eltern ihren Kindern alles an den Kopf werfen und wie sehr diese Kommentare viele von ihnen noch Jahre später beschäftigen.« Eine Gesprächspartnerin beschrieb der Autorin beispielsweise, dass sie als Kind aufgefordert wurde, abzunehmen, oder ihre Haut zu bleichen, sonst würde sie keinen Mann finden.[43] Vielleicht halten wir uns mit Aussagen gegenüber dem eigenen Kind stärker zurück, besser aber auch in Urteilen über Körper anderer Menschen, ob groß oder klein.

Und dann wäre da noch die große Selbstbespiegelung – der Selfiemodus des Handys und die sozialen Netzwerke: aufnehmen, teilen, mitteilen, geteilt werden, betrachten. Nun könnte man denken, das geht Kinder erst an, wenn sie ein eigenes Smartphone bekommen. Aber nein, sie sind dabei, wenn wir Familienfotos fürs Netz arrangieren, ein schönes Essen posten und uns virtuell positionieren. Auch wenn es vielleicht nur um einen netten Schnappschuss für Omi geht: Die Grenzen zum permanenten Selbstmarketing sind fließend, und das Kind guckt immer zu.

Je mehr ich darüber nachdenke, umso öfter ertappe auch ich mich dabei, wie ich – ohne es zu bemerken – taxiere, Körper, Outfits, Verhalten einer innerlichen Normenkontrolle unterziehe. Geht es Ihnen ähnlich? Die Bewertungsmatrix steckt tief in uns. Der Goldstandard wäre, dass wir möglichst bewusst handeln, denn wir sind Vorbild. Die Realität lautet: Das geht nicht immer und ständig. Aber wir nähern uns an. So ist das Leben: große Ziele, kleine Schritte.

Vom Druck der Schönheitsideale in der Kindheit

Glücklicherweise hat sich beim Thema Körperbewusstsein in der Gesellschaft und der Erziehung viel getan. Wir sind deutlich weiter als noch vor ein paar Jahrzehnten. Trotzdem besteht der Anspruch, schön, schlank und körperlich perfekt zu sein fort; er ist für Mädchen stärker als für Jungen, aber auch die holen auf. Sie melden sich heute früh im Fitnessstudio an, um Bizeps, Schultern und Bauch zu trainieren.

Die zuvor genannte australische Studie illustriert, wie Schönheitsideale bereits bei kleinen Mädchen wirken. Unter anderem wurde den Kindern die folgende Aufgabe gestellt: Jungen und Mädchen sollten ihre eigene und eine als ideal vorgestellte Figur mit schematischen Körperzeichnungen abgleichen. Während bei Fünfjährigen die Einschätzung bei beiden Geschlechtern gleich war, begannen die Mädchen ab sechs Jahren anders zu urteilen. Als erwünschte Figur wählten sie mehr und mehr eine Silhouette, die deutlich schlanker war als ihre eigene. »Der Wunsch, dünn zu sein, entsteht bei Mädchen insbesondere im Alter von sechs Jahren«, schlussfolgern die Autorinnen. 59 Prozent der Mädchen, aber nur 35 Prozent der Jungen wollten dünner sein, als sie wirklich sind.[44]

Dabei begleiten Schönheitsideale alle Menschen von klein auf. Kulturell geformte Ansprüche rund um den Körper hat es schon immer gegeben. Gegen archetypische Schönheitsideale, die Zeiten und Kulturen überdauern, sind wir nicht gefeit, weil sie Gesundheit und Fruchtbarkeit zur Schau stellen, sie sind offenbar in uns eingeschrieben. Darum drehen wir uns um, wenn eine Person mit perfekter Sanduhr-Silhouette vorbeigeht, darum fliegen wir auf Symmetrie, strahlende Zahnreihen und pralle Haut ohne Unreinheiten. Sie kennen die weiteren Insignien der Attraktivität wie runde Brüste, breite Schultern, kräftige Muskeln, ein kantiges Kinn, glänzendes

Haar, rosige Wangen und große Lippen. Der andere biologische Marker, der warme Gefühle hervorruft, sind kindliche Proportionen. Große Augen, ein kleines Kinn, hohe Stirn und volle Wangen lösen einen Gefühlssturm aus. Wir möchten schützen, knuddeln, müssen lächeln, egal ob ein Baby, Tierkind oder Kuscheltier unsere Aufmerksamkeit gefangen nimmt. Hinzu kommen kulturelle Trends: Derzeit ist das mehr Weiblichkeit, mehr Po und Kurven, bei Männern entweder androgyn-feingliedrig oder bepackt mit Muskeln.

Zugleich gibt es eine positive Entwicklung: Der Widerspruch gegen das Schönheitsdiktat wird lauter. Das Bewusstsein für die Diskriminierung von Menschen, die Perfektions- und Mehrheitsmerkmalen nicht entsprechen, ist gewachsen. Bodyshaming, Fatshaming und Sizeism sind auf der Agenda und werden zunehmend kritisch hinterfragt – die Begriffe stehen für Beschämung aufgrund von körperlichen Zügen, des Gewichts oder weil eine Person nicht in bestimmte Konfektionsgrößen passt. An dieser Stelle gebe ich einen kurzen Überblick über die Geschichte von Bodyshaming, Body Positivity und Neutrality (die Begriffe übrigens sind schon manchen Fünft- und Sechstklässlerkindern geläufig, weil sie in den sozialen Netzwerken besprochen werden):

Körperscham aufgrund des Gewichts wurde bereits im Jahr 1967 auf einer Demonstration in New York angeprangert.[45] Die ursprüngliche Kritik der rund 500 Versammelten richtete sich gegen die Diskriminierung übergewichtiger Menschen; das eingeschränkte Kleidungsangebot und zu schmale Sitze in Flugzeugen waren Thema. Der Feminismus kritisierte fast zeitgleich, dass Frauen stärker als Männer für ihre äußere Erscheinung bewertet werden und der weibliche, sexuell aufgeladene Körper in der Werbung buchstäblich benutzt wird. Aus den Anfängen meiner journalistischen Laufbahn kenne ich den Begriff »Fleischhaken« – für

Bilder von suggestiv drapierten Frauenkörpern, die den Blick des Lesers ködern sollen.

Inzwischen kämpfen Menschen unter dem Stichwort Body Positivity gegen Scham und Beschämtwerden aufgrund von Körpermerkmalen. Der Begriff bezieht sich auch auf das Thema Selbstliebe, in der Hauptsache aber wendet er sich gegen unrealistische und diskriminierende Schönheitsideale. Gefordert wird mehr Diversität in Werbung und Unterhaltungsindustrie, aber auch bei Spielzeug, Waren und Gütern. So vielfältig wie die Realität sollen deren Abbilder sein, im Hinblick beispielsweise auf Körperformen, Hautfarben, Haarstrukturen, soziale Hintergründe und Altersstufen. Body Positivity schlägt sich in Werbekampagnen und Filmen nieder. Die Marke Dove hat sie sogar zu ihrem Markenkern gemacht. Das Konzept wird aber auch kritisiert, weil Körper zwar realistischer sein sollen, jedoch weiterhin als Objekt betrachtet werden. Body Love schließlich wird mitunter als Zwang zur Akzeptanz des Körpers, zu Selbstliebe verstanden. Kritisiert wird, dass ein neuer Druck erwächst, nämlich der, auch Dehnungsstreifen, Pölsterchen oder den Höcker auf dem Nasenrücken zu lieben.

Eine Antwort auf die Schwierigkeiten, die sich um die unterschiedlichen Konzepte ranken, gibt die *Body Neutrality*. Den Begriff prägte die Sexualwissenschaftlerin Melissa Fabello im Jahr 2015, als sie schrieb: »Body Neutrality heißt, sich morgens nach dem Aufwachen als Erstes zu fragen: ›Wie fühle ich mich in meinem Körper?‹«[46] Man fragt nicht, ob man gut aussieht, sondern wie es um Energie, Gesundheit und Gefühle bestellt ist. Sport ist demnach kein Mittel, um Körperzonen zu optimieren, sondern um gesund zu bleiben und sich gut zu fühlen – und damit sind wir wieder beim guten Körpergefühl ohne Abhängigkeit von der Wertung von außen.

Dabei, und das ist positiv, haben Body Positivity und Neutrality den gesellschaftlichen Blick verändert, vielleicht sogar schon so sehr, dass es sich auch auf die Kindheit auswirkt. Untersuchungen ergaben beispielsweise, dass sich bei Jugendlichen und jungen Erwachsenen die Einschätzung des Körperbilds verbessert hat:[47] Im Jahr 2014 sagten nur 47 Prozent der Mädchen und Frauen »Ich fühle mich wohl in meinem Körper«. Fünf Jahre später stimmten schon 56 Prozent der Befragten dieser Aussage zu. Das geht in die richtige Richtung.

Wir Eltern können den Schönheitsidealen oder dem Zwang zur Selbstoptimierung etwas entgegensetzen. Lassen Sie mich abschließend einige konkrete Tipps formulieren – für mehr Körperakzeptanz in der Familie.

So befördern Eltern ein positives Körperkonzept

Ein gesundes Körperbewusstsein entsteht nicht durch ein paar passende Sätze, die einmal geäußert werden. Die Auseinandersetzung damit findet lebenslang und täglich statt. So vermitteln Sie ihrem Kind Freiheit für die eigene Körperakzeptanz:

Mit Raum für Körpererfahrung Das Wickeln ist für Säuglinge die ideale Situation, um mit dem eigenen Körper in Kontakt zu kommen. Wir geben Zeit, um Haut und Körper selbst zu erfahren. Beim Kleinkind kommen Freiräume zum Matschen, Toben, Cremen, eine Fußmassage oder Badeparty dazu.

Mit Mitspracherecht Missfallen bei der Körperpflege aufnehmen, Respekt für Wünsche zeigen, verbal ankündigen, was die Bezugsperson als nächstes mit dem Körper anstellt: Dadurch lernt das

Kind eine erste Mündigkeit über den eigenen Körper als Grundlage für Körpergefühl, Kommunikation und Beziehungsgestaltung. Das fördert die Selbstbestimmung.

Ohne Kritik an Normalität Ein Pickel, der Popo, Speckröllchen, Genitalien. Das sind keine Problemzonen. Sparen wir uns kritische Kommentare und üben wir uns in unaufgeregter Akzeptanz ohne abzuwerten.

Mit Platz für alle Wir gestehen Körpern je nach Geschlecht unterschiedlich viel Raum zu. Die einen dürfen sich lauter und breiter machen, die anderen nicht. Beobachten Sie Ihre Gedanken dazu und geben Sie im Zweifel gleich viel Raum.

Mit zielgerichteter Anerkennung Idole aus den Medien sehen unwahrscheinlich perfekt aus. Aber genau genommen sind Stars und selbst Influencer erfolgreich, weil sie ein Talent haben, eine Idee verfolgen und beharrlich daran arbeiten. Selbst *wenn* sie dabei gut aussehen. Darauf können wir auch mal hinweisen.

Ohne Oberflächenbewertung, mit Wertschätzung Statt Äußerlichkeiten zu beurteilen, erkennen wir an, was der Körper kann. Motto: Wir sind, was wir tun – weniger wie wir aussehen.

Mit Fragen zu Geschlechterbildern Körper sind selbst in Animationsfilmen♥ oft stereotyp überzeichnet, zeigt eine Studie.[48] Das Mindeste, was Eltern tun können, ist ab dem Vorschulalter öfter zu

♥ *Die weiblichen Figuren sind zum Großteil unrealistisch schlank, wespentaillig und vollbusig, die männlichen Charaktere größer und muskulöser als in der Realität. Selbst die Biene Maja ist heute nicht mehr so knubbelig wie einst.*

sagen: »So sehen echte Menschen nicht aus«. Im Kindergartenalter fehlt dafür noch die Einsicht.

Ohne Zusatz-Stereotype Es gibt noch mehr Körperstereotype: Bedeutet dick automatisch fies, faul und träge? Und schlank immer schlau und sportlich? So werden Charaktere im Film oft gezeichnet – ganz schön daneben.

Mit Kritik an medialer Perfektion Idealbilder von Körpern sind geschönt, durchweg bearbeitet. Das können wir Kindern erklären. Susie Orbach formuliert: »Ist es nicht eigenartig, dass man uns das Gefühl gibt, unsere Körper seien nicht gut genug, wie sie sind?«

Mit Akzeptanz für Inszenierung Trotzdem dürfen unsere Kinder die Ideale ausprobieren, zuerst im Spiel beim Verkleiden als Prinzessin, Superheld, geschminkte Frau, Fußballstar oder androgynes Wesen. Auch das gehört dazu. Später zeigen die Looks und Signature Pieces im Ernst: Hier gehöre ich dazu.

Ohne Schönheitskonkurrenz Wir sollten vergleichende Urteile zu Äußerlichkeiten von Freunden und Freundinnen des Kindes unterlassen. Selbstbeobachtung hilft: Wie sprechen wir über andere und deren Körper?

Mit Wissen Eine Befragung von Kindern zu Aufklärung, Körper und Sexualität ergab:[49] 68 Prozent der Mädchen und 55 Prozent der Jungen im Alter von acht bis neun Jahren sagten, dass sie gern mehr über ihren Körper wissen möchten und was passiert, wenn sie wachsen und er sich verändert. Sie wünschen sich Informationen von denjenigen, denen sie am meisten vertrauen. Von uns.

Woher die Kinder kommen: Altersangemessen formulieren

»Ich frage mich, wie ich Leni erzählen soll, wie das Baby, das wir erwarten, in meinen Bauch gekommen ist – und wie es genau herauskommt. Das treibt mich richtig um. Denn einerseits will ich nichts Falsches sagen. Aber von Sex zu erzählen und wie eine Geburt abläuft, dafür ist sie doch noch zu klein, oder?«

Michelle, 29 Jahre, im fünften Monat schwanger; ihre Tochter Leni ist dreieinhalb Jahre alt

Wie entsteht ein Baby, ganz konkret? Uns Erwachsenen steht bei einer solchen Frage innerlich sofort das Bild von Geschlechtsverkehr, Genitalien und vaginaler Entbindung vor Augen. Doch das ist in Kinderaugen noch nicht relevant, und darum können Eltern kleinerer Kinder hier erst einmal entspannt reagieren. Es ist richtig, nun in der kindlichen Lebenswelt zu bleiben und das zu erklären, was sie verstehen können: dass ein Kind entsteht, wenn Mama und Papa für sich allein kuscheln, sich liebhaben und sich ein Kind wünschen. Trotzdem bleibt bei vielen Eltern die Frage, wie sie Wissen richtig dosieren, und wie viel davon schaden würde. Ich stelle zuerst einmal die Gegenfrage: Woher kommt das Unbehagen beim Aufklären?

Von der Angst vor dem »Zu früh«

In einer repräsentativen Umfrage unter gut 700 Kindern von sechs bis zwölf Jahren und ihren Müttern[50] zeigte sich: Rund 30 Prozent der Mütter mit Kindern zwischen sechs und neun Jahren gaben an, dass es ihnen schwerfällt, Gespräche über Aufklärung und Sexualität zu führen. Bei Müttern mit Kindern von zehn bis zwölf Jahren waren es nur noch 23 Prozent.

Aus diesen Daten lese ich heraus: Je kleiner die Kinder sind, desto schwieriger ist ein Gespräch über sexuelle Dinge.

Generell haben Eltern den Impuls, kleine Kinder vor den negativen Seiten der Welt abzuschirmen. Wir tun uns schwer, wenn kleinen Kindern Themen wie Tod, Gewalt, Krieg, schwere Krankheiten und extreme soziale Ungerechtigkeit oder Armut begegnen. Sexualität scheint dazuzugehören – selbst die positiven Aspekte wie Nähe und Genuss.

Ein weiteres unbequemes, negativ besetztes Gefühl ist Scham, vereint mit Hemmungen. Persönliche Sexualität in Worte zu fassen finden wir schnell peinlich. Viele haben gelernt, dass man über den realen, persönlichen Sex nicht spricht. Im normalen Leben wird er quasi negiert, und bei Eltern doppelt, sie haben nicht sexuell zu sein. Dabei werden sie erst Eltern, nachdem sie Sex hatten. Einmal ist das passiert, folgern übrigens viele kleine Kinder, wenn sie davon hören, da bin ja ich entstanden. Wir möchten uns vor dem Schamgefühl schützen, das in uns aufsteigt, wenn es um elterliche Nacktheit, die Genitalien und vielleicht sogar den gewollten Kontrollverlust beim Sex geht. Wie peinlich, wenn das aufgeweckte Kind irgendwann Jahren schlussfolgert: Was, DAS habt ihr gemacht, oder sogar: DAS macht ihr im Bett, während ich schlafe? Igitt. Kicher, kicher. Unvorstellbar. Oder? Vielleicht auch nicht. Denn es gibt gute Worte. Dazu gleich mehr!

Beim Aufklären verunsichert noch eine dritte Sorge. Manche Menschen befürchten nämlich, dass Kinder, die (angeblich) zu viel wissen, das Wissen in eine Tat umsetzen, die womöglich schadet. Sie glauben, dass zu viel Wissen Kinder verfrüht auf sexuelle Gedanken bringt. Schauen wir einmal selbst zurück.

Rückblick Wie kommen Menschen auf sexuelle Gedanken?

Erinnern Sie sich an das erste Mal, als Sie sexuelles Begehren spürten? Eine Überraschung, bislang unbekannte körperliche Signale, Sehnsucht, Verlangen. Was war da los?

Vielleicht gleichen Sie ab: Hatte das etwas mit Wissen und Aufklärung zu tun? Oder haben die Hormone, Gefühle der Anziehung, Verliebtheit oder plakative Bilder in einem bestimmten Alter diese Reaktion ausgelöst?

Damit möchte ich nicht behaupten, dass Kinder nicht schon früh Gefühle der Verliebtheit fühlen können – aber eben nicht mit der Intensität der Leidenschaft und der Komponente des körperlichen Begehrens.

Ich vergleiche das sexuelle Aufklärungswissen gern mit dem Schwimmen, mit dem theoretischen Wissen, wie Beinschlag und Armzüge funktionieren. Diese rhythmischen Bewegungen sind für Trockenschwimmer außerhalb des Wassers bloße Theorie. Erst wenn man im nassen Element ist, bekommt man ein Gefühl dafür, um was für eine wunderbare Sache es geht. Und es dauert, bis man die Sensation erlebt, dass Wasser trägt. Zurückübersetzt in die Sphäre des Kindes bedeutet das: Wie Menschen erwachsen Sexualität leben, erfährst du, wenn du groß wirst. Dann schwimmt man wie ein Fisch im Wasser und fühlt sich hoffentlich wohl.

Begehren wird nicht geweckt, wenn Kindergarten- und Grundschulkinder nach und nach und mit jedem Lebensjahr konkreter erfahren, wie kleine Kinder wirklich entstehen und dass Erwachsene manchmal Liebe machen, also miteinander schlafen. Selbst die Tatsache von Penis und Scheide ist für Kleine erst einmal eine neutrale Information. Deshalb gibt es kleine Kinder, die früh mehr Fakten kennen, und sich kein bisschen davon bedrängt fühlen, weil das erste Wissen kindgerecht verpackt wurde.

Selbst wenn Kinder in Rollenspielen im Kindergarten- und Grundschulalter Szenen spielen, die sie als erwachsenen Sex vermuten, und Bewegungen nachahmen (die sie vielleicht in einem Film gesehen haben), dann tun sie genau das: Bewegungen nachahmen. Sie spielen auch Hochzeit, aber ohne Ehevertrag, nicht auf immer und ewig, sie fühlen sich höchstens ein paar Minuten verheiratet. Kitzel, Neugier, Scham können trotzdem im Spiel sein – schließlich lernen Kinder, dass »so etwas« in die Privatsphäre gehört, ihr Bewusstsein für Grenzen wächst. Erwachsene reagieren richtigerweise sensibel darauf, und geben Grenzen und Regeln im Spiel mit dem Körper vor. Wie genau, das erkläre ich in den Kapiteln zu Doktorspiel und intimer Nähe.

Oft schwirrt uns in diesem Kontext das Wort »sexualisieren« um die Ohren, ein echter Elternschocker. Es soll suggerieren, dass Kindern durch mehr Wissen zur Sexualität Schaden entsteht und sie selbst zu unpassendem sexuellen Handeln und Gedanken verleitet werden. Meiner Meinung nach trägt dieses Wort nur zur Verwirrung bei. Denn die reale Gefahr entsteht nicht durch einfühlsame Aufklärung, sondern durch wenig Wissen.

Sexualisierung. Eine Definition

In den Medien bedeutet Sexualisierung die ausdrückliche Behandlung sexueller Themen und sexueller Erregung, obwohl es im Kontext nicht passt oder als anstößig empfunden wird.[51] Als sexualisiert gilt kindliches Verhalten, das nicht dem Lebensalter entspricht.

Tatsächlich bedrohlich ist eine Konfrontation eines Kindes mit nicht altersgemäßen Erlebnissen und Eindrücken im realen Leben, wie:

- das Erleben sexueller Gewalt oder generell Gewalterfahrungen,
- Zwang zu entsprechenden Handlungen,
- die Erfahrung, als sexuelles Objekt behandelt worden zu sein,
- das Miterleben von plakativem Geschlechtsverkehr und Erregung im Umfeld. Das kann auch über ältere Geschwister und Online-Pornografie geschehen.
- Belohnung oder Aufmerksamkeit von Jugendlichen oder Erwachsenen für verführerisches Auftreten.

Sexualisiertes Handeln bei Kindern geht ernsthaft über Grenzen hinweg. Die Motivation sind Macht, Aufmerksamkeit und Erregung. Es hat wenig mit dem Spiel kleiner Kinder zu tun, die so tun als ob. Und es ist starker Tobak. Genau deswegen sollten wir vorsichtig sein mit dem Unwort Sexualisierung, denn es wird politisch genutzt, um Aufklärung zu diffamieren.

Unsere Aufgabe wäre, bei kindlichem Handeln, das für uns Anklänge an erwachsene Sexualität zeigt, genau zu prüfen, was die Motive und Absichten waren, welche Machtstrukturen konkret vorliegen – und nicht vorschnell rotzusehen. Was versteht das Kind? Vielleicht sehen wir aus der erwachsenen Perspektive etwas, das das Kind weder meint noch fühlt. Selbst wenn Grenzen erreicht oder überschritten werden, braucht die Situation (und das Kind) einen ruhigen, reflektiert handelnden Erwachsenen zur Entschärfung.

Darum übrigens ist in Deutschland Pornografie für Menschen unter 18 Jahren streng verboten, und zwar das Zeigen, Weitergeben und Besitzen. Denn entsprechende Bilder und Szenen sind per Definition dazu da, sexuelle Erregung zu erzielen. Sie wollen sexualisieren.

Sexuelle Bildung möchte genau das Gegenteil davon. Sie möchte in respektvollem Umgang Schutz vermitteln und emotionale Sicherheit fördern. Darum ist verantwortungsvolle familiäre oder institutionelle Aufklärung weit entfernt von Sexualisierung. Kinder erleben dabei keine erwachsene Sexualität, sondern sie hören von Liebe, Nähe und Grenzen. Und sie lernen, dass sie mit den Eltern über Szenen reden können, die ihnen komisch vorkommen.

Positiv formuliertes Wissen nimmt der Sache das Tabu, das Unheimliche und Negative. Es ist eine Chance, Werte zu vermitteln. So ist eine Duftmarke gesetzt: Eltern können intime Körperlichkeit in ein gutes Licht rücken. Liebe machen ist nicht eklig, sondern innig. Menschen kommen sich so nah, wenn sie sich das wünschen, und wenn jemand dem zuwider handelt, ist es falsch. Gibt es eine bessere Prävention vor Missbrauch als solche Worte? Sie können wie ein Schutzwall wirken gegen das, was in der Sexualität später befremdet, bedrängt oder verunsichert, seien es in suggestive Bilder verpackte Praktiken oder auch Ansprüche, die von Partnern oder der Leistungsgesellschaft in Bezug auf Sexualität geäußert werden.

Was ist Sex? Wie sagen wir's dem Kind?

Alles, was ich hier schreibe, sind Angebote, Ideen für Formulierungen. Sie schauen, was Ihnen gefällt oder Sie finden andere Sätze, die in Ihre Familiensprache passen. Feste Altersangaben kann ich nicht bieten, stattdessen eine ungefähre Orientierung. Familien handhaben nämlich sehr unterschiedlich, wann Kinder was erfahren. Oft hängt es davon ab, wie offen Eltern selbst mit dem Thema umgehen.

Eine allererste Antwort auf die Frage, woher die Kinder kommen, kann für die Allerkleinsten lauten: Ein Kind entsteht, wenn Mama und Papa sich liebhaben und es sich wünschen. Weiter geht es damit, dass es im Bauch heranwachst; das ist in der frühen Kindergartenzeit ein guter Satz, denn in diesem Alter sehen Kinder häufig Schwangere und frisch geschlüpfte Geschwisterkinder. Im weiteren Kindergarten-Alter kann man klären, dass ein Baby durch die Scheide geboren wird und dass es einen Notfallausweg gibt, mit Operation, den Kaiserschnitt. Es ist gut, zu kommentieren, was Kinder aufschnappen, wenn sie mithören. Und das tun sie, sie hören mehr, als wir denken.

Andere Ideen für erste Formulierungen im weitergehenden Kitaalter lauten etwa so: »Ein Kind entsteht, wenn man Sex macht, also ein Paar kuschelt, nackt und ganz für sich allein ist. Dabei halten sie sich in den Armen und streicheln einander.« Wer möchte, kann anfügen: »Das machen wir manchmal, weil wir uns liebhaben.« Das muss nicht einmal peinlich sein: Die Schamhaftigkeit schwindet, wenn Erwachsene Sexualität gelassen ansprechen und positiv umschreiben. Noch ein Beispiel: »Es ist ein schönes Gefühl, einander so nah zu sein.« Insgesamt helfen schöne Bilder und gefühlvolle Umschreibungen, denn sie können kaum verwirren. Eine Information gehört am Rand dazu: »Das tun Erwachsene mit

Erwachsenen; Kinder tun das nicht«, genau wie Kaffee und Alkohol trinken, ein Auto steuern oder zur Arbeit gehen.

Sind die Kinder etwa fünf bis sechs Jahre alt, können Eltern etwas mehr erklären. Wie gesagt, ich bin vorsichtig mit Altersangaben, da gibt es kein »jetzt muss es« oder »zu früh«. Es hängt viel vom Kind, seinen Interessen und von Gelegenheiten ab, die sich bieten. Vielleicht sehen Sie ein offenherziges Bild in einem Museum, eine Kuschelszene im Film, eine Doku, in der Tiere sich fortpflanzen, ein Tampon liegt im Bad oder das Vorschulkind hat ein Kondom gesehen. Dazu kann man gern ein paar Worte sagen. Nach und nach werden Eltern detailreicher: »Ja, im Bauch wachsen Eizellen. Wenn der Samen dazukommt, entsteht ein Baby. Darum seid ihr Kinder so eine prima Mischung, halb und halb. So entsteht jeder Mensch, ganz einzigartig.«

Wenn die Frage gestellt wird, wie die Zellen nun wohl zusammenfinden, sollten wir ehrlich und wahrheitsgemäß antworten. Wenn wir das peinlich finden, tja. Ich finde: da müssen Erwachsene durch. Denn es ist wohl besser, Eltern erklären ihrem Kind den Sachverhalt von »Penis in Scheide« selbst, als wenn es außerhalb der Familie mit Halbwahrheiten, Falschaussagen oder negativen Bildern konfrontiert wird. Um dem vorzubeugen, könnte man zum Beispiel sagen: »Beim Liebhaben ist es wunderbar, sich gegenseitig schöne Gefühle zu bereiten, dabei passen Penis und Scheide oft gut zusammen.♥ Das fühlt sich für Erwachsene meist gut an. Ist es richtig schön, kann sich der Samen auf den Weg machen. Sex ist auch schön, wenn man kein Kind will.« Ich bin sicher, Sie finden Formulierungen, die gut zu Ihnen passen.

♥ *Natürlich weiß ich, dass gelebte Sexualität und Fortpflanzung viel vielfältiger sein können. Aber alles gleichzeitig erklären und bedenken, dass kann ich nicht, das schaffen auch Eltern nicht. Mehr dazu später in diesem Buch!*

Falls ein Kind Sie mit einer Frage zur Sexualität auf dem falschen Fuß erwischt und Sie keine lockere Antwort auf den Lippen haben, dann dürfen Sie genau das sagen: »Da muss ich noch mal überlegen. Ich sage dir morgen etwas dazu.« Nicht schlimm! Denn in dieser Situation erfährt Ihr Kind, dass Liebe und Intimität nicht wie Mathe sind, wo es immer eine klare Lösung gibt. Es haben auch nicht alle Großen dieselben Antworten und Einschätzungen dazu. Intimität und Erleben im Geschlecht hat mit Gefühlen zu tun, die schön sein können, aber nicht immer einfach. Auch das ist eine wertvolle Einsicht.

In der Grundschulzeit, mit sieben, acht oder neun Jahren werden Lücken aufgefüllt, Details geklärt. Kinder mochten es genauer wissen und können viel verstehen. Es ist eine gute Zeit für umfassenderes Wissen. Will ein Kind nichts von Intimitäten wissen, sollten die Erwachsenen das ebenfalls respektieren. Trotzdem kann man ab und zu Haltung zeigen und kommentieren: die Liebesszene, das lasziv drapierte Modell, das Frauen- oder Männerbild. Wenn Sie möchten. Für alle Fälle helfen Körper- und Aufklärungsbücher, die Sie vorlesen und zu denen Sie noch ein paar Takte sagen können. Ansonsten stehen sie im Regal neben dem Kinderbett, für neugierige Momente. Sie finden Ideen im Anhang.

Übrigens möchten die meisten Grundschulkinder aufgeklärt werden: Vorschüler und Erstklässler von sechs bis sieben Jahren gaben an, dass sie gern mehr darüber wissen wollen, wie die Babys entstehen – das sagten 67 Prozent der Mädchen und 51 Prozent der Jungen.[52] In den ersten Schuljahren gibt es bei den Kindern große Wissenszuwächse: Gefragt, ob sie wüssten, wie ein Baby entsteht, gaben in der gerade zitierten Umfrage 60 Prozent der Kinder im Alter von sechs bis sieben Jahren an, dass sie es nicht wüssten. Im Alter von acht bis neun Jahren, also etwa in der zweiten bis dritten

Klasse, waren nur noch rund 30 Prozent uninformiert, im Alter von zehn bis zwölf Jahren noch zehn Prozent der Kinder. Der Grund ist wohl das Zusammenspiel aus Vermittlung von Eltern, Schule und der Neugier und Beobachtungsgabe der Kinder.

Insgesamt können Eltern im ausgehenden Grundschulalter differenziertes Wissen weitergeben, zu guten wie auch zu belastenden Seiten von Sexualität: Die Zeugung eines Babys klappt manchmal problemlos, manchmal nicht. Manche Paare haben keine Kinder, manche gewollt, andere ungewollt. Weil sich beim Sex leicht eine Schwangerschaft einstellen kann, obwohl Paare das nicht möchten, verhüten Erwachsene auf verschiedenen Wegen, wenn sie sich kein Kind wünschen oder nicht für es sorgen können. Es ist und war sehr mühsam für Männer und Frauen, die nicht selbstbestimmt für Empfängnisverhütung sorgen können oder dürfen.

Erklären sollten wir, dass es auch andere Wege gibt, die das Zusammenfinden von Eizelle und Samen ermöglichen, und so dazu beitragen, dass ein Kind in eine Familie geboren wird, etwa mit Hilfe von Ärzten oder Spender und Spenderinnen der kostbaren Zellen für Menschen, die Eltern werden möchten. Zur Familie wird man zum Beispiel auch durch Adoption, in Regenbogen-Konstellationen, mit Bonuselternteilen. Familie kann aber auch ein Kind mit einem Elternteil, also mit Mutter oder Vater sein. Beispiele im Umfeld machen es anschaulich.

Für profunde Aufklärung braucht es mehr als ein Jahrzehnt, von der ersten Idee des Liebhabens bis zur vollen Antwort darauf, wie ein Kind entsteht; eine Antwort, die dann auch Details zu Zeugung, Schwangerschaft, Geburt und Verhütung umfasst.

Einige Eckpunkte für die Erklärung von »Sex«

- Erklären Sie einen Sachverhalt so kurz oder lang, wie Ihr Kind ihn momentan begreifen kann.
- Wissen rund um Zeugung ist ein Bild, das sich aus vielen Facetten zusammensetzt. Fügen Sie immer wieder einen Mosaikstein hinzu.
- Trauen Sie Scham oder Unsicherheit. Versuchen Sie zu erkunden, was Sie bewegt. Hat es mit eigener Hemmung zu tun oder Ängsten ums Kind? Sie müssen nichts thematisieren, was Sie nicht wollen. Es kann helfen, die Sorge in der Partnerschaft zu teilen.
- Geben Sie bei einer Frage trotzdem eine kurze Antwort, allgemein, altersgemäß, aber der Wahrheit entsprechend.
- Je kleiner das Kind, umso unwichtiger sind biologische Feinheiten. Kinder im Elementaralter sind nicht an einer technischen Vorlesung interessiert.
- Wenn Sie das Gefühl haben, die Frage nach der Liebe beschäftigt das Kind, überlegen Sie im Vorfeld, wie Sie die Antworten auf entsprechende Fragen formulieren wollen und sprechen Sie einmal mit Partner oder Partnerin darüber.

Gute Sätze gegenüber Kindern sind

- Das tun Erwachsene.
- Wenn man groß ist, fühlt sich das gut an.
- Wir sind eben so gemacht.
- Es ist unterschiedlich.
- Jeder kann das für sich entscheiden.
- Das ist menschlich.

Oft schütteln sich Kinder, finden es eklig oder schlimm, etwa einen intensiven Kuss zu beobachten, den Liebende austauschen oder wenn sie erfahren, dass Nacktheit und Genitalien beim Sex eine Rolle spielen. Wir können ruhig bleiben und sagen: Ich weiß, die Vorstellung von Küssen, Sex oder einer Geburt ist komisch für dich. Das ging mir auch so, als ich klein war. Aber beim Erwachsenwerden werden manche Sachen anders. Dann fühlt sich das Leben anders an und jeder und jede spürt andere Wünsche und Bedürfnisse. Das wird auch bei dir so sein.

Frauensache? Nein, Elternaufgabe

Eines wurmt mich als Frau, Mutter und Aufklärerin: Männer und Frauen sind gleichermaßen beteiligt an Sexualität, Liebe- und Kindermachen wie -aufziehen. Doch laut Umfragen ist und bleibt die Beschäftigung mit Sexualität, egal ob es ums Aufklären im Kindesalter, Verhütung oder Gefühlsfragen geht, nach wie vor eher eine Aufgabe der Frauen und Mütter; das gilt auch für die Vermittlung von Wissen über Sexualität. Und bei den Kindern scheint sich die Ungleichverteilung wieder fortzusetzen, denn in der Umfrage zum Sexualwissen von Kindern wussten fünf Prozentpunkte weniger Jungen als Mädchen Bescheid, wie ein Baby auf die Welt kommt und wie es entsteht. Beim Wissen, wie man die Empfängnis verhindern könne, betrug der Unterschied zwischen den Geschlechtern je nach Alter zehn bis zwölf Prozentpunkte. Was während der Periode passiert, war nur jedem zweiten zehn- bis zwölfjährigen Jungen bekannt.[53]

Rückblick Was haben Sie über das andere Geschlecht erfahren?

Nur als kurzes Blitzlicht: Was haben Sie als Kind über das andere Geschlecht erfahren, von Befindlichkeit, Körper, Entwicklung bis hin zu für die Sexualität relevanten Fakten? Kaum etwas? Genug? Vielleicht wären Mars und Venus näher beieinander, wenn wir ein paar Dinge gewusst hätten.

Bei den Erwachsenen wird Aufklärung eher von Müttern betrieben, wobei nicht klar ist, ob sie sich vordrängeln oder Väter sich verstecken. 80 Prozent der Mütter von sechs- bis siebenjährigen Kindern sagten in der gerade zitierten Studie, dass hauptsächlich sie die Gespräche über die Themen Körper, Liebe und Sexualität geführt hätten, nur in jeder 16. Familie war es der Vater. Dabei fand etwa jede dritte Frau, die Aufklärung von Jungen sollte eher Vätersache sein. Da ist insgesamt noch Luft nach oben für gleichberechtigtes Handeln.

Diese Beobachtungen decken sich mit den Ergebnissen einer Studie zur Jugendsexualität. Jugendliche von 16 bis 18 Jahren sollten angeben, welche Personen zu ihrer Aufklärung beigetragen hatten.[54] 42 Prozent der weiblichen Jugendlichen nannten die Mutter, 12 Prozent den Vater. Die männlichen Jugendlichen nannten nur zu 20 Prozent die Mutter und zu 19 Prozent den Vater. Als Hauptquelle für Wissen über Sexualität gaben übrigens 74 Prozent der weiblichen und 85 Prozent der männlichen Jugendlichen das Internet an. Ich denke, familiäres oder fundiertes Vorwissen kann da nicht schaden.

Vielleicht hilft es Ihnen als Eltern, das Thema gleichberechtigt anzugehen, wenn Sie sich in einem ersten Schritt darüber austauschen. Damit bestärken Sie sich nicht nur inhaltlich wie im Engagement gegenseitig, das Thema bekommt zusätzlich Gewicht. Sie werden als Eltern aufmerksamer für sexuelle Fragen. Vielleicht kommen Sie auf eine gemeinsame Linie, vielleicht läuft es darauf hinaus, dass Sie unterschiedliche Haltung zeigen. Gefühle und Grenzen sind unterschiedlich – auch das ist eine hilfreiche Erfahrung für ein Kind. Ein weiteres spannendes Gesprächsthema für Sie als Eltern könnte die Frage sein, ob Sie Kinder je nach Geschlecht unterschiedlich aufklären wollen. Halten Sie als Erziehende, wie in der Umfrage zu sehen, bei Jungen mehr Abstand? Besprechen wir sexuelle Themen insgesamt mit Jungen weniger emotional, weniger genau? Ist das sinnvoll?

Ich meine: Beide Geschlechter sollten nach und nach grundlegende Informationen übereinander erhalten, damit sie später nicht so viele Schranken im Kopf überwinden müssen und Wissenslücken im Alleingang füllen, womöglich nur auf aufregenden und unrealistischen Seiten im Internet.

3 Vorsicht, privat. Wenn Menschen einander nahekommen

Grenzen und Nähe gestalten. In der Familie und darüber hinaus

Auf den folgenden Seiten geht es um Privatsphären. Jeder hat andere Empfindungen und Empfindlichkeiten dabei, und nun kommt ein Kind dazu, das die eigene Privatsphäre gerade erst entwickelt. Und das neugierig ist auf alles, was man mit dem Körper machen kann. Da Kleinkinder noch keine Ahnung von der Anstößigkeit von Nacktheit, Genitalien, Körpergrenzen, -spielen in der Gesellschaft haben, kommen wir mit ihnen oft in herausfordernde Situationen. Sprich: Hier gibt es viel Potenzial für das Lernen: das Lernen von guter Nähe, erlaubter Körperfreiheit – und ihren Grenzen. Das Augenmerk liegt auf der gesunden Entwicklung mit einem positiven Zugang zur Körperlichkeit bei gleichzeitiger Suche nach Schutz und Sicherheit.

Wo ist die Grenze, wo gute Nähe?

Beginnen wir mit dem zu Recht unbefangenen Kind und oft genauso zu Recht verunsicherten Erwachsenen, etwa im Bad. Die Gepflogenheiten im Umgang mit Nacktheit und Körperpflege sind in Familien höchst unterschiedlich. Was für die einen unvorstellbar ist, ist für andere selbstverständlich, etwa gemeinsames Baden bis ins Vorschul- und Schulalter, oder dass kleine Kinder die Genitalien sehen. Dabei halten wir, vermutlich jeder und jede Einzelne von uns, die eigene Umgangsweise für normal. Schließlich fühlt sich das so richtig an, selbstverständlich. Oder?

»Natürlich«, das Label haben wir schon einmal aus dem Verkehr gezogen. »Natürlich« gibt es nicht (mehr), seit der Mensch mit seinem sozialen Bewusstsein im Gegensatz zum Tier begonnen hat, sich zu bedecken. Es ist bemerkenswert, dass dieser Vorgang in der christlichen Religion mit der Vertreibung aus dem Paradies zusammenfällt. Nichts an den Bekleidungs- und Umgangsregeln, die wir für primäre und sekundäre Geschlechtsorgane gefunden haben, ist natürlich, vielmehr ist all das ein Ergebnis kultureller Vorstellungen. Diese reichen im einen Extrem vom Stamm der Yanomami[55] im südamerikanischen Amazonasgebiet, die nur eine Genitalschnur kennen, bis zum anderen Extrem, markiert von Vollverschleierung mit Burka, Niqab mit Augenschlitz; andere religiöse Gemeinschaften bestehen auf Perücken für verheiratete Frauen, für einige ist eine Geschlechtertrennung normal. Kulturelle Varianz gibt es auch bei uns. In anderen Zeiten war hochgeschlossene Kleidung, übrigens für Männer wie Frauen, die Regel. Heute ist bauchfrei und tief dekolletiert, sind V-Shirt und offene Hemdknöpfe ganz selbstverständlich und auch bei Männern zu sehen. Selbst Bartform und Intimfrisur sind eine Frage des Alters, Styles, der Branche, des Selbstverständnisses im Geschlecht.

Befangenheit im Bad: Was machen wir da?

Nun stehen wir trotzdem im Bad mit dem Kind und sind unsicher, ob und bis wann Nacktheit und Berührungen bei der Körperpflege okay sind. Die Befangenheit kommt aus zwei Richtungen: einmal spüren wir unsere eigene Scham – vielleicht fühlt es sich komisch an, vom größer werdenden Kind nackt gesehen zu werden. Das Gefühl geht zurück auf unsere Körperscham und (Un-)Sicherheit im Körper, auf die Frage: Was fühlt sich für uns richtig an. Das kann man nicht steuern, das ist ein intuitives Gefühl. Zum andern spüren wir nach der Baby- und ersten Kleinkindzeit, in der das Kind eher geschlechtslos gesehen wird und unserer Anwesenheit bedarf, einen wachsenden Respekt gegenüber der sich entwickelnden Intimsphäre des Kindes. Wir möchten das Kind nicht mit einer erwachsenen Geschlechtlichkeit bedrängen. Wo beginnt die Situation, unangemessen zu werden?

»Bei meinem Sohn habe ich gar nicht darüber nachgedacht, als wir nackt zusammen im Bad waren. Mit meiner Tochter fühlt es sich früh falsch an. Ich finde das eigentlich schade.«

Ingo, 42 Jahre, Sohn Jonathan ist zehn Jahre, die Tochter Isabella fünf Jahre alt

Wie gesagt, die familiäre Ausgestaltung und die privaten Gefühle sind extrem unterschiedlich. Doch um buchstäblich falsche Situationen zu vermeiden, gibt es drei Grenzen. Sie sind so offensichtlich, dass Eltern sie tief verinnerlicht haben, ich formuliere sie trotzdem einmal aus. Die erste Grenze verläuft am Missbrauch, und zwar unabhängig davon, ob ein Erwachsener gemeinsam mit einem

Baby im Bad (oder anderswo) ist, oder das Kind bereits zum Schulkind herangewachsen ist. Ein Grenzübertritt beginnt, wo erwachsenes Interesse das Verhalten gegenüber dem Kind leitet. Hier sind weder ein neugieriger Blick mit erotischen Anklängen noch eine Berührung oder ein Sich-berühren-Lassen in Ordnung.

Die zweite Grenze verläuft am Schamgefühl und Willen des Kindes entlang. Will es aus eigenem Unwohlsein mit der Situation nicht mehr mit einem Elternteil oder Geschwisterkind in die Badewanne, will es sich selbst am Penis oder der Vulva waschen, vermeidet oder verweigert es, gemeinsam in einer Umkleide in die Badesachen zu schlüpfen, so gilt es das zu respektieren. Diese Grenze gilt übrigens, zum Dritten, genauso für Ihr erwachsenes Schamgefühl. Wenn Eltern das Gefühl haben, ein Kontakt fühlt sich nicht passend an, ist es richtig, sich zurückzuziehen und dies als Grenze zu benennen. Eltern sollten die eigenen Gefühle ernst nehmen.

Kommen solche Abgrenzungswünsche auf, ist es gut, nicht einfach brüsk die Tür vor der Kindernase zu schließen, sondern kurz etwas dazu zu sagen. Wir können freundlich erklären: »Ich fühle mich wohler allein auf dem Klo.« Dann kann das Kind erstens das Verhalten einordnen und erlebt zweitens den Abstand nicht als Zurückweisung aus dem Nichts, es fühlt sich nicht abgewertet oder schuldig. Es erfährt: Es liegt nicht an mir, dass Papa, Mama oder andere Erwachsene sich zurückziehen. Der positive Grund sind deren Gefühle und Bedürfnisse. Es kann den Schluss ziehen: Auch ich darf meinem Gefühl in so einer Situation trauen.

Genau anders herum kann die unvermutete Ausweisung aus der Intimsphäre des Kindes auch uns Große empfindlich treffen. Wir sind so vertraut miteinander. Und plötzlich geht eine Tür zu und wir bleiben außen vor. Das tut kurz weh. Es ist der Moment, an dem sich die Eltern-Kind-Symbiose in ein respektvolles Miteinander von Individuen wandelt. In solchen Momenten hilft es, die positive Seite der Zurückweisung in den Blick zu nehmen. Unser Kind lernt gerade, für sich zu sorgen, traut dem Gefühlsimpuls zum Selbstschutz. Gut so. Dabei muss es sich nicht schlecht fühlen. Sätze wie »Hab dich nicht so, wir haben uns immer gemeinsam umgezogen« oder »Was ist mit dir los, darf ich dich nicht mehr umarmen« sollten wir darum vermeiden. Zugleich können uns solche Situationen helfen, unsere Schamgrenzen und ihren Sinn zu hinterfragen, so wie hier:

»Mein Mann ist ungern nackt vor anderen. Als wir an einem FKK-Strand an der Ostsee landeten, weil unser Ferienhäuschen direkt hinter den Dünen lag, blieben wir auf dem Handtuch in Badeklamotten, fanden es aber praktisch, nackt ins Wasser zu gehen. Er war unschlüssig dabei. Aber ich fand es okay, dass die Mädchen ihn auch nackt sehen. Es geht ja nicht darum, den Penis zu präsentieren. Ich habe mich ernsthaft gefragt, ob sie einen nackten Penis erst beim ersten Freund oder gar im Porno sehen sollen. Die Vorstellung fand auch mein Mann komisch. Am Ende haben wir alle nackt gebadet.«

Luisa, 39 Jahre, mit den beiden Töchtern Anni und Kira, sechs und zehn Jahre alt

Schamgefühle in der Familie, der Umgang mit Nacktheit vor allem im Hinblick auf Genitalien und Geschlechtsmerkmale, sind eine Möglichkeit, zu überprüfen, welche innersten Gefühle und Überzeugungen uns leiten. Spannend ist das vor allem, wenn wir auf Ungereimtheiten oder Widersprüche stoßen wie: Ich wäre gerne lockerer, kann aber nicht. Oder wenn Eltern feststellen, dass ihre

Überzeugungen im Umgang mit Badezimmertüren und Empfindlichkeiten in der Kinderkörperpflege auseinandergehen – und erstaunt sind. Es lohnt sich, genauer zu schauen, welche Überzeugungen zu Schamgrenzen wir weitergeben.

Rückblick **Zurückweisung oder freundliche Geste: Wie haben wir elterliche Abgrenzung erlebt?**

Auch unsere Eltern haben, ihren Überzeugungen entsprechend, Momente der körperlichen Nähe mit uns als Kindern unterschiedlich gelebt. Manche waren von vorne herein offen, andere distanziert. Vielleicht überlegen Sie: Wer hat in Ihrer Herkunftsfamilie die kindliche Körperpflege übernommen? Wie war das? Wie war der Umgang mit Nacktheit?

Und dann: Was haben Sie davon übernommen? Und was möchten Sie anders machen?

Einen zweiten Blick möchte ich auf die Zeit richten, in der sich das Verhalten im Elternhaus beim Größerwerden verändert hat. Erinnern Sie sich an Situationen wie diese: Papa nahm einen nicht mehr in den Arm wie zuvor. Man wurde trotz emotionaler Bedürftigkeit mit dem Satz »Dafür bist du zu groß« abgespeist. Vielleicht aber gab es guten Respekt und Feinfühligkeit. Bei manchen Menschen waren auch Eltern eher bedürftig nach Zuwendung. Wie haben Sie das erlebt?

Heute stehen wir am selben Punkt wie unsere Eltern, und wer Momente der beschämenden Zurückweisung erlebt hat, versteht jetzt: Die Großen von damals waren nicht bereit, ihre Hemmungen oder das Bedürfnis nach Schutz der eigenen Intimsphäre zu thematisieren. Eventuell war es ihnen auch nicht bewusst, weil sie es selbst nicht gewohnt waren, Fragen zu Sexualität und Körper zu besprechen. Vielleicht wurde aber auch offen und sensibel mit den Themen umgegangen. Wunderbar.

Möglicherweise gelingt uns der Umgang heute besser. Für ein Quäntchen mehr Klarheit braucht es nicht viel. Der erste Schritt besteht im Erkennen wie Anerkennen der Tatsache, dass jetzt mehr Abstand dran ist, weil sich das Schamgefühl meldet: bis hierhin und nicht weiter. Da fängt die Intimsphäre an.

Ich möchte noch eine eigene Geschichte zu solchen kitzeligen Momenten erzählen. Meine Kinder waren mit drei, vier, sogar noch fünf Jahren höchst fasziniert von meiner Brust. Daran hatten sie getrunken, das fanden sie später unglaublich (ich auch). Ziemlich unbefangen wollten sie nochmals berühren, küssen, sogar saugen. Ähnlich interessieren sich Kinder für die Genitalien, mit echtem Forscherinteresse, unvoreingenommener Neugier. Denn das Verständnis, dass diese Körperstelle ein Sexualorgan ist und deswegen äußerst privat, ist für sie noch meilenweit weg. Ich habe meinen noch kleinen Kindern damals zunächst erlaubt, die Brust anzufassen, und erklärt, dass das etwas sehr Persönliches ist. Auch ein Küsschen war okay. Im weiteren Kindergartenalter habe ich eine innere Grenze gespürt und erklärt, dass mir das jetzt unangenehm wäre, mein Körper mir gehört. So habe ich es persönlich für »natürlich« gehalten. Sie haben bestimmt Ihren eigenen Blick darauf. Das Fazit lautet: Feinfühlig, verständnisvoll und von einer kurzen Erklärung begleitet, lernt man Grenzen zu ziehen.

Sexualität im Blick: Ich sehe was, was du nicht siehst

Nun möchte ich noch die kindliche Unbefangenheit ins Blickfeld rücken. Kleine Kinder sind frei im Umgang, weil der Körper für sie neutrales Gelände ist. Der Finger hat dieselbe Kategorie wie der Penis, die Brust, auch die mütterliche, hat die gleiche Bedeutung wie der große Zeh: Körperteile eben, die dazugehören. Der alles verändernde Moment ist, wenn Scham ins Spiel kommt. Wenn eine der beiden Seiten den Körper nicht mehr neutral sieht, sondern mit kulturellen oder auch sexuellen Merkmalen behaftet. Plötzlich entdeckt man eine Bedeutung, wo vorher keine war. Wieder heißt es: Ich sehe was, was du nicht siehst. Eventuell wird also ein Vater gegenüber der Tochter vorsichtig, die Mutter beim Sohn, gegengeschlechtliche Situationen gelten als heikler. Nun wächst das Bewusstsein für das sexuelle Selbst und seinen Schutz. Das ist keine bewusste Entscheidung, sondern ein Bauchgefühl.

Daran wird deutlich, warum kein Ratgeber der Welt für immer und alle Menschen geltende Angaben und Altersangaben zu Freizügigkeit und Nähe aufstellen kann – bis auf die festen Regeln rund um Missbrauch und Grenzübertritte. Denn das Schamgefühl variiert in Kulturen, gesellschaftlichen und religiösen Verbänden, innerhalb von Familien und zwischen Individuen. Die Entwicklung des Schamgefühls auf der anderen Seite verläuft in der Stärke und zeitlichen Abfolge ebenfalls individuell. Manches Kind grenzt sich schon im Kleinkindalter ab, andere ziehen erst in der Grundschulzeit eine Linie.

Es macht übrigens Spaß, die Entwicklung der Kinder mit forschendem Blick zu beobachten. So also kommt die Kultur ins Kind.

Zusammengefasst: Schutz zu lernen ist gut. Aber zu große Angst und Tabus um Nacktheit und Genitalien sind kontraproduktiv, weil sie den Körper vom Normalfall zum Problemfall machen.

Gut bedeckt gegen Körper-Freikultur. Der stolze Nackedei und sein Schutz

Dieses Kapitel widmet sich einer aufregenden Zeit. Nämlich der Phase, in der wir Erwachsenen manchmal unruhig werden, weil das ziemlich kleine Kind die Körper-Tabus und -Grenzen noch nicht kennt und sich in allen möglichen Situationen nackig macht. Möglicherweise zeigt oder untersucht es dabei auch die Genitalien. Wobei zeigen hier nicht der richtige Ausdruck ist. Das kommt eventuell Erwachsenen so vor, aber dem Kind geht es nicht ums Zeigen, vielmehr agiert es lediglich stolz und unbefangen. Im Gegensatz zum vorigen Kapitel spielen hier Dritte und ihre Schamgrenzen eine Rolle, genauso wie gesellschaftliche Schamregeln. »Das macht man nicht«, ist in solchen Situationen ein oft gehörter Satz. Konflikte kann es etwa mit Großeltern geben, auf dem Spielplatz, in der Kita. Trotz unbefangener Motive sehen wir Erwachsenen Grenzen und Gefahren, denn wir wollen (und sollten) das Kind vor Blicken schützen. Seine Verhaltensweisen sollen nicht als unpassend und sexuell gelesen werden.

Klingt kompliziert? Im Klartext geht es etwa um die Phase, in der kleine Kinder partout nackt sein möchten, das in aller Öffentlichkeit jedoch nicht angemessen ist. Oder Momente, in denen das Kind die eigenen Genitalien anfasst. Es verhält sich buchstäblich scham-los, ohne Bewusstsein für Scham oder die erwachsene Einordnung des Tuns.

Wie setzen wir also Grenzen, wenn das Kind sie nicht verstehen kann? Dabei kann man sich schnell in der Klemme fühlen, wenn man dem Kind die Freiheit und Vertrautheit mit dem eigenen Körper nicht verderben möchte. Andererseits fühlen wir eigenes Schamgefühl und die Pflicht, das Kind vor dem Urteil und den Blicken Dritter zu schützen.

Nackt ist es am schönsten. Aber doch nicht jetzt!

Diese typische Frage einer Mutter habe ich in einem Elternforum gefunden:

> *»Kennt das jemand? Meine Dreijährige möchte nur noch nackt herumlaufen und nackt schlafen. Von mir aus okay, aber ein Schlüpfer wäre mir lieber. Noch hat sie keinen Schnupfen, aber es ist Winter, und sie hat schon ein paar Mal eingepullert. Was meint ihr, soll ich sie zwingen oder machen lassen?«*
>
> Anonyme Nachfrage einer Mutter mit dreijähriger Tochter

Zur Einordnung: Diese Phase ist im dritten bis vierten Lebensjahr, also um und mit zwei bis vier Jahren, typisch und normal. Zugleich ist sie in Dauer und Intensität sehr individuell. Es ist nichts falsch daran, sie ist Ausdruck von Körperfreude und Wohlgefühl. Beim Fühlen und Leben mit Haut und Haar stört Kleidung wirklich. Für uns wiederum ist es so normal, bekleidet zu sein, dass sich schon nackt schlafen möglicherweise gewagt anfühlt.

Viele Kinder genießen ihre Lebendigkeit im fühlenden Körper und wollen ihn mit allen Sinnen erleben. Sie sind stolz auf sich und zeigen das – manchmal inklusive der Genitalien, befreit von der Windel. Zugleich kann es sein, dass nun das Bewusstsein für den kleinen Unterschied entsteht. Das will bestätigt und buchstäblich erfasst werden. Die Phase wird auch als Zeit der Zeigelust beschrieben. Man kann den Begriff zu direkt finden oder passgenau – sexuell anzügliche Hintergedanken dichten die Erwachsenen hinzu. In

Kursen wie PEKiP, dem Prager-Eltern-Kind-Programm, wird die Körpererfahrung der Nacktheit im ersten Lebensjahr als entwicklungsfördernd genutzt.

Klar ist, Eltern brauchen nicht verunsichert zu sein. So viel Lebensenergie, die kann man erst einmal feiern. Allerdings wird es in manchen Situationen kompliziert. Wenn wir das Gefühl haben, die nackte Freude einschränken zu müssen, ist die Harmonie meist zu Ende. Gibt es gute Gründe dafür, warum die Kleidung angezogen werden soll, sollten wir sie mitteilen: Das passt nicht hierher. Es stört andere. Es stört mich. Ich möchte das nicht. Es macht anderen unangenehme Gefühle. Vielleicht müssen wir dazu sogar aus der Situation gehen.

Dabei treffen wir eine Abwägung zwischen Rücksicht aufs Kind und Rücksicht auf andere. Und genauso zwischen Freiheit und Selbstbestimmung des Kindes versus Schutz des Kindes. Wenn die Situation unserer Einschätzung nach eine Grenze braucht, sollten wir sie entschieden ziehen und unseren erwachsenen Impulsen folgen. Ähnlich eindeutig reagieren wir ja, wenn Kinder am Rotwein nippen, auf die befahrene Straße entwischen oder auf die heiße Herdplatte fassen wollen. Da ist das Nein ganz klar. Auf der anderen Seite können wir Alternativen und Verständnis anbieten: Wenn sich das Kind nicht anziehen mag, weichen wir nach Hause aus, wo das möglich ist. Vielleicht gibt es auf Omas Geburtstag im Restaurant wenig Verständnis für einen Nackedei, da müssen wir Rücksicht nehmen. Im Notfall müssen wir ins Auto. Zurück zur schönen Feier geht es leider nur angezogen.

Bei der Frage der Mutter im Elternforum übrigens waren sämtliche Kommentare entspannt und lauteten in etwa so: *Lass die Kleine machen. – Unser Sohn hatte dieselbe Phase. – Wir haben das überwiegend ausgesessen, aber uns bei Situationen, die für uns nicht in Ordnung waren, durchgesetzt. – Sie wird sich schon nicht erkälten, wenn es zu kalt wird, zieht sie sich doch etwas an. – Ich merke richtig, wie meine beiden Kinder es lieben, ihre Körper zu spüren. – Falls das Kind ohne Jacke und in Sandalen raus will, probieren lassen. Sie wird sich bei einstelligen Temperaturen schnell freiwillig wieder anziehen lassen.*

Ich schließe mich dem an. Noch ein Satz zu der im Zitat angesprochenen Thematik des Einnässens: Auch da kann man Kompromisse finden, entlang vernünftiger Grenzen. Vielleicht, dass die Windel weg darf, wenn sie für einige Nächte in Folge trocken geblieben ist? Oder man besorgt eine bequeme Nachtwindel zum Herunterziehen. Probieren Sie aus, was für Sie passt.

Wie gesagt, kann Nacktheit zu Hause (manchmal wie aus dem Nichts) unser Schamgefühl triggern. Wenn man zuerst damit einverstanden ist, weil das Kind klein ist, gut. Irgendwann mit dem Größerwerden ändert sich das Bild. Dann kann man den Umgang mit Nacktheit erklären und die Unterscheidung zwischen privaten Räumen mit persönlicher Freiheit und öffentlichen Räumen, in denen andere Menschen Nacktheit stört, einführen und erläutern. Darum könnte eine Regel lauten, dass Nacktheit im eigenen Zimmer und im Bad fein ist, aber dass man in der Küche und im Wohnzimmer auf einen Schlüpfer besteht, weil Po, Vulva und Penis nicht sichtbar in den Wohnbereich gehören.

Wenn es um Dritte geht, hilft der Gedanke, dass Kinder allmählich vom ich- zum wirbezogenen Menschen werden, also soziale Wesen. Ab drei Jahren beginnen Kinder die unterschiedlichen Regeln und Empfindlichkeiten zwischen Menschen und die Unterschiede zwischen sozialen Räumen zu verstehen. Auch im Kindergarten darf man nicht immer tun, was man will. Im Stuhlkreis redet, wer dran ist und nicht nur ein Kind die ganze Zeit oder alle durcheinander. Spielzeug gehört in der Gemeinschaftsnutzung aufgeräumt. All das ist gut so. Wir dürfen natürlich trotzdem nicht erwarten, dass es Begeisterung für die einschränkenden Maßnahmen gibt. Der Protest wird lautstark formuliert. Stellen wir uns darauf ein.

Andere Zeiten

Der Umgang mit kindlicher Nacktheit hat sich immer wieder verändert. In den 60er- und 70er-Jahren war die Freizügigkeit eine echte Errungenschaft und Befreiung, heute gilt Nacktheit wieder eher als zweifelhaft, die Nähe zu Übergriff, Gefahr und Belästigung wird betont.

Parallel wurde im Jahr 2015 das deutsche Sexualstrafrecht verschärft. Seitdem ist es strafbar, Kinder und Jugendliche nackt zu fotografieren und die Aufnahmen zu tauschen und zu verkaufen. Schutz ist wichtig. Dennoch gilt es, in der Beurteilung einer privaten, überschaubaren Spielsituation, realistisch zu sein und nicht dort Ängste zu erzeugen, wo sie unnötig sind.

Mit der Hand in der Hose. Ist das Selbstbefriedigung?

Macht Selbstberührung an Penis oder Scheide dem Kind gute Gefühle? Das kann durchaus sein – auch wenn wir Erwachsenen das mit gemischten Gefühlen erkennen. Schließlich sprechen viele Menschen Kindern Sexualität ab, stilisieren sie zu nichtsexuellen Wesen und schütten damit das Kind im Bade aus. Mir liegt es am Herzen, niemanden, der erzieht, damit alleine zu lassen, dass ein Kind offenbar so etwas wie körperliche Erregung spürt. Denn erklärungsbedürftig ist es schon, nicht wahr? Wer das Verhalten beim eigenen Kind sieht, fragt sich natürlich: Wie gehe ich damit angemessen um? Für das Kind sind Respekt und ein Schutzraum nötig. Und für Eltern ein bisschen Entspannung.

»Unsere Zweijährige schubbert sich mit der Windel an der Sofakante und bekommt dabei einen hochroten Kopf. Das macht sie immer wieder, auch wenn andere dabei sind. Was ist da los? Ich weiß gar nicht, was wir tun sollen.«

Phillip, 32 Jahre, die Tochter Mia ist zwei Jahre alt

Wenn man in Elternforen schaut, sich bei Bekannten umhört, Fachkräfte aus Kindertagesstätten fragt, hört man unisono: Ja, das gibt es, dass Kinder sich stimulieren und körperlich reagieren. Manche kleine Jungen haben die Hand in der Hose und spielen selbstvergessen am Penis. Manchmal pressen Mädchen die Scham auf einen Stuhl. Einige Kinder entdecken diese Möglichkeit der körperlichen Reaktion, andere nicht. Da kleine Kinder keinen Begriff davon haben, wie wir Erwachsenen das Verhalten mit der erwachsen-sexuellen Bewertungsmatrix im Kopf beurteilen, ist es für sie eine Handlung von vielen, die sich gut anfühlt. Sie sind sich nicht bewusst, was andere denken. Das kommt vor und ist kein Zeichen für Frühreife oder zu frühes Interesse an Sexualität. Auch sind damit keine großen Hormonwallungen oder gar das Begehren wie in der Pubertät verbunden.

Die Natur hat schon im Mutterleib im Körper des Fötus die Nervenbahnen und Schaltkreise verlegt, jene für Schmerzen ebenso wie die für schöne Gefühle – wir haben uns schon im Kapitel zur psychosexuellen Entwicklung damit beschäftigt. Manche Körpersensationen, wie die vom Streicheln und Umarmen ausgelösten

Wohlgefühle, gesteht die Gesellschaft Kindern zu, andere, wie die warmen und kitzeligen im Schritt, also Stimulation am Geschlecht, eher nicht. Dabei wird das Anschwellen der Schwellkörper bei beiden Geschlechtern bereits im Mutterleib beobachtet, manche Eltern kennen die Erektion vom Wickeltisch.

Erwachsene Ängste, Unsicherheit und eigene Schamgefühle sind hier eine verständliche Reaktion. Wir haben es mit höchst gemischten Gefühlen zu tun, schließlich handelt es sich um höchst private Körperreaktionen. Darum ist die Bewertung, sogar die Bezeichnung zweischneidig: Ja, es ist Selbststimulation, Masturbation, und ja, die damit verbundene Körpersensation ist mit Erregung vergleichbar. Und zugleich: nein, es ist keine Selbstbefriedigung im erwachsenen Sinne, keine Erregung, die mit erotischen Gedanken verbunden ist. Für das Kind ist es ein spannendes Körpergefühl wie Schaukeln, Karussell fahren, Rutschen. Trotzdem verlangt es höchsten Respekt und Feingefühl im Umgang.

Guter Umgang: Von privaten und öffentlichen Räumen

Es bleibt die Frage, wie Eltern im Familienalltag darauf reagieren. Im sensiblen Umgang verbietet sich, was frühere Generationen gemacht haben: die Entdeckung der aufregenden Gefühle für eklig zu erklären und zu verbieten. Man möchte weder das Verhältnis zum eigenen Körper (zer)stören, noch das Kind mit erwachsenen Einschätzungen brüskieren. Was nicht bedeutet, dass man das Handeln nicht in sichere Bahnen lenkt.

Bei kleinen Kindern von ein oder zwei Jahren ist im Miteinander Ablenkung okay. Spätestens im dritten Lebensjahr fangen Eltern sowieso an, die Regeln von privaten und öffentlichen Räumen zu etablieren, und genau da gehören intime Verhaltensweisen einsortiert. Das eigene Zimmer und das Bad sind Räume für Nacktheit und Orte, an denen man den eigenen Körper berühren darf. Ganz für sich. Kein anderes, kein älteres Kind, kein Erwachsener soll dabei sein, denn der Intimbereich gehört exklusiv dem Kind, er ist sein eigenes Hoheitsgebiet. Im Übrigen ist auch das für Kinder im Alter von drei oder vier Jahren eine gute Botschaft, ähnlich wie im vorigen Kapitel: Ja, Eltern fühlen sich unwohl damit, ja, es stört sie. Ähnlich wie Nasebohren. So können Sie begründen, dass Sie konsequent auf Rückzug bestehen, wenn eine Hand in die Hose taucht oder Ähnliches. Und ganz banal, aber wichtig: es gibt Hygieneregeln, also bitte Händewäschen.

Eltern fragen sich manchmal, ob die Verlagerung ins eigene Zimmer nicht wie eine Zurückweisung oder gar Strafe ankommt. Das muss es nicht, denn freundlich ausgesprochen soll der Rückzug das Bewusstsein für Privatheit wecken. Das ist wichtig für den Schutz der Intimität des Kindes. Die Hand in der Hose ist nichts für fremde Augen, in der Kita, der Schule oder sonst wo. Wir sollten nur vermeiden, unser Kind zu beschämen. Auch das können Sie mitgeben: Letztlich hat das Kind eine positive Lebensenergie entdeckt. Ein gutes Körpergefühl, das jedoch einen privaten Rahmen braucht. In seltenen Fällen kommt es vor, dass Kinder die Gefühlssensation häufig suchen und immer wieder herbeiführen. Scheuen Sie sich nicht, das Thema mit Fachkräften in der Kita oder der Schule zu besprechen, schließlich ist die Chance groß, dass es dort ebenfalls vorkommt. Besser, alle an der Erziehung und Sorge Beteiligten sprechen sich zum guten Umgang ab. Wird es zur Besorgnis, helfen Fachberatungsstellen, Adressen finden Sie im Anhang.

Zum Schluss noch eine wichtige Beruhigung: Wie andere für Eltern aufreibende Verhaltensweisen in der kindlichen Entwicklung ist die Selbststimulation ohne Scham eine Phase, die kommt und wieder geht. Entweder hat das Kind gelernt, den Rückzugsort dafür zu nutzen oder das Interesse schwindet.

Doktorspiel: Grenzen und Chancen

Das sogenannte Doktorspiel ist ein Phänomen, das ebenfalls oft für Unruhe sorgt. Ich benutze hier das Wort Doktorspiel, weil vermutlich alle Eltern direkt wissen, was damit gemeint ist und verständnisvoll nicken – auch wenn die Pädagogik die intimen Handlungen von zwei oder mehr Kindern »Körper- und Erkundungsspiele« nennt. Inhaltlich beginnen sie bei Kitakindern mit Aktivitäten wie Abhören mit dem Stethoskop, wenn mit dem kleinen Guckgerät die Ohren gecheckt und andere Körperstellen untersucht werden. Im weiteren Sinn umfasst das Spiel auch, zu gucken, wie andere Kinder untenherum aussehen, einen Blick auf Penis oder Vulva zu erhaschen oder sich gegenseitig anzufassen. Das passiert oft zu zweit im Geheimen, manchmal in der Gruppe. Mitunter reicht das Spiel bis zu Kussversuchen oder dem Nachahmen des Geschlechtsverkehrs, einer Liebesszene, die die Kinder irgendwo mitbekommen haben.

»Ich kam neulich ins Kinderzimmer und sah noch, wie Meryem und ihre Freundin bekleidet aufeinander im Bett lagen und sexuelle Bewegungen mit der Hüfte machten. Ich war erst mal geschockt und wollte die zwei nicht brüskieren. Sie waren total verlegen. Mit meiner Frau habe ich dann überlegt, was wir sagen sollen.«

Tayip, 38 Jahre, Tochter Meryem ist sieben Jahre alt

Wenn Erwachsene so etwas mitbekommen, kommen schnell Gedanken wie: Ist das nicht gefährlich? Was, wenn es über die Grenzen geht? Zumindest finden wir es merkwürdig – in diesem Alter? Wir sind wie häufig bei sexuellen Themen überrascht, dass das in unserer Wahrnehmung noch so kleine Kind solche erwachsen-sexuellen Aktivitäten mitbekommen hat. Das rührt Schamgefühle und Ängste auf. Viele Eltern fragen verunsichert, wie sie damit umgehen sollen.

Ich gebe gerne zu, dass das auch mir so ging, sogar mitten im Sexualwissenschafts-Studium. Ich hatte gelernt, dass der überwältigende Anteil dieser Spiele und des kindlichen Interesses daran normal und harmlos ist. Aber ich fand mich als Mutter in derselben Situation wie viele Eltern. Ich öffnete die Tür zum Kinderzimmer und platzte quasi in flagranti in eine aus Erwachsenensicht anzügliche Situation unter Kindern: Oh, da kommt ein Fieberthermometer einer ungeeigneten Körperstelle zu nahe. Ein anderes Mal liegen Kinder auf- und beieinander und imitieren Bewegungen.

Ich weiß nicht, wie es Ihnen gehen würde, aber ich habe kurz eine Pause auf der Wohnzimmercouch gebraucht, ich hatte mich diskret zurückgezogen und so getan, als hätte ich nichts gesehen. Nach dem ersten Schreck musste ich schmunzeln. Schau an, dachte ich. Das ist ja wirklich Thema bei meinem Kind und nicht nur Theorie. Da die zwei besten Freundinnen im Kinderzimmer gute Laune hatten, war ich mir sicher, dass nichts schiefging. Die Tatsache, dass die beiden über Jahre vertraute Freundinnen waren, die einander kein Haar krümmen würden, beruhigte mich. Ich würde später etwas dazu sagen. Denn die Grenzen und Regeln fürs Doktorspiel sollen Kinder kennen.

Eine erste Einschätzung

Dass Kinder sich mit Sexualität überhaupt beschäftigen und vielleicht sogar »Sexen« spielen, scheint nicht zum Lebensalter zu passen. Wieder: Ja, *erwachsenes* Agieren würde nicht passen. Das Spiel zeigt aber, dass Nähe, Zulassen und Ablehnen von Körperlichkeit die Kinder hochgradig beschäftigt. Die Triebfeder ist Neugier. Bei den Kleineren oft auch einfach das Interesse, über die Körperstellen Bescheid zu wissen, die meist verborgen werden – die aber wichtig sind, so viel wissen sie. Also forschen sie nach, manche mehr, manche weniger.

Und woher haben sie das, die konkreten Verhaltensweisen? Kinder beobachten alles – und sehen mehr, als wir glauben. Schon fünf- bis sechsjährige Kinder sehen das unter der Bettdecke kuschelnde Paar in der Fernsehwerbung, knutschende Jugendliche am Bahnhof, suggestiv guckende Modells in der Wäschewerbung, Kraftmeier mit Waschbrettbauch in Animationsfilmen. Sie erkennen angedeutete Liebesszenen. Und auch wenn wir das nicht wünschen oder glauben, wissen Kinder, dass nackte Tatsachen wichtig sind. Sie ahnen, dass es erwachsenes sexuelles Verhalten gibt, auch komische Worte, eben Erwachsenensprache. Deren Bedeutung können sie nicht richtig erfassen, weil sie die Hintergründe und Regeln nicht kennen. Aber auf ihre Weise, im Spiel, möchten sie das nachahmen und verstehen. Das ist überhaupt nicht schlimm. Auch gut zu wissen: Doktorspiele entwickeln sich meist spontan, sporadisch, sind ein Weilchen interessant. Irgendwann verschwinden sie wieder aus dem Spielrepertoire.

Der vielleicht wichtigste Punkt in diesem Kapitel ist, sich beim Doktorspiel vor Augen zu halten, was die Beweggründe kleiner Kinder dabei sind: Sie haben keine sexuellen Interessen wie Erwachsene, sondern sie wollen wissen, wie Körper aussehen. Sie beobachten Verhalten, das offenbar für Große dazugehört. Nun möchten sie gern so tun als ob. Sie möchten herausfinden, ob sie im Tun erfahren, wie es sich anfühlt. Es ist vergleichbar damit, wenn ein kleines Kind mit Puppe so tut, als ob es stillen würde, oder wenn Halbstarke mit Stöcken im Wald fechten. Sie wollen einander nicht verletzen, nicht Gewalt antun. Aber sie kommen an Grenzen. Und so bemerken Kinder, dass viele Erwachsene das Spiel an der körperlichen Grenze für nicht adäquat für Kinder halten. Dann ziehen Sie sich in die Heimlichkeit zurück.

Wie können wir reagieren? Ein paar Tipps

Die Aufgabe von uns Erwachsenen besteht – eigentlich bei Spielen aller Art – darin, Regeln zu verdeutlichen, damit keine Grenzen oder Gefühle verletzt werden. Ich schicke noch ein Elternerlebnis dazu voraus:

»Beim Nachmittagsbesuch bei guten Freunden sprang Annika mit dem gleichaltrigen Leonard erst Trampolin im Garten, dann tobten sie im kleinen Schwimmbecken und verschwanden zum Umziehen nach oben. Auf der Heimfahrt krähte Annika dann aus dem Kindersitz: ›Wir haben versucht, Leonards Penis in meine Scheide zu schieben.‹ WIE BITTE? Zum Glück bin ich ruhig geblieben. Ich fragte behutsam nach, hörte nichts heraus, das wie Zwang klang, nicht einmal Beklommenheit. Annika erzählte nur fröhlich, dass es nicht geklappt hätte. Ich fragte vorsichtig: Und dann? – Dann haben wir etwas anderes gespielt. – Ich

war froh über ihr Vertrauen. So konnte ich genau an dem Punkt ein paar Takte dazu sagen und erklären, wo das Ende solcher Spiele ist.«

Susanne, 36 Jahre, Vorschulkind Annika war sechs Jahre alt

In so einem Fall sind Mütter und Väter erst einmal erschreckt. Meist wollen die Kinder nachvollziehen, was am Körper ist und was sie darüber gesehen oder gehört haben. Wie gesagt: Praktisch nie haben sie erwachsene Aspekte von Sexualität wie Begehren und Befriedigung im Sinn. Trotzdem ist es sinnvoll, die erwachsene Reaktion gut abzustimmen. Gehen wir das durch: Egal, was Sie gesehen haben, bleiben Sie ruhig. Natürlich sollten Eltern eine Grenzüberschreitung auflösen. In unklaren Situationen aber wäre mein Vorschlag, die Situation erst aus der Kinderperspektive nachzuvollziehen, statt vorschnell Schlüsse zu ziehen. Was waren die kindlichen Gedanken und Intentionen? Gab es Zwang, Überredung? Oder agierten vergnügte Kinder, die absolut keine Idee von den Gedanken haben, die fast automatisch in uns aufsteigen? Beachten sollten Sie auch, dass Erwachsene mit einer erschrockenen Reaktion Kinder nachträglich emotional erschüttern können, wenn sie die Situation dramatisieren. Dabei hat sich die Situation für das Kind vielleicht gar nicht bedrohlich angefühlt. Was nicht heißt, dass man nicht in Ruhe dafür sorgt, dass zweifelhaftes Spiel thematisiert und im Falle von Grenzüberschreitungen in Zukunft unterbunden wird.

Fragen Sie also wirklich vorsichtig und ohne Wertung nach, was war – das gilt für alle Spiele, die verunsichern, auch Gewalt oder Streit. Wichtig ist herauszufinden, wie sich die Kinder gefühlt haben. Neugierig und wohl? Oder gezwungen und unwohl? Wie ist die Situation entstanden, aus Neugier, Arglosigkeit und Faszination? Oder hat ein Anführer Macht ausgeübt? Wichtig zu wissen: Grenzüberschreitung kann unbeabsichtigt geschehen, zu einem Übergriff aber gehören Planung, Absicht und das Wissen, dass etwas falsch ist. Völlig anders wäre es übrigens, wenn ein älteres Kind beteiligt wäre und wenn einzelne Kinder verstört oder gar traumatisiert aus der Situation hervorgehen.

Wie sollen Eltern Doktorspiele bewerten?
Wir sollten Handlungen unter Kindern nicht allein vor dem Hintergrund erwachsener sexueller Erfahrung interpretieren, sondern herausfinden:

- Was war die Intention der Spielenden?
- War das Tun ein Spiel im Einverständnis?
- Wurde eine Grenze verletzt?
- War die Grenze bewusst?
- Hat eines der Kinder negative Gefühle der Scham oder Verletzung davongetragen?
- Wenn es grenzüberschreitendes Verhalten gab, sollte das aufgefangen und mit den Beteiligten sowie den Eltern besprochen werden.

Einer weiteren Mutter verdanke ich noch eine wichtige Frage: Deuten Doktorspiele auf sexuellen Missbrauch hin? In aller Regel nicht – umso mehr, wenn beste Spielkameraden oder enge Freundinnen im Einverständnis und aus Neugier spielen. Meist bleiben die Handlungen auch eher im Ungefähren. Das ist bei geplanten Grenzverletzungen oder dem Machtmissbrauch älterer Kinder anders. Wieder als Annäherung (und schauen Sie sich dann gerne das entsprechende Kapitel zum Thema Missbrauch an): Warnzeichen für gefährliches Spiel sind sexuelle (und nicht nur gespielte) Akte jenseits der Vorstellungswelt des Lebensalters, erzwungene Penetration, eine genauere Kenntnis vielfältiger sexueller Spielarten und eine anschließend ängstliche oder bedrückte Stimmung. Kein Kind soll im Spiel etwas tun müssen, was sich schlecht anfühlt. Dafür sollten wir sie sensibilisieren.

Was heißt da normal? Einige Zahlen

Ich ziehe hier ein paar Studien zu Rate, die zeigen, wie normal oder üblich Körper- und Erkundungsspiele sind. Die Spiele, schreibt Sexualwissenschaftler Gunter Schmidt, tauchen als Phänomen in der Kindheit »eher gelegentlich und periodisch« auf. Er zitiert eine Studie, laut der sich 60 Prozent der befragten jungen Erwachsenen an sexuelle Spiele erinnern, die vor der Pubertät stattgefunden haben.[56] Schmidt erklärt ebenfalls: Die sexuell anmutenden Aktivitäten von Kindern »erstrecken sich über einen kurzen Zeitraum der Kindheit und gehen bei etwa der Hälfte der erfahrenen Kinder nicht über ›Zeigen- und Anguckspiele‹ hinaus«.

Er warnt davor, das kindliche und das erwachsene sexuelle Tun gleichzustellen, schließlich hätten die Handlungen nicht dieselbe Bedeutung – genau darum sind Zuschreibungen von Erwachsenen nicht hilfreich. Professor Andrej König, Forensischer Psychologe und Autor der Studie »Sexuelle Übergriffe durch Kinder und Jugendliche« meint, dass Eltern heute womöglich nur schneller alarmiert seien und sexuellen Missbrauch sähen, wo Kinder einfach nur spielen.[57]

Eine neue deutsche Studie[58] fragte im Jahr 2021 Jugendliche von 16 bis 18 Jahren nach Doktorspielen. 65 Prozent der Befragten erinnerten sich nicht an solche Spiele, 35 Prozent schon. 18 Prozent berichteten von mehrmaliger, 17 Prozent von einer einmaligen Aktivität. Interessant ist auch, an welches Spielalter sich die Jugendlichen erinnern: gut ein Viertel geben als Alter vier bis fünf Jahre an, gut zehn Prozent sechs und sieben Jahre, und fast die Hälfte erinnern sich an Spiele mit acht Jahren und später. Das zeigt: Es gibt immer einen Anteil Kinder, der in der einen oder anderen Form Körper und Liebe zum Thema von Spielen macht, bis zur Pubertät. Noch eine Zahl kann beruhigen: nur bei vier Prozent erfolgten Spiele gegen den eigenen Willen, bei 96 Prozent erfolgten sie mit Zustimmung.

»Linus und ein Freund haben gegenseitig den Penis angeguckt und angefasst. Ich hatte nicht das Gefühl, dass einer von beiden sich unwohl fühlt.«

Sonja, 36 Jahre, ihr Sohn Linus ist drei Jahre alt

Bettina Schuhrke, Professorin für Entwicklungspsychologie, richtet ihr Augenmerk auf jüngere Kinder. Sie geht davon aus, dass 30 bis 40 Prozent der Kleinkinder im Elementaralter von drei bis fünf Jahren Doktorspiele mit Gleichaltrigen unternehmen:[59] »Dabei stellen sie nur selten Szenen beim Arzt nach. Der Sammelbegriff steht vor allem für Spiele, bei denen die Kinder gegenseitig ihren Körper untersuchen und erkunden.« Zur Qualität der Spiele erklärt sie, »dass es ›Übergriffe‹ bei kleinen Kindern in vielfältiger Form gibt und dass es eine pädagogische Aufgabe ist, Regeln für den angemessenen Umgang untereinander einzuüben«.

Übergriffig oder grenzverletzend ist es eben auch, wenn ein Kind das andere temperamentvoll umarmt, obwohl das andere das nicht möchte, oder wenn ein Kind dem anderen etwas wegnimmt oder es in eine ungewollte Richtung schubst. Schlagen, Raufen, Lügen, Schreien, Weigern, Streiten – es gibt viele Situationen, die nicht in den goldenen Rahmen des niedlichen, idealisierten Kinderverhaltens passen. Und doch sind sie wichtig, weil Kinder (und Erwachsene) immer besser lernen, mit diesen Herausforderungen umzugehen. Das gehört zum Großwerden. Häufig ist der Grund für das Verhalten an der Grenze keine böse Absicht, sondern liegt an unterschiedlichen Bedürfnissen, Empfindlichkeiten oder Wünschen. Kindliches Verhalten in passende Bahnen zu lenken, Normen und Werte zu vermitteln, ist erzieherisches Handeln. Alle, die mit Kindern leben und arbeiten, erleben das an jedem Tag, immer wieder.

Dabei bietet weder das Tun noch das Lassen von Spielen mit sexuellen Anspielungen Anlass für Besorgnis. Manche Kinder spielen nicht Doktor oder nur ein wenig. Andere setzen sich in einer Phase häufig und heftig damit auseinander. Bedenken Sie auch: Wenn wir Eltern uns der Illusion hingeben, wir bekämen alles mit, was unser Kind tut, täuschen wir uns. Vielleicht sind ja die kindlichen Antennen schon weit ausgefahren, weil bekannt ist, dass Erwachsene solche Spiele kritisch sehen? Vielleicht wird Doktor an Rückzugsorten gespielt? Hier passt die Frage: Wie war das bei Ihnen?

Rückblick **Intime Spiele in der Kindheit**

Ich lade Sie zu einer Reise in Gedanken ein: Haben Sie selbst im Kindergarten- oder frühen Grundschulalter Doktor gespielt?

Gibt es Erzählungen oder Erinnerungen aus Umkleiden, dem Kinderzimmer, Rückzugsecken im Kindergarten? Wurde ein Vater-Mutter-Kind-Spiel intim?

Denken Sie an ziemlich beste Freunde und Freundinnen. Kamen Sie sich einmal nah, um zu testen, wie sich das Tun der Erwachsenen anfühlt?

Dieses Gedankenspiel hat doppelten Nutzen. Es soll Sie einerseits daran erinnern, was in der eigenen Kindheit stattgefunden hat, und wie sich das angefühlt hat. Wir haben die Chance nachzuvollziehen, welches Gefühl, welche noch wenig konkrete Ahnung oder Neugier der Auslöser dafür gewesen sein mag. Und wie unerhört spannend das vielleicht war.

Vielleicht erinnern Sie sich an einen Kussversuch, eine Umarmung im Spiel, ans Angucken oder Anfassen von Körper oder Genitalien. Es war spannend, aber hoffentlich nicht bedenklich.♥ Andererseits, und das ist der zweite Nutzen, kann die eigene Erinnerung uns Eltern helfen, das Verhalten unserer Kinder einzuordnen und so verständnisvoller zu begleiten.

Wo liegen Grenzen, und wo Chancen?

Die Grenzen sind schnell klar: Den Körper anderer auszunutzen zum eigenen Vergnügen, um Macht zu demonstrieren, Zwang, Gewalt, Beschämung, Verletzung, nicht zum Lebensalter passende intime Handlungen in echt – all das sind leuchtend rote Linien, die niemand überschritten sehen will. Diese Angst leitet viele Menschen, und sie ist berechtigt.

♥ *Falls die unguten Gefühle Sie heute noch belasten, ist es Zeit, sich zu entlasten. Sprechen Sie mit dem Partner, mit engen Vertrauten, oder nehmen Sie professionelle Hilfe in Anspruch.*

Seltener denken Erwachsene an die Tatsache, dass das Spiel auch positive Seiten hat. Wenn Kinder wirklich im Vertrauen und in inniger Freundschaft miteinander spielen, sind die positiven Gefühle und Erfahrungen ein Vorgeschmack auf Möglichkeiten von Liebe und Beziehung. Oft geht es um das aufregende, aber gute Gefühl, Nähe zu teilen. Darüber hinaus können Kinder auf einer einvernehmlichen Basis mit dem besten Freund oder der Freundin buchstäblich harm-los – ohne Harm und Verletzung – lernen, wie unterschiedlich oder ähnlich Körper sind und wie unterschiedlich oder ähnlich Gefühle und Wünsche sind. Im Vertrauen besteht die Chance, das Grenzenziehen zu üben: bis hierhin und nicht weiter.

Darum ist es nicht sinnvoll, Doktorspiele per se zu verbieten oder verlegen wegzuschauen. Im vorsichtigen Gespräch darüber ergibt sich die gute Gelegenheit, Grundsätze zu Sicherheit und Selbstschutz zu vermitteln. Wichtig ist die Bestärkung der Erwachsenen: Wenn sich etwas nicht gut anfühlt, sollst du dem Gefühl trauen und die Situation beenden.

Eine weitere Chance besteht darin, dass wir Erwachsene diese Spiele ruhig als Aufforderung sehen dürfen. Achtung: Unser Kind ist damit beschäftigt, einen Aspekt von Sexualität zu verstehen, Nähe, Vertrauen, Körpergefühl oder die Reaktion anderer auf seinen Körper. Es ist offenbar auf der Suche nach Antworten, ob es fragt oder nicht. Im Straßenverkehr oder privatem Umgang miteinander warten wir nicht, bis das Kind Fragen dazu stellt. Darum ist unser Einsatz gefragt, mit ein paar Informationen oder einem passenden Buch rund um Körper, Babys, Liebe und Familie. Oder eben mit unserer Haltung zum Doktorspiel. Wir könnten anmerken, dass wir wissen, dass es solche Spiele gibt, und mitgeben, wo Grenzen liegen.

Auf Nummer sicher: Gute Regeln für Doktorspiele

Weil ein Doktorspiel ein Spiel entlang intimer, sensibler Körperstellen und Gefühle ist, gibt es pädagogisch anerkannte Regeln dafür. Ich nenne sie hier erst einmal alle und erkläre sie anschließend Stück für Stück.

Sechs Grundregeln für Körper- und Erkundungsspiele

1. **Kein Altersgefälle** Kinder sollten im gleichen Alter sein, plus/minus ein Jahr, ohne Machtgefälle. Ein größerer Altersunterschied darf nicht sein. Das gilt sogar für Geschwister.
2. **Einverständnis ist Pflicht** Jeder und jede tut nur, was er oder sie möchte. Zwingen ist nicht erlaubt. Wehtun schon gar nicht.
3. **Hilfe holen ist wichtig** Wenn Grenzen überschritten werden, soll man Hilfe holen. Kinder sollen den Unterschied zwischen guten und schlechten Geheimnissen kennen.
4. **Nein heißt Nein** Wenn jemand Nein sagt oder Missfallen zeigt, muss man aufhören.
5. **Nichts einführen** Der Körper soll nicht verletzt werden, also macht man das einfach nicht.
6. **Wir sind für dich da** Kinder sollen wissen, dass sie mit allen Sorgen immer zu uns kommen können.

Das ist der Überblick. Nun formuliere ich die Regeln aus, erläutere den Hintergrund und gebe ein paar Hinweise dazu, wie wir Kindern die Regeln erklären können.

Regel 1: Kein Altersgefälle.

Das bedeutet: Die Spielkinder sollten gleich alt sein, plus/minus ein Jahr.

Der Hintergrund dieser Regel lautet: Ältere Kinder haben eher die Möglichkeit und Macht, Spiele, Handlungen und Forderungen gegenüber Jüngeren durchzusetzen. Sie haben außerdem eventuell schon andere Einblicke in Sexualität und könnten jüngere Kinder in Spiele und Handlungen verwickeln, die diese nicht überblicken können. Jüngeren fällt es schwer, sich den Älteren zu entziehen und Grenzen zu setzen. Darum gilt die Altersgrenze auch in der Familie zwischen Geschwistern. Ein Auge sollten wir Erwachsenen auch auf eine Gruppe haben, in der ein Kind den Ton angibt, verehrt, gefürchtet und bewundert wird. Es kann ein Gruppenzwang entstehen, dem die Kinder schwer entkommen können.

Regel 2: Einverständnis ist Pflicht.

Das bedeutet: Jeder und jede tut nur, was er oder sie möchte.

Die Regel wirkt in beide Richtungen: Man darf nicht zwingen und soll sich nicht zwingen lassen. Das sollte eigentlich für alle Spiele gelten. Aber Eltern können gut vermitteln, dass die Regel doppelt wichtig ist, wenn es um den Körper geht, der uns gehört und über den wir allein bestimmen dürfen. Idealerweise leben wir das vor, indem wir die Grenzen des Kindes achten, etwa bei Umarmungen, Küssen und in der Körperpflege. Natürlich ist Wehtun nicht in Ordnung, selbst ein emotionales Autsch oder eine Beschämung.

Regel 3: Hilfe holen ist wichtig.

Das bedeutet: Wenn Grenzen überschritten werden, soll man Hilfe holen.

Passiert bei intimen Spielen etwas Besorgniserregendes, wissen selbst Kinder, dass sie Regeln verletzen. Sie versuchen meist, die Beteiligten darauf einzuschwören, nichts zu verraten. Wenn diese sich schämen, eine Mitschuld fühlen oder sich vor einer Strafe fürchten, ist das leicht. Aber Angst und Scham sind keine guten Ratgeber. Was andere vielleicht Petzen nennen, bedeutet in Wahrheit Hilfe holen.

Also sollten wir noch einmal klarmachen, wie gut und wichtig es ist, sich im Vertrauen zu entlasten. Wir sollten trösten und dann dafür sorgen, dass das Kind nicht wieder in die schwierige Situation gerät. Schutz bei weiteren Treffen mit dem anderen Kind, behutsamer Informationsaustausch mit dessen Eltern, Fachkräften oder – je nach Fall – mit helfenden Institutionen ist nun angesagt. Wenn die ersten Wogen geglättet sind, kann man nochmal in Ruhe besprechen, dass die Spielidee und deren Ausführung keine gute Sache war.

Kleine Fußnote: Solch schwierige Gefühle offenbaren Kinder uns Eltern nur, wenn wir ruhig bleiben und nicht vor Schreck den Kopf verlieren. Es wäre also kontraproduktiv, wenn wir die – verständliche – erste Angst und Aufregung mit Sätzen wie: »Wie konnte das nur passieren?« oder »Warum hast du da mitgemacht?« ans Kind weitergeben. Es würde sich anfühlen wie Schimpfen oder Strafe in dem fragilen Moment, in dem sich das Kind uns trotz Herzklopfen und rasender Scham anvertraut.

Darum sollten wir unsere Emotionen doppelt unter Kontrolle halten: nicht in Panik bewerten, nicht gleich erschrecken. Besser ist es, alles erst einmal sacken zu lassen, sich mit Partner, Partnerin oder engsten Vertrauten zu besprechen, und dann den Faden mit dem Kind wieder aufzunehmen.

Von guten und schlechten Geheimnissen
An diese Stelle ist für Kinder (und Erwachsene) das Wissen um die guten und schlechten Geheimnisse wichtig. Das sollten wir klarmachen:
Gute Geheimnisse machen fröhlich, etwa Geschenke oder schöne Überraschungen. Schlechte Geheimnisse machen traurig, bedrängen, fühlen sich schlecht an. Sie lassen uns nicht schlafen. Oft verbieten Menschen aus schlechtem Gewissen, dass man etwas offenbart – weil sie etwas Schlechtes getan haben.
Also sollte jedes Kind wissen: Mit schlechten Geheimnissen soll niemand alleine bleiben, egal was andere sagen oder ob sie versuchen, uns zu erpressen. Denn dann läuft etwas falsch, und das soll nicht sein. Die Botschaft ans Kind kann lauten, dass man nicht möchte, dass es traurig ist. Eine Person, die ein Kind zu schlechten Geheimnissen verpflichtet, macht etwas, das man nicht darf. Insofern ist Hilfe holen richtig: Schließlich ruft man ja auch die Polizei, wenn Menschen die Regeln des Zusammenlebens brechen.

Regel 4: Nein heißt Nein.

Das bedeutet: Wenn jemand Nein sagt, muss man aufhören.
Was sowieso gelten sollte, ist hier doppelt wichtig, weil es um den verletzlichen Körper und besonders persönliche Gefühle geht. Damit ist nicht nur das ausgesprochene Nein oder Stopp-Sagen gemeint. Kinder können wir ab dem Kindergartenalter nach und

nach dafür sensibilisieren, dass es auch ein nonverbales Nein gibt, das man im Gesicht und an der Körperhaltung erkennt. Das können Sie mit Ihrem Kind schon beim Umarmen üben, und in vielen anderen Situationen, in denen der Körper Ablehnung zum Ausdruck bringt. Das zu lernen und zu erkennen ist ein langer Prozess auf zwei Seiten. Stopp sagen, Stopp einhalten. Schüchterne Kinder brauchen Ermutigung, sich abzugrenzen. Kleine Draufgänger und Wirbelwinde haben damit zu kämpfen, den Impuls einer lieb gemeinten Umarmung zu unterdrücken.

Regel 5: Nichts einführen.

Das bedeutet: Nichts einführen.

Da gibt es wenig zu verhandeln. Die Körperöffnungen sind empfindlich, da gehört nichts hinein (gesteckt), weder in Mund, Nase, Ohren, Po noch in die Vagina.

Regel 6: Wir sind für dich da.

Das bedeutet: Du kannst mit uns über schwierige Themen oder Sorgen sprechen.

Aber wie zeigen Eltern das? Indem wir ab und zu etwas zu Körper, Grenzen und Liebe sagen, indem wir die komplizierten Gefühle dabei ansprechen. So wird dieser Bereich als ein in der Familie mögliches Gesprächsthema etabliert.

Dass wir als Eltern angesichts von Tabu- und sexuellen Themen möglicherweise Peinlichkeit spüren, ist dabei normal. Aber das beste Argument für eine gewisse Offenheit lautet: Wer, wenn nicht wir, sollte Ansprechpartner für komplizierte Fragen sein, die unser Kind beim Aufwachsen bewegen? Wer soll schneller sein, der Handyporno auf dem Schulhof als zweifelhafter Eindruck von erwachsener Sexualität oder unsere Erklärung, dass Menschen, die sich lieben, das zärtlich im intimen Zusammensein zum Ausdruck bringen?

Sollen Eltern alle Spielsituationen überwachen?

Eine letzte Antwort zu den heiklen Körper- und Rollenspielen dreht sich um die Kontrolle und den möglichen Raum, den Eltern dafür lassen. Verbieten wir sie, dann etablieren wir ein Tabu und Körper und Nähe gelten fortan als Gefahr. Sind Kinder in einer Entwicklungsphase wirklich daran interessiert, führt das sehr wahrscheinlich dazu, dass sie in die Heimlichkeit ausweichen. Wir können nicht alles kontrollieren. Darum ist es besser, die Sache im Blick zu behalten. Sie können gelegentlich nachhaken, nach den Kindern sehen und anhand von Laune und Verhalten absichern, dass das Spiel ein Spiel im Guten bleibt. So, wie es für alle Spiele gilt.

Liebe fühlen, Küsse geben. Schmetterlinge in der Kita

Verliebt, verlobt, verheiratet. Das spielen Kinder. Aber können sie schon richtig verliebt sein? Das liebevolle und vertraute Band zwischen Eltern und Kindern hat wenig Ähnlichkeit mit der unheimlichen Anziehungskraft, die wir als Verliebtheit gegenüber anderen Menschen in unserem Leben spüren können. Und wenn Drei- oder Vierjährige ankündigen, dass sie später Mama oder Papa heiraten wollen, drücken sie damit den (auch durchaus besitzergreifenden) Wunsch aus, dass die innige Beziehung voller Sicherheit, Wärme und Wohlwollen immer bestehen soll. Wir können die Zuneigungserklärung wertschätzen.

Wie und wann aber kommt das schöne Gefühl auf, dass ein Kind einen Menschen außerhalb der Familie besonders wunderbar findet? Eine tiefschürfende Auskunft würde dieses Buch sprengen.

Zuerst denkt man an die Sandkastenliebe, nicht umsonst gibt es dieses Wort. Doch ich denke, da verbindet eher die Vertrautheit als eine magische Anziehungskraft.

Ein anderes Kind sehr mögen, das können Kinder im mittleren Kindergartenalter. Echte Freundschaften entstehen etwa ab dem fünften Lebensjahr. Es ist das Alter, in dem Kinder beginnen, emotional von sich abzusehen und sich auf andere einzulassen.

In der späten Kita- und der Grundschulzeit geschieht es häufig, dass eine erste große Zuneigung im Herz pocht. Schwärmen, sich angezogen fühlen, das sind neue Gefühle, ohne weitere Hintergedanken. Es geht darum, sich miteinander wohlzufühlen, Interessen zu teilen, sich nah zu sein. Dabei entsteht ein Glücksgefühl, das niemand anderer so auslöst. Erste aufregende romantische Gefühle der (meist einseitigen) Anziehungskraft kommen zu Anfang der Pubertät auf, oft beim Anhimmeln eines Stars oder Schwärmen für eine Person im Umfeld. Doch ernsthafte erotische Anziehung mit Begehren ist auch in diesem Alter meist noch aus einer anderen Dimension. Sie kommt im Lauf der Zeit hinzu.

Auch wenn manche Menschen den Impuls haben, die Gefühle von Kindergarten- oder Grundschulkindern zu belächeln oder nur niedlich zu finden, ist das nicht angemessen. Sie sind kostbar, ihre gefühlte Realität will ernst genommen werden. Also sollte niemand sie mit ungebetenen Kommentaren wie »Das geht wieder vorbei« oder »Das kann noch gar nicht sein« abwerten. Das verletzt. Liebeskummer sollten wir ebenso ernst nehmen und unser Kind auf Augenhöhe trösten. Denn abgelehnt zu werden tut weh. Das haben wir auch schon erlebt, das darf unser Kind ruhig wissen. Eltern sind als Gesprächspartner interessanter, wenn sie diese Gefühle selbst erlebt haben und davon erzählen.

Rückblick Die erste Liebe, klein und groß

Wo wir gerade dabei sind: Wie war das bei Ihnen? Gab es einen besonderen Jungen, ein besonderes Mädchen, einen Jugendlichen oder eine Erwachsene für Sie in der Kindergarten- oder Grundschulzeit? Wer war die Person, bei der die Gefühle über eine Freundschaft hinausgingen? Wann fing das mit der Verliebtheit an? Erinnern Sie sich an den ersten (zweiten, dritten) Schwarm?

Vielleicht geht es Ihnen wie mir: Wenn ich erst einmal anfange, in der Vergangenheit zu graben, werden die Erinnerungen vielfältiger. Ja, doch, es gab einen Hannes im Kindergarten. Alles sehr harmlos. Ich erinnere mich nur an zwei große Augen und Spielverabredungen. Oder der Junge, mit dem ich in der ersten und zweiten Klasse immer Robin Hood im verwunschenen Garten seiner Großeltern spielte. Er war Robin Hood, ich alle anderen Charaktere. Fechten, rennen, austricksen, ich dachte lange, wir hätten nur getobt. Bis ich mich erinnerte, dass ich öfter Lady Marian war und es einen Moment gab, in dem er mich in den Arm nahm und sich das besonders anfühlte. Nichts weiter. Das ist eine Episode einer kindlich-harmlosen Erinnerung, die mit Geschlechterrollen und Zuneigung zu tun hatte, ein kostbares Vorgefühl auf größere Liebe.

In der Grundschulzeit geht es im Klassen- und Freundschaftsverband plötzlich vermehrt um das »Wer mit wem«. Es wird gehänselt, Kinder nähern sich an. Vielleicht gehen zwei kurz miteinander, dann ist das wieder nicht so wichtig. Existenziell wie in der Pubertät sind diese Gefühle meist nicht (Ausnahmen bestätigen aber die Regel). Und trotzdem werden echte Gefühle gehegt. Dazu passt, dass in der bereits zitierten Umfrage zum Sexualwissen von Kindern 68 Prozent der zehn- bis zwölfjährigen Mädchen zugeben, sie seien schon verliebt gewesen, von den Jungen 42 Prozent. Geküsst – vermutlich eher mit einem Schmatz als mehr – haben in diesem Alter 48 Prozent der Mädchen und 39 Prozent der Jungen. [60]

Viele Kinder erzählen ihren Eltern trotz einer vertrauensvollen Beziehung übrigens wenig vom Herzklopfen und der Schwärmerei. Das Eigenleben ist normal, Kinder bauen Privatsphäre auf für emotionale Unabhängigkeit. Sie stecken ihr Gelände ab. Da ist ein kleiner Zaun der erste Schritt. Wie war das bei Ihnen?

4 Wo Sexualität heikel wird

Erwachsene Ängste, kindliche Entwicklung: Wissen zu Scham und Schutz

War das letzte Thema noch familiär und überschaubar und mit den ersten Liebesgefühlen sogar rosarot, tauchen wir jetzt in dunklere Bereiche ab. Doch sicheres Wissen ist genau da für Eltern und Erziehende elementar. Denn hier geht es an die Grenzen der emotionalen und körperlichen Integrität, die es zu schützen gilt. Sexualisierte Grenzverletzungen und Grenzübertritte soll kein Kind erleben müssen. Solche Erlebnisse können (müssen aber nicht automatisch) die sexuelle und psychische Entwicklung stören. Sie können verletzen, traumatisieren, verzweifeln lassen, das ganze Leben in schwarze Töne tauchen. Wir Eltern wollen den bestmöglichen Schutz unserer Kinder. Für mehr Sicherheit ist es entscheidend, dass Kinder die eigenen Grenzen gut kennen und verteidigen können. Genauso sollen sie lernen, Grenzen anderer Menschen zu erkennen und nicht zu überschreiten, auch nicht verbal. In diesem Kapitel finden Sie darüber hinaus aber auch Informationen sowohl zu sexualisierten Inhalten in den Medien als auch zu Übergriffen.

Dieses Wissen soll Eltern fit machen, um Gefahren realistisch einzuschätzen und gute Vorkehrungen zum Schutz ihrer Kinder zu treffen.

Sex-Sprache auf dem Schulhof: Harte Worte ohne echte Ahnung

Was für ein Wort flog da eben durch die Luft? Vulgär, abwertend, provokant oder unverschämt – auf jeden Fall hat es getroffen. In Momenten wie diesen halten wir in der Familie den Atem an. Dabei ist es besser, weiterzuatmen, wenn das sonst so niedliche Dreijährige ununterbrochen »Kacka« ruft – und zwar an der Supermarktkasse oder am Esstisch. Das ist kurz amüsant, verliert aber seinen Charme, wenn das Kind nicht damit aufhört. Ein anderer »Da-bleibt-die-Luft-weg«-Moment ist der, wenn ein Lehrer in der Schule oder eine befreundete Mutter uns darauf anspricht, dass das eigene Kind mit Worten wie »Du bist pervers«, »Schlampe«, »voll Porno« oder »schwule Sau« um sich wirft. Oder wenn das Drittklässlerkind unter Tränen schildert, wie sehr es leidet, wenn »die anderen« das tun. Wir fühlen uns machtlos.

Die Krux: Bei Schimpfwörtern, die unter die Gürtellinie zielen – »Kacki« mal ausgenommen –, habe ich oft beobachtet, dass Grundschulkinder nicht einmal deren Bedeutung kennen. Der Begriff »pervers« erregte die Gemüter in der vierten Klasse einer meiner Töchter. Auf Nachfrage, was das wohl bedeute, schaute ich mehrfach in ratlose Gesichter. Irgendetwas unheimlich Schlimmes. Warum in aller Welt verwenden die Kinder diese Wörter dann? Es ist einfach: Weil das Verhalten an dieser Grenze aufregend ist und ein Gefühl der Macht beschert. Für den Moment ist nämlich sogar die Überlegenheit der Erwachsenen außer Kraft gesetzt, sie ringen ja sogar nach Luft. Das hat einen großen Reiz, meint Expertin Ina-Maria Philipps, Dozentin des Instituts für Sexualpädagogik in Koblenz.[61] Alle hören dem vulgären Sprecher oder der Wortführerin auf einmal zu, und wie!

Aufregung erzeugen, das klappt, weil sexualisierte Schimpfworte in einen privaten Bereich treffen. Selbst wenn man weiß, dass das Wort nichts mit dem persönlichen Sein zu tut hat, kochen die Emotionen hoch, weil die Wucht der Beleidigung trifft. Und das aus einem Kontext, der sich verbietet. Verbale Tabus zu überschreiten bringt Aufmerksamkeit, egal, ob digital in sozialen Netzwerken oder beim Gegenüber im Kindergarten.

Die Kleineren entdecken die Macht der starken Worte ab drei Jahren. Es ist das Zeitalter, in dem sie trocken werden und die Ausscheidungen sie faszinieren. Wir loben Pipi und Kacka, aber zu oft ausgesprochen werden sie zu Reizwörtern. In den folgenden Jahren hängt es vom Umfeld ab, was »in« ist. Heftiger werden die Konfrontationen im Grundschulalter. Typisch ist, dass es Kindern dann darum geht, möglichst abgebrüht und erwachsen zu wirken. Das garantiert das Label »sexuell« bei den Schimpfwörtern. Es ist auch das Alter, in dem Kinder begeistert zotige Witze erzählen und mit altklugen Sprüchen überraschen.

Sexuelle Sprache entspringt einem Lebensbereich, der Kinder im Schulalter fasziniert. Sie hören fast überall: Das ist nichts für euch! Und gerade da wird es spannend, denn Schulkinder sind an sexuellem Wissen und Wirken höchst interessiert. Sie bekommen bewusst und wach im Alltag viele Andeutungen und Fakten dazu mit und hinterfragen sie –, selbst wenn sie nicht direkt fragen, weil sie gelernt haben, dass das Thema Sexualität selten offen besprochen wird. In diesem Alter gibt es eine Diskrepanz: *Theoretisch* können die Kinder vieles an der Sexualität verstehen, vom *praktischen* erwachsenen Tun und Fühlen sind sie immer noch weit entfernt. Das verstärkt das Interesse am verbalen Grenzgang.

Wenn wir also genug geatmet haben angesichts der Schimpf- und Ekelworte, geht es an die Reaktion. Bei Klein und Groß hilft Gelassenheit. Vielleicht kann man in der Familie auch einmal lachen und staunen über schlimme Begriffe und ihre Wirkung. Kacke! Auch wir Erwachsenen verwenden manche Worte, obwohl wir nicht sollten. Wir können zugeben, dass wir sie in manchen Situationen zumindest denken.

Trotzdem braucht es eine deutliche Grenzziehung. Sie lautet: Das tolerieren wir hier nicht. Nicht mit mir. Vielleicht darf das Kind die fiesen Worte im Bad oder im Kinderzimmer alleine rufen, bei geschlossener Tür. Benutzt das Kind die Worte weiter am Esstisch oder beim Einkaufen, müssen wir Konsequenzen ziehen: die Shoppingtour abbrechen. Oder feststellen: So können wir nicht zusammen weiteressen.

Sollen Eltern heftige Worte erklären? Auf alle Fälle ist es angebracht, deutlich zu machen, dass, wer sie ausspricht, andere absichtlich demütigen will. Dass sie die angesprochene Person verletzen. Das haben wir alle schon erlebt. Es fühlt sich schlimm an. Doch die Begriffe für tabu zu erklären, reicht nicht. Wir sollten kurz und möglichst sachlich und unaufgeregt beschreiben, was sie bedeuten. Verharmlosende oder umschreibende Erklärungen helfen nicht weiter. Denn was für ein Verrat oder eine Niederlage wird das, wenn andere Kinder auf dem Schulhof oder in der Kita das, was wir unserem Kind erklärt haben, als falsches Wissen entlarven. Außerdem kann es sein, dass das halbwissende Kind das Wort einfach weiterverwendet.

Manche Worte gehören dringend erläutert, denn Kinder müssen wissen, wie falsch Abwertung aufgrund der Geschlechtsidentität und sexuellen Orientierung ist, wenn also Begriffe wie schwul oder Schwuchtel, Transe oder Weib abwertend verwendet werden.

Manche Worte finden wir verstörend, abseitig und, ja, ehrlich, es kommt Scham auf auch bei uns. Das zu erklären ist eine Herausforderung. Aber sagen Sie etwas dazu, das dem Kind hilft, zu verstehen. Denn die Worte werden, wenn sie einmal da sind, die Kinder unter Garantie in der weiteren Schullaufbahn begleiten. Wir aber sind groß und können unsere Kinder unterstützen.

Eine kleine Anekdote zeigt, wie Kinder den Umgang mit sexualisierter Sprache austesten und dabei lernen: In unserem Umfeld beschloss eine dreiköpfige Freundinnengruppe, Fünftklässlerinnen, dass sie einander zum Spaß »Bitch« nennen würden, so wie in Rap-Songs, oder ironisch, wie es feministische Stars verwenden. Kurz war das cool, aber nur sehr kurz. Schon zwei Tage darauf gab es verletzte Seelen und Streit, weil der ironische Ton nicht immer durchkam – vor allem in den Nachrichten auf dem Handy. Die drei beendeten das Experiment.

Beim Nachdenken über die Worte kommt man übrigens schnell darauf, dass immer noch Geschlechtsunterschiede herrschen: Für weibliche Bezeichnungen wie Hure, Schlampe und die neudeutsche Bitch gibt es keine männlichen Entsprechungen, gelebte Sexualität gilt für Frauen als Makel, für Männer als Auszeichnung. In manchen Kulturen trifft die Beleidigung der Mutter mehr als in anderen, weil die Familienehre, die Integrität der Mutter mit besonders starken Emotionen verbunden wird. Insgesamt lautet die klare Botschaft: Nicht mit uns. Dann weiteratmen.

Porno? Kommt vor und braucht eine klare Antwort

Pornografie? Sie haben recht, wenn Sie denken: Diese Bilder haben im Leben von jüngeren Kindern nichts zu suchen. Warum bringe ich sie dann in einem Buch ins Gespräch, das die Entwicklungsspanne von der Geburt bis zum Ende der Grundschule im Blick hat? Die Antwort ist einfach: weil wir Erwachsene unsere Kinder davor schützen möchten. Und weil es zwar selten, aber doch möglich ist, dass Kinder in der Grundschule damit in Kontakt kommen. Vereinzelt berichten Grundschulkinder, auf dem Pausenhof hätte einer oder eine damit angegeben: »Hab' ich schon gesehen«. Es kommt vor, dass verruchte Szenen als Mutprobe auf dem Handy herumgereicht werden. Außerdem kann es passieren, dass ein Kind mit dem Tablet (Hand aufs Herz, manchmal gucken sie alleine) auf eine nicht jugendfreie Seite gerät.

Hier kommen einige Zahlen dazu: Eine Studie unter 14- bis 20-Jährigen zu diesem Thema, die 2017 durchgeführt wurde, kam zu folgenden Ergebnissen:[62] Jugendliche haben im Durchschnitt mit 14,2 Jahren zum ersten Mal Kontakt mit sexuell expliziten Medieninhalten, die Jungen in der Befragung mit 14 Jahren, Mädchen mit 14,8 Jahren. Ich fächere das weiter nach Altersgruppen auf: Die 18- bis 20-jährigen Befragten gaben das Alter von 14,9 Jahren für den Erstkontakt an, die 16- bis 17-jährigen 14,1 Jahre. Und halten wir uns fest: bei den 14- bis 15-Jährigen ergab sich ein Durchschnittsalter von 12,7 Jahren. Demnach sinkt das Alter schnell. Vermutlich, weil die Internetnutzung für jüngere Kinder immer selbstverständlicher und freier zugänglich wird.

Nun könnte man meinen: Kinder sind mit 12,7 Jahren etwa in der siebten Klasse, weit weg von der Grundschule. Doch wenn 12,7 der Durchschnittswert ist, muss die Hälfte der Befragten beim ersten

Blick auf pornografische Szenen jünger gewesen sein, eventuell elf, zehn oder erst neun Jahre alt. Dazu passt das Ergebnis der ebenfalls in der Studie angeführten Dr.-Sommer-Studie von 2016, laut der jedes dritte elfjährige Kind schon sexuell explizite Medieninhalte gesehen hat, mit 13 Jahren jedes zweite. Der Kommunikationswissenschaftler Thorsten Quandt, Autor der genannten Studie, fasst zusammen: »Die Ergebnisse legen nahe, dass Kinder und Jugendliche mit etwas konfrontiert werden, was sie weder sehen wollen noch richtig verstehen.« Da das oft heimlich geschehe, müssten Kinder und Jugendliche die Inhalte meist allein verarbeiten, ohne Orientierung durch Erziehungspersonen. Also ist es an uns als den vertrauten, nächsten Erwachsenen, das Gesehene einzuordnen und Grenzen zu ziehen.

Mir geht es nun nicht darum, den Untergang des Abendlandes heraufzubeschwören, sondern um Vorsicht, Voraussicht und Wachsamkeit. Wir sollten bereit sein, ein paar Takte der Einordnung zu sagen, falls das Wort Porno auftaucht oder einschlägige Bilder über den Schirm flackern. Denn den ersten Kontakt damit beschreiben 37 Prozent der Jungen und 60 Prozent der Mädchen in der Studie als ungewollte Situation. Sie fand übrigens am ehesten zu Hause statt. 30 Prozent aller Jugendlichen geben an, dass dieser erste Blick sie »ein bisschen erregt« hat, ein unwillkürlicher Reflex. 18 Prozent fühlten sich »ein bisschen unwohl«, 18 Prozent »belustigt«. Hier ist ein Beispiel für einen unfreiwilligen Kontakt:

»Ich ärgere mich bis heute über meine Naivität. Juli hat vor zwei Jahren heimlich ein Wort vom Schulhof auf dem Tablet eingegeben. Sie durfte ihre Lieblingsserie gucken und hatte wegen des Coronalockdowns mehr Online-Zeit, als gut war. Es stellte sich heraus: Das Wort, mit dem Klas-

senkameraden geprahlt hatten, war der Name einer Pornowebsite. Als ich die Internetadresse eher zufällig in der Liste der besuchten Seiten fand und Juli ansprach, gestand sie mir, dass sich das Gucken komisch im Bauch angefühlt hatte. Ich habe ihr den Zusammenhang erklärt und auf den Schock hin endlich Kinderschutz-Sperren eingerichtet. Jetzt ist sie zwölf Jahre und es gab in der Richtung keine weiteren Sorgen.«

Carina, 48 Jahre, ihre Tocher Juli war damals zehn Jahre alt und in der vierten Klasse

Was sagen wir also? Unbedingt, dass wir hier ein Verbot aussprechen, weil wir sie davor schützen müssen. Wichtig für Kinder, dem Alter entsprechend, wäre die Einordnung, dass Pornografie nicht der Realität entspricht, sondern eine inszenierte Sexualität zeigt, aus dem Zusammenhang gerissen. Sie zeigt nicht die Liebe und Zärtlichkeit, die Menschen gewöhnlich miteinander pflegen. Wir können nun einordnen, dass sich die Sache verhält wie ein Actionfilm zum echten Leben: Übertrieben, mit überzeichneten Figuren, Aussehen und Körpern, mit nicht realen Fähigkeiten und Geschlechterrollen, einer geplanten Choreografie. Damit wäre das Ende der vorsichtigen Aufklärungsdurchsage erreicht. Vielleicht trauen Sie sich zu sagen, dass es unterschiedliche Versionen davon gibt, zärtlichere bis abwegige.

Gut ist jedenfalls, wenn wir zugewandte Ansprechpersonen für unsere Kinder sind, falls etwas sie verstört. Wir nehmen sie ernst, bleiben ruhig und können Dinge einordnen, mit einem guten Wertesystem. Übrigens ist ein Blick auf ein einschlägiges Video nicht automatisch der Beginn einer negativen Entwicklung. Aber es entstehen Resonanzräume: Was ist das? Ist das Realität? Ist das ein

Vorbild? Bei Jugendlichen sind deshalb ein paar Hinweise angebracht, dass Pornos einige Handlungen als üblich und gewollt darstellen, die eigentlich Zwang sind oder zumindest ein ausgesprochenes Einverständnis verlangen würden. Außerdem gibt es eine Suchtgefahr bei Online-Pornografie.

Exkurs zur Wirkung von Vorbildern

Ich möchte Ihnen kurz die Theorie der sexuellen Skripte vorstellen, die zwei US-Soziologen in den 70er-Jahren aufgestellt haben.[63] Nach dieser Theorie sammeln Menschen im Lauf ihres Lebens alle möglichen Szenen von Liebe und Sexualität, die sie gesehen oder erlebt haben, zu einem Kanon der Vorbilder. Szenen aus erotischen Erzählungen und Pornofilmen können auch darin eingehen. Manches wird in die Vorstellung übernommen, anderes gefiltert und aussortiert. Die Vorlagen wiederum können eine Art Drehbuch oder Skript bilden für eigene Szenarien der Lust, die wir als Fantasien oder Handlungen im Bett nutzen.

In diesem Zusammenhang muss ich an die Karriere des Analverkehrs denken, der bei Männern, die Sex mit Männern haben (auch MSM genannt), eine große Rolle spielt und in Umfragen inzwischen häufiger bei heterosexuellen Paaren als Praktik genannt wird.[64] Ein Grund kann die Liberalisierung und zunehmende Offenheit der Gesellschaft sein. Zugleich gibt es in Pornos immer häufiger Bilder davon im heterosexuellen Verkehr. In Umfragen jedoch zieht eine überwältigende Mehrheit der Frauen vaginalen Sex vor. Vielleicht ist das für ältere Jugendliche eine wertvolle Information.

Kommen wir zurück zum engen Erziehungsauftrag. Größere Schulkinder mit Onlinezugang (und wir Erwachsenen) sollten wissen, dass das Zeigen von Bildern sich vollziehender Sexualpraktiken und die Weitergabe an Menschen unter 18 Jahren gesetzlich verboten ist. Fantasieren wir bei den Kindern, die behaupten, »voll Porno« schon gesehen zu haben, einen großen Bruder von 15 Jahren hinzu, der dem Geschwisterkind die Szenen kurz gezeigt hat – dann steht dieser Bruder mit dem Gesetz in Konflikt. Eltern sind übrigens verantwortlich, wenn auf dem Familientablet entsprechende Filme oder Bilder heruntergeladen werden.

Sie sollten also dringend Schutzvorkehrungen treffen. Wie das Beispiel eindrücklich zeigt, sollten wir Eltern das Einfallstor für sexuelle und gewaltvolle Inhalte schließen, wenn wir einem Kind ein Smartphone oder Tablet in die Hand geben. Dabei helfen Kinderschutz-Filter – und Jugendschutz-Programme, eine zeitliche Begrenzung und eine aktive Begleitung des Onlineprogramms. Dazu gehört auch zu erklären, dass das tolle, bunte, volle Netz ganz buchstäblich negative Seiten hat.

Anleitungen zum Einrichten von Filtern gegen nicht jugendfreie Inhalte oder zur Einschränkung der Bildschirmzeit gibt es etwa auf www.klicksafe.de, www.schau-hin.info und www.surfen-ohne-risiko.net – auch guten Rat für die Medienerziehung finden Sie dort. Kinderseiten und Suchmaschinen für kleine Netzpiloten und -pilotinnen sind etwa das www.internet-abc.de, www.fragfinn.de oder www.blinde-kuh.de.

Lassen Sie mich zum Schluss noch etwas Amüsantes erzählen: Die neuseeländische Regierung hat vor einiger Zeit eine Aufklärungsseite rund um Gefahren des Internets für Eltern und Kinder mit dem Namen »Keep it real online« aufgesetzt.[65] Ein Spot ist extrem lustig: Darin klingeln die Pornostars Sue und Derrick in Arbeitskluft – splitterfasernackt, was perspektivisch verdeckt bleibt – am Haus eines Jungen. Seine Mutter, die die Tür öffnet, weiß nicht, wohin sie schauen soll. Sue sagt sinngemäß: »Hi-ih! Wir kommen nur vorbei, weil uns ihr Sohn gerade online zugeschaut hat … Sie wissen schon.« Vielsagende Pause, zweideutiges Zwinkern. »Wir performen eigentlich nur für Erwachsene. Ihr Sohn ist ja ein Kind und weiß vielleicht nicht, wie Beziehungen wirklich funktionieren. Denn wir reden ja nie über Einverständnis und Respekt, sondern tun es einfach.« Die Mutter fällt aus allen Wolken, dem Jungen, den sie ruft, der Snack aus der Hand. Pause. Da atmet die Mutter durch, dreht sich zu ihm und sagt: »Okay. Es ist Zeit, dass wir reden – über den Unterschied zwischen dem, was du online siehst, und dem, wie Beziehungen im echten Leben funktionieren.« Irgendwann sollten auch wir das tun.

Hurra, die Scham ist da. Über ein zwiespältiges Gefühl

Hurra! Wieso hurra? Weil die Scham, die ja eigentlich ein ungemütliches Gefühl ist, eine außerordentliche Karriere hingelegt hat. Sie gilt längst nicht mehr als Schmuddelkind, das keiner haben will. Stattdessen zeigt sie ihre gute Seite – sie wird mittlerweile als positives, weil nützliches Gefühl anerkannt. Darum geht es jetzt. Im Zentrum steht die Körperscham als Schutzmacht rund um Genitalien, Geschlecht und sexuelle Tabus.

Ich vermute, Ihnen fallen genau wie mir erst einmal Situationen ein, in denen wir Scham tief und schmerzlich gefühlt haben. Die früheste Erinnerung führt zu Momenten, in denen uns Scham zum ersten Mal überwältigt hat. Zum Beispiel, als wir unseren Körper im heimischen Bad nicht mehr sehen lassen wollten. Die Blicke brannten. Heute noch müssen wir uns überwinden, wenn ein Facharzt das Genital im hellen Licht untersuchen soll. Frauen sind es eher gewohnt, Männer weniger. Vielleicht ist zu viel Scham über die männliche Scham heute noch der Hauptgrund dafür, dass Prostatakrebs oft später entdeckt wird als nötig. Scham spielt auch beim Sex eine Rolle, führt oft zu gedimmtem Licht, Decke drüber, weil man sich verhüllt freier fühlt. Die Genitalien beim Sex super-offensichtlich zeigen? Manche lieben es, andere sind reserviert. Diese Gefühle sind da. Es hat wenig Sinn, sie wegzudrücken.

Körperscham, so fasst es die Psychologieprofessorin Bettina Schuhrke zusammen[66], tritt automatisch auf – als Reaktion, wenn man das Gefühl hat, dass die Grenzen der körperlichen Privatsphäre überschritten werden. Sie enthält Furcht vor einer negativen Bewertung durch andere Personen. Es ist schon einmal angeklungen, dass es Scham in allen Kulturen und Zeiten gibt, allerdings unterschiedlich ausgeprägt. In manchen Kulturen, etwa in Japan, gilt es schon als zudringlich, einem Menschen direkt in die Augen zu schauen. In anderen, wie bei den bereits erwähnten indigenen Yanomami im Amazonasgebiet von Venezuela und Brasilien,[67] ist dagegen der Anblick des nackten Körpers der Normalfall.

Selbst bei uns haben sich Schamregeln drastisch geändert: Vor 150 Jahren badete man nach Geschlechtern getrennt und ziemlich hochgeschlossen, heute kann der Bikinitanga nicht schmal genug sein. Zwischendurch hatte FKK, Freikörperkultur ganz nackt, Konjunktur. In Musikvideos sind heute ausladende Dekolletés und mehr Hintern als vor 30 Jahren angesagt. Auf der anderen Seite sind gepaddete BHs derzeit Standard, in den USA ist es sogar verpönt, dass sich Brustspitzen unter Shirts abzeichnen. Und siehe da, Pads finden sich auch hierzulande schon in Bustiers in Kindergrößen. Auch Achselhaare sind in der Diskussion. Wenn sie blitzen, ist das irgendwo zwischen extrem emanzipiert und wirklich geschmacklos. Wofür wir uns schämen sollen, das ändert sich.

Kultur definiert also, wo die Schamgrenze in zwischenmenschlichen Momenten verläuft, was private Körperkultur angeht, aber auch adäquate Nähe und Berührungen betrifft, etwa bei Küssen und Umarmungen. Selbst von Familie zu Familie variieren die Regeln, denn: Darf ein Kind die Eltern nackt sehen? Wenn ja, dann in welchen Situationen und bis zu welchem Alter? Wie lange darf das Kind die Eltern auf den Mund küssen, darf es überhaupt? Es ist ein komplizierter Tanz um Nähe.

Was ist also die positive Seite daran? Der Schutz. Schamgefühl zeigt uns die Existenz einer gesellschaftlichen Regel für den Umgang mit dem Körper und den Gefühlen an. Zum Beispiel: Genitalien werden nicht in der Öffentlichkeit spazieren geführt. Forscherin Schuhrke nennt Scham »die Hüterin der Privatsphäre« und eine »Garantin für die Einhaltung von sozialen Regeln und Gütestandards«.[68] Scham zeigt darum Menschen mit einem emotionalen Ausrufezeichen – Aufruhr der Gefühle – eine intime Grenze an, die wir aktiv schützen sollen, in beide Richtungen: Wir sollen sie weder selbst übertreten noch zulassen, dass es eine andere Person tut. Darum können wir sie bei unseren Kindern begrüßen und respektieren.

Wie kommt das Schamgefühl ins Kind? Ganz schön individuell

Erste Schamgefühle können früh auftreten. Einen Vorläufer davon erlebt schon ein Kleinkind, wenn es wegen eines unguten Gefühls im Bauch die Augen niederschlägt oder sich verlegen wegdreht. Das passiert etwa, wenn eine unbekannte Person Kontakt aufnehmen will, manchmal reicht schon ein Blick. Dann drückt sich das kleine Kind an unser Bein und will sich am liebsten verstecken. Der Grund kann Angst sein oder das Gefühl, dass eine Person dem Kind zu nahegetreten, in seine Privatsphäre eingedrungen ist.

Dazu ist ein kognitiver Entwicklungsschritt erforderlich: Das Kind muss sich als selbstständige Person wahrnehmen. Das können Kinder etwa ab eineinhalb Jahren. Erst im Elementaralter zwischen drei und fünf Jahren erwächst das Bewusstsein, von anderen bewertet zu werden. Und weil diese Erkenntnis erst nach und nach reift, erleben wir Kinder bis mindestens in das Alter von drei bis vier Jahren oft als schamlos, schamfrei (Sie erinnern sich an das Kapitel, in dem es um die spontane Nacktheit ging). Sie agieren buchstäblich ohne Grenzen, weil ihnen die gesellschaftliche Bewertung egal ist. Darum verhallt auch unsere Warnung: »Das macht man nicht« oft ohne Wirkung. Dieses »man«, hinter dem das Urteil der Gesellschaft steht, hat für das kleine Kind noch keine Bedrohung. Für uns fühlt das sich anders an: Wir spüren die wertenden Blicke, die das kindliche Verhalten verfolgen. Wir hören verständnislose Kommentare. Was denken »die Leute«, wenn das Kind sich so nackig zeigt? Bettina Schuhrke zeigte in einer wichtigen Studie, wie die Scham über Kinder kommt. Hier sind die Ergebnisse im Überblick:

Entwicklung von Schamgefühlen bei Kindern

Ungefähres Lebensalter	Schamgefühle
Etwa eineinhalb Jahre	Ich-Phase: nun wächst das Bewusstsein, eine eigenständige Person zu sein – eine wichtige Grundlage von Scham.
Dritter Geburtstag	Einige wenige Kinder zeigen schamhaftes Verhalten.

Fünfter Geburtstag	Das Alter mit dem zahlenmäßig größten Zuwachs an Kindern, die schamhaftes Verhalten zeigen.
Siebter Geburtstag	Über 80 Prozent der Kinder in der Studie zeigen Schamverhalten.
Beginn der Pubertät	Nun wird die Abgrenzung der Privatsphäre praktisch von allen Kindern gegenüber den Mitgliedern der Familie deutlich vollzogen.

Sie sehen also: Wann die Scham kommt, ist individuell. Einige Kinder zeigen mit drei Jahren erstes Schamverhalten, andere spüren in manchen Situationen noch im Grundschulalter wenig Scham. In der Entwicklung spielt der Umgang mit intimen Dingen in der Familie eine wichtige Rolle, aber auch Temperament und Persönlichkeit des Kindes. Die Einschulungszeit ist eine wichtige Phase, weil nun die Perspektive anderer auf die eigene Person immer wichtiger wird. Das Urteil des Umfelds wird im Klassenverband und mit der vergleichenden Beurteilung in der Schule immer relevanter. Übrigens zeigte die Studie keinen Unterschied zwischen den Geschlechtern, ab wann Scham auftaucht.♥

Schuhrkes Familienstudie zeigt auch, dass viele Schamgrenzen zuerst von den Eltern gezogen werden, etwa wenn die Tür geschlossen bleibt, weil Mama oder Papa allein sein möchten im Bad, beim Kleiderwechsel und der Körperpflege. Eltern drehen sich weg beim Umziehen, lehnen bestimmte Berührung ab, wie den Kuss auf dem Mund. Eine ganz entschiedene Abgrenzung von bei-

♥ *Allerdings schämten sich Jungen eher vor weiblichen Personen, Mädchen dagegen weniger vor männlichen. Über Gründe kann man nur spekulieren: Liegt es an den vermehrt weiblichen Bezugspersonen? Oder haben alle das Gefühl, Jungenkörper müsste man mehr schützen? Ist der Penis etwas Besonderes, weil man ihn mehr sieht? Oder gibt beziehungsweise gab man Mädchen eher das Gefühl, in ihrer Intimzone sei nichts von Bedeutung?*

den Seiten wird mit Beginn der Pubertät vollzogen, Körper und Persönlichkeit verlangen nun nach größter Eigenständigkeit.

Eltern und Scham: Von passenden und unpassenden Reaktionen

Wie gehen Erwachsene also gut mit der aufkeimenden Scham um? Wie es als Überschrift über diesem Kapitel steht: Ich würde vorschlagen, Sie begrüßen sie. Es muss kein Hurra sein, wissende Akzeptanz ist eine prima Alternative. Genau das ist ein Unterschied zu früheren Zeiten, in denen Kindern das Gefühl aufgedrängt wurde, dass sie sich sogar noch für die Gefühle der Scham schämen sollten. Wenn wir die Emotion gelassen akzeptieren, erfährt das Kind, dass es sein Schamgefühl ernst nehmen darf. Wir können konstruktiv damit umgehen. Scham ist nämlich nicht falsch, sondern sie ist eine Regung, der wir trauen können. Sie kann unser Handeln leiten. Sie schützt Privatsphäre – nur liegt der Grund heutzutage nicht mehr in der Ablehnung und dem Tabu für bestimmte Körperstellen, sondern in ihrem Schutz. Das Gefühl zeigt an, dass sie im persönlichen Hoheitsgebiet liegen. Das Kind entscheidet selbst über den Zaun, den es darum ziehen darf.

In der Praxis bedeutet das, dass wir das Bedürfnis nach der eigenen Umkleide akzeptieren, den Wunsch nach der geschlossenen Tür, nach Bedeckung, nach Privatsphäre beim Umziehen. Eltern wissen das heute, eigentlich braucht es keine Extraerklärung. Wir und alle anderen Beteiligten sollten uns zurückhalten mit Einlassungen dazu. Denn es geht nicht darum, ob andere Scham für angebracht oder das Kind für zu empfindlich halten. Es geht darum, dass das Kind um eine Empfindung reicher ist und selbst über seinen Körper bestimmen möchte. Das sollten wir Erwachsenen respektieren, auch wenn es ungewohnt ist und manche Situation komplizierter macht.

Ganz normal ist auch, dass Kinder die neuen Regeln und Gefühle zuerst extrem verfechten, wie es auch bei anderen Themen im Elementar- bis Vorschulalter der Fall sein kann. Wenn eine Regel gelernt ist, gilt sie absolut. Da drücken Kinder kein Auge zu, Sie wissen das: *Man darf bei Rot nicht über die Straße. Du hast das versprochen. Das ist nicht gerecht.* Wer erzieht, kennt diese Sätze. Situativ entgegen einer Regel entscheiden dürfen oder einfach mal fünfe grade sein lassen, wie wir Erwachsenen das tun, das geht erst später. Zunächst gilt: Gelerntes wird strikt befolgt.

Im Lauf der Grundschulzeit beginnt das Alter der Vernunft. Nach und nach können Sie gemeinsam mit Ihrem Kind überlegen, wie sich Schamregeln zum Beispiel von Ort zu Ort ändern (zu Hause und in fremder Umgebung) oder von Person zu Person (Großeltern im Vergleich zum hippiemäßigen Vater einer Kitafreundin). Sie können auch thematisieren, ob das Gefühl und das Handeln in der jeweiligen Situation zusammenpassen, etwa beim Kinderarzt. Ja, man fühlt die Scham, aber es wäre nicht sinnvoll, wenn unser Kind deshalb eine wichtige Untersuchung nicht zulässt. Bei quasi allen anderen Menschen würde man anders handeln. Bei solchen Gesprächen lernt unser Kind viel über eigene Gefühle, passende Situationen und den Schutz des eigenen Körpers.

Zuletzt möchte ich Sie dazu ermuntern, sich Ihrer eigenen Schamgrenzen bewusst zu werden. Das kann beim bewussten Umgang im Familienalltag helfen.

Rückblick Woher kommen unsere Schamgefühle?

Hat es Sie überrascht, die Scham plötzlich im positiven Licht zu sehen? Viele kennen Schamgefühl nur in Verbindung mit Schuld oder Ungenügen – dem Gefühl, etwas falsch zu machen oder falsch zu sein. So wie die Genitalien in vielen Elternhäusern tabu, unaussprechlich, unberührbar waren, und nie als Zonen für positive Erfahrungen betrachtet wurden.

Gemein ist übrigens auch, dass wir mit unserer Scham kämpfen, wenn jemand uns mit Blicken zum Sexobjekt macht oder hinterherpfeift (Catcalling genannt), oder bei verbaler sexueller Belästigung. Wir fühlen uns degradiert, die Blicke der anderen wirken. Dabei haben wir nichts falsch gemacht.

Darum: Erinnern Sie sich, wie in Ihrer Kindheit mit Scham umgegangen wurde? Wurden Sie beschämt? Haben sich Glaubenssätze oder Situationen eingebrannt, die noch heute zu (unnötig starkem) Schamgefühl führen? Vielleicht wird es Zeit, sich davon zu emanzipieren.

Schutz vor sexuellem Missbrauch

Im Kern geht es auf den nächsten Seiten darum, wie wir unser Kind vor Erfahrungen von sexuellem Zwang und Gewalt schützen können. Ich gehe das Thema sachlich an, mit einer ersten Definition und Einschätzung. Dann beantworte ich die wichtigsten Elternfragen wie in einer Art FAQ (Frequently Asked Questions), mit den wichtigsten Fakten rund um Vorkommen, Täter, Orte. Anekdotische Elternaussagen gibt es in diesem Kapitel nicht, weil es ernster zugeht. Im zweiten Teil geht es um die Frage, wie wir in der Erziehung Schutz vermitteln können. Wie sprechen Eltern zum Beispiel von gefährlichen Personen und möglichen Taten? Sollen wir das überhaupt thematisieren?

Lassen Sie mich mit den Definitionen beginnen. Ich zitiere den Text von der informativen Website der Unabhängigen Beauftragten für Fragen des sexuellen Kindesmissbrauchs der Bundesregierung (UBSKM):[69]

Definition von sexuellem Missbrauch

»In den Sozialwissenschaften, der Pädagogik oder Psychologie wird jede sexuelle Handlung, die an, mit oder vor Kindern und Jugendlichen gegen deren Willen vorgenommen wird oder der sie aufgrund körperlicher, seelischer, geistiger oder sprachlicher Unterlegenheit nicht wissentlich zustimmen können als sexueller Missbrauch oder sexuelle Gewalt definiert. Der Täter oder die Täterin nutzt dabei seine/ihre Macht- und Autoritätsposition aus, um eigene Bedürfnisse auf Kosten Minderjähriger zu befriedigen.
Bei unter 14-Jährigen ist grundsätzlich davon auszugehen, dass sie sexuellen Handlungen nicht zustimmen können. Sexuelle Handlungen sind immer als sexuelle Gewalt zu werten, selbst wenn ein Kind ausdrückt, dass es damit einverstanden ist, oder ein Täter oder eine Täterin dies so interpretiert.«

Von Fachleuten hört man oft den Begriff »sexuelle Gewalt«. Er soll betonen, dass es sich um Akte der Gewalt handelt, die sexuelle Methoden anwenden. Der Begriff »sexualisierte Gewalt« will noch stärker verdeutlichen, dass Sexualität benutzt wird, um Gewalt auszuüben. Dennoch frage ich mich: Geht es Täter oder Täterin um

Gewalt und Unterwerfung oder um eigene Erregung? Gerade wenn Kinder zu Opfern werden, ist Gewalt oft nur verhüllt im Spiel; sie werden mit psychischer Suggestion, Belohnung, unter Ausnutzen von Verwirrung, Nichtwissen und Abhängigkeitsverhältnissen gezwungen. Auch wenn also Gewalt ausgeübt wird, ist das Ziel vor allem die Ausnutzung für eine fehlgeleitete Sexualität.

FAQ – Häufige Fragen und wichtige Antworten zu sexualisierter Gewalt

Ich bin von jenen Fragen ausgegangen, die sich mir regelmäßig stellen, sowie von Informationen, die Eltern rund um Täter und Täterinnen, zu gefährlichen Situationen und Häufigkeiten immer wieder interessieren.♥

Wo beginnt sexueller Missbrauch? Er beginnt bereits mit Worten und Blicken, wenn jemand den kindlichen Körper voyeuristisch taxiert, aber auch flüchtige Berührungen der Intimzone, Brust oder Gesäß gehören schon dazu. Strafbar sind alle Arten von sexuellen Handlungen am Kind, siehe Definition. Auch sexuelle Handlungen vor einem Kind, das Zeigen von pornografischem Material oder die Aufforderung zu sexuellen Handlungen an sich selbst oder anderen Personen sind sexuelle Gewalt.

♥ *Viele Antworten beruhen auf Fachinformationen der Unabhängigen Beauftragten für Fragen des sexuellen Kindesmissbrauchs sowie Informationen der Fachorganisationen Dunkelziffer in Hamburg und Zartbitter in Köln. Auf deren Websites (siehe Anhang) finden Sie mehr Materialien und, falls nötig, Zugang zu Hilfe und Beratung.*

Was ist eine Grenzverletzung und was ein Grenzübertritt? Ereignet sich eine sexualisierte Berührung aus Versehen, also ohne Absicht, nennt man das Grenzverletzung. Sie kann mit einer Entschuldigung aus der Welt geschaffen werden. Falls sie unter Kindern geschehen ist, müssen die Erwachsenen aufklären, wo die (bislang unbekannte) Grenze liegt. Ein Grenzübertritt dagegen wird absichtlich begangen, oft gegen den Willen der betreffenden Person. Es muss also ein Bewusstsein vorhanden sein, dass die Handlung falsch ist. Betroffene Kinder berichten häufig, »dass sich die Atmosphäre durch den Blick oder die Sprache des Täters oder der Täterin verändert hat.«[70] Von Erwachsenen oder Jugendlichen ausgehender Missbrauch ist in der Regel geplant.

Gibt es heute mehr sexuellen Missbrauch an Kindern als früher? Eindeutige Aussagen dazu sind schwierig. Die Zahlen im sogenannten Hellfeld, also bei den angezeigten Taten, steigen eher an. Doch das Dunkelfeld mit der Dunkelziffer, also der Zahl der Taten, die nicht angezeigt werden, ist schwer abzuschätzen. Steigende Anzeigenzahlen, spektakuläre Fälle müssen nicht für einen Anstieg der Delikte stehen, möglicherweise werden aufgrund des wachsenden Bewusstseins für Missbrauch einfach mehr Taten entdeckt und angezeigt. Was jedoch steigt, sind die Zahlen von Missbrauch im Internet, genau wie ihre Entdeckung.

Laut zwei neueren deutschen Studien hat jeder siebte bis achte Erwachsene in Kindheit und Jugendalter eine sexuelle Gewalterfahrung erlitten.[71] Die Weltgesundheitsorganisation WHO rechnet mit ein bis zwei betroffenen Kindern pro Schulklasse, wobei die Gewalterfahrungen die gesamte Bandbreite von Missbrauch umfassen können, von digital bis tätlich, einmalig bis langdauernd, von einem weniger gravierenden Ereignis bis zu schwerwiegender Gewalt.

Zeigt ein betroffenes Kind typische Symptome? Nein. Sexuelle Gewalt ist für Außenstehende weder psychisch noch auf körperlicher Ebene eindeutig zu erkennen. Ein wichtiger Indikator für einschneidende negative Erlebnisse und Entwicklungen aller Art sind Wesens- und Verhaltensänderungen, etwa wenn Kinder ängstlicher oder aggressiver agieren, wenn sie sich zurückziehen oder sexualisiertes Verhalten zeigen. Das sollte stutzig machen. Manchmal lassen bei Kindern die schulischen Leistungen ohne ersichtlichen Grund nach oder sie können sich nicht konzentrieren, klagen über unerklärliche Kopf- oder Bauchschmerzen, nässen wieder ein, entwickeln Schlafstörungen oder Hauterkrankungen. Täter oder Täterin setzen sie unter Druck, ja nichts zu verraten.

Welche Kinder sind gefährdet? Täter und Täterinnen suchen bei Opfern nach Verletzlichkeit und Schwächen, um ihre Ziele möglichst einfach zu erreichen. Deshalb sind Kinder, die sich als Außenseiter und nicht gesehen fühlen, die unsicher sind, viel sich selbst überlassen bleiben oder schon Gewalt und Vernachlässigung erdulden mussten, besonders gefährdet. Sie fallen leicht auf vorgespieltes Interesse oder Zuneigung herein, weil sie sich – endlich! – geliebt fühlen. Auf andere Weise sind Kinder gefährdet, die autoritär erzogen werden. Sie denken, dass man Erwachsenen gehorchen muss und tun womöglich kritiklos, was diese verlangen. Kinder, die mit der Vorstellung von strengen familiären Hierarchien und klarer Geschlechterhierarchie und -ordnung aufwachsen, haben es oft besonders schwer, sich zu wehren, sich jemandem anzuvertrauen oder Hilfe zu holen. Denken Sie an den unduldsamen Onkel, den patriarchalischen Vater oder Großvater, dem keiner widersprechen darf. An eine übergriffige Mutter, die die Kinder trotzdem lieben (sollen). Bei sexueller Gewalt durch den Partner kann es sein, dass eine Mutter nicht die Möglichkeit hat, sich für ihr Kind zu wehren.

Gefährdet sind auch Kinder, die nicht fähig sind, die eigenen Grenzen zu spüren oder sie nicht kennen – weshalb es in diesem Buch so oft um das sichere Gefühl für Grenzen geht, das Eltern vermitteln. Kinder, denen Sexualität als etwas Schlechtes oder Sündiges vermittelt wurde, werden eher ausgewählt, weil die Tat für sie unvorstellbar ist. Sie glauben oft auch an eigene Schuld. Sie haben gelernt: Darüber redet man nicht. Ebenso sind körperlich oder psychisch beeinträchtigte Kinder aus vielen Gründen gefährdeter, weil sie seelisch und lebenspraktisch abhängig von anderen sind und oft weniger urteilsfähig. Das nutzen Täterpersonen aus.

Wie oft kommt Missbrauch unter Kindern und Jugendlichen vor? Ein Drittel der Fälle wird von Jugendlichen und Heranwachsenden verübt. Dabei sollte man bedenken: Bei Grenzverletzungen, die von einem Kind ausgehen, liegt häufig keine auffällige Sexualentwicklung, sondern ein problematisches Sozialverhalten zugrunde. Oft fällt die Einhaltung von Grenzen schwer, oder der Reiz besteht darin, andere zu dominieren. Es ist ebenso wichtig, ein betroffenes Kind zu schützen und ihm zu glauben, wie das übergriffige Kind und sein Umfeld zu beraten und behandeln. Es braucht Hilfe, um nicht wieder übergriffig zu werden.

Wer verübt solche Taten? Ganz allgemein sind Täter zu 80 bis 90 Prozent Männer oder männliche Jugendliche und zu zehn bis zwanzig Prozent weibliche Jugendliche und Frauen; sie kommen aus allen Gesellschaftsschichten. Häufig geht es darum, Macht auszuüben oder ein Überlegenheitsgefühl auszuleben. Manche Personen haben eine sexuelle Fixierung auf Kinder.

Der fremde Mann, der ein Kind mitnimmt – das sind spektakuläre Fälle, die medial oft regelrecht ausgeschlachtet werden. In der Realität jedoch geschieht Missbrauch am häufigsten im nahen

Umfeld, im Freundes- und Bekanntenkreis, der Nachbarschaft, Verwandtschaft und in der Familie; laut der Schutzorganisation Dunkelziffer trifft das auf 75 Prozent der Fälle zu. Oft wird ein Vertrauensverhältnis ausgenutzt, das zum Kind und dessen Familie aufgebaut wurde – mit viel Zeit, bereitwilligem Aufpassen, Aufmerksamkeit und Bevorzugung des Kindes, Geschenken und Ausflügen. Eltern und Kinder sind arglos, Kinder können sich im engen Kontakt nicht schützen. Häufig fällt es allen im Umfeld schwer, Missbrauch zu erkennen, weil kein Mensch der vertrauten, beliebten Person die Taten zutraut. Das trifft auch bei schwerem Fehlverhalten in der Kirche, in Schulen oder in Vereinen zu, wenn der Missbrauch von einer angesehenen Respektsperson ausgeht.

Gibt es gefährliche und weniger gefährliche Orte? Leider sind ausgerechnet vertraute Orte zumindest statistisch gesehen gefährlich: Familie, Freundeskreis, Nachbarschaft oder pädagogische Institutionen, Vereine, sportliche oder religiöse Gruppen – Orte, an denen Erwachsene leicht Zugang zu Kindern haben. Wie gesagt: Ausgerechnet Täter und Täterinnen sind oft engagierte und pädagogisch geschickte Bezugspersonen, die eine Atmosphäre der Dankbarkeit und Loyalität verbreiten. Vorsicht ist geboten, wenn jemand ein Kind vorzieht und eine exklusive Beziehung herstellt. Um das Kind auf die eigene Seite zu ziehen, stellen solche Personen andere Erwachsene oft als bedrohlich und verständnislos hin. »Nur ich bin gut zu dir«, ist die Botschaft. Von wegen! So geraten Kinder in emotionale Konflikte.

Sind mehr Jungen oder Mädchen die Opfer? In der Opferbetreuung beim Verein Dunkelziffer beträgt das Verhältnis 60 Prozent Mädchen zu 40 Prozent Jungen. Laut Experten erlebt jedes vierte bis fünfte Mädchen und jeder achte bis neunte Junge vor dem 14. Lebensjahr sexuelle Übergriffe. Neuere Erkenntnisse legen nahe, dass die Dunkelziffer bei Jungen höher sein könnte. Bei Mädchen kommen die Übergriffe eher im familiären Umfeld vor, bei Jungen außerhalb.

Gibt es Einschätzungen zum Alter der Opfer? Noch eine Zahl von Dunkelziffer: Zirka 70 Prozent der Opfer werden vor ihrem zehnten Lebensjahr sexuell missbraucht. Expert*innen schätzen, dass etwa 27 Prozent jünger als fünf Jahre alt sind und ungefähr 43 Prozent zwischen sechs und zehn Jahren.

Was tun bei einem Verdacht? Zuerst ist es hilfreich, unguten Gefühlen nachzugehen – allerdings sehr vorsichtig. Auffällig sind starke Verhaltensänderungen beim Kind. Wir sollten auch aufhorchen, wenn das Kind plötzlich nicht mehr an einen Ort möchte, der bisher schön und vertraut war, etwa zu Bekannten oder Verwandten. Ein Anzeichen kann sein, dass es die Zimmertür nachts abschließt, angezogen ins Bett geht.

Aber ganz ehrlich: Ferndiagnosen verbieten sich. Wenn Sie einen einigermaßen deutlichen Verdacht hegen, sollten Sie sich professionelle Hilfe holen, Alleingänge sind nicht sinnvoll. Erste Hinweise, was zu tun ist, finden Sie auf den Internetseiten der Vereine Zartbitter und Dunkelziffer, Kontaktadressen von Beratungsstellen finden Sie auf www.hilfe-portal-missbrauch.de. Dort gibt es eine direkte Leitung zur anonymen Beratung durch das Hilfetelefon Missbrauch unter der Nummer 0800 2255530, mit Beratungszeiten. Trotz der statistischen Angaben und Experteneinschätzungen kann jeder Fall anders gelagert sein.

Wie Eltern Schutz vermitteln können – und wie nicht

Wie können wir vor etwas warnen, das gegenüber einem Kind im Grunde unaussprechlich ist? Das ist wirklich eine große Frage. Und doch müssen Eltern damit umgehen und Antworten finden.

»Wie kann ich meine Vierjährige vor Missbrauch schützen? Ich kann schlecht sagen, dass es Erwachsene gibt, die sich für die Genitalien von Kindern interessieren. Manche reden vom bösen Mann, mit dem man nicht mitgeht. Macht man zu viel Angst?«

Ayla, 31 Jahre, ihr Sohn Malik ist zwei Jahre, die Tochter Shakira vier Jahre alt

Die erste ernüchternde Antwort lautet, dass wir es nicht vollends in der Hand haben, unsere Kinder zu schützen. Ein Kind ist trotz bester Aufklärung einer überlegenen, älteren Person gegenüber letztlich machtlos. Gerade die Kleinsten sind nicht in der Lage, solche Gefahren überhaupt zu erkennen. Beim Thema Missbrauch ist es darum wichtig, dem Alter angemessene Botschaften zu senden. Ab dem Elementaralter von drei, vier und fünf Jahren sollten wir immer wieder vermitteln, dass Kinder sich Hilfe holen dürfen, wenn sie Angst haben oder ein komisches Gefühl im Bauch. Sie können sich nicht alleine schützen, sie brauchen Erwachsene dazu.

Wichtig ist es auch, Kindern ganz generell zu erklären, dass Erwachsene nicht immer gute Absichten haben, selbst wenn sie nett sind und etwas schenken oder versprechen. Denn statistisch gesehen ist der fremde »böse Mann« eher selten (obwohl es auch den gibt). Häufiger sind es vertraute Personen, die emotionale Nähe ausnutzen. Darum sollte jedes Kind wissen, dass selbst Menschen, die freundlich wirken, falsche Dinge tun können, die es nicht hinnehmen soll.

Was den Übertritt körperlicher Grenzen betrifft, enthält dieses Buch zahlreiche grundlegende Präventionsbotschaften. Eine ganz zentrale Aussage lautet »Dein Körper gehört dir«. Konkret kann man einem Kind mit vier oder fünf Jahren schon sagen, dass niemand einen Jungen oder ein Mädchen an Brust, Po, Scheide oder Penis anfassen darf. Das macht ein schlechtes Gefühl und soll nicht sein. Umgekehrt darf kein Mensch Kinder zwingen, seine oder ihre Geschlechtsteile anzufassen oder anzuschauen. Niemand hat ein Recht dazu, nicht einmal, wenn Kinder die Person noch so gut kennen und gerne mögen.

Wir können betonen, dass Sprech- und Erzählverbote uns gegenüber nicht gelten. Unangenehme Geheimnisse (siehe die guten und schlechten Geheimnisse aus dem Kapitel über Doktorspiele) sollen dem eigenen Kind nicht auf der Seele liegen, darum darf sich unser Kind immer jemandem anvertrauen. Das Darüberreden-Können wird erleichtert, indem wir den Kindern signalisieren: Körper, Genitalien und Nähe, schöne wie komische Gefühle – das alles können wir besprechen. Und wir üben, indem das Kind in der Familie eine Berührung gegen seinen Willen zurückweisen darf und das akzeptiert wird.

Ein Überblick über die wichtigsten Präventionsbotschaften

- Du darfst über deinen Körper bestimmen.
- Du darfst Berührungen zurückweisen.
- Nicht jeder Erwachsene, der nett ist, will etwas Nettes.
- Du darfst Nein sagen, auch Erwachsenen gegenüber.

- Wenn dir etwas unangenehme Gefühle macht, hole dir Hilfe.
- Du darfst mit deinen Vertrauten über komische Gefühle sprechen.

Schutz in Kita und Grundschule

Wir stoßen beim Thema Kindheit und Sexualität fortlaufend auf ziemlich diffizile Fragen. Immer wieder gerne und heiß diskutiert wird, welche Rolle zum Beispiel Kitas und Schulen in der Aufklärung oder generell im Umgang mit Sexualität spielen sollen. Viele denken gleich: Nein, da gehört Aufklärung nicht hin, sie gehört in die Familie. In der Krippe und Kita sollen sie spielen, sich in Ruhe entwickeln, die Fachkräfte sollen liebevoll begleiten, das reicht. Doch dann kommt der zweite Gedanke, und der lautet: Natürlich leben Kinder auch hier das Interesse am Körper aus, spielen Doktorspiele und testen Grenzen. Erzieher und Erzieherinnen müssen damit umgehen. Die Präventionsbotschaften gelten also auch hier und sollten gelebt und vermittelt werden. Deshalb braucht es gerade hier Vorsicht und Umsicht, kurz, Sexuelle Bildung, und zwar sowohl für die Kinder als auch für die Fachkräfte. Gerade wer Kinder begleitet, benötigt Vorwissen und einen sicheren Umgang mit den sexuellen Themen, die im jeweiligen Alter vorkommen.

»Aus der Kitazeit meines Sohnes erinnere ich, wie entspannt die Erzieherinnen mit einem Jungen umgingen, der eine Zeit lang mit Leidenschaft Röcke trug. Es wurde auch aufgenommen, dass zwei Mädchen zwei Papas und zwei

Mamas hatten, mit einem kleinen Projekt zu Familienformen. In der Grundschule dagegen war es so, dass der Lehrer meinte: ›Für die Sexualerziehung haben wir keine Zeit, wir haben lange mit einer Mobbing-Intervention gebraucht. Nun müssen wir Stoff aufholen, es geht ja in die weiterführende Schule.‹ Bei unserer jüngeren Tochter dagegen gab es Input, die Kinder waren ganz aufgeregt. Ida fand es spannend, wollte aber nichts erzählen. Das haben wir respektiert.«

Adam, 51 Jahre, sein Sohn Henri ist heute 13, die Tochter Ida elf Jahre alt

Gleich vorneweg: Die Erzieher und Erzieherinnen unserer Kinder haben keinen expliziten Bildungsauftrag für sexuelle Themen, Lehrerinnen und Lehrer dagegen schon, das steht sogar in den Lehrplänen für die Grund- und weiterführende Schule. Auf der anderen Seite gibt es für Kindertagesstätten die Verpflichtung, ein Schutzkonzept zum Schutz vor sexuellem Missbrauch zu erstellen, für Schulen wiederum nicht. Ich möchte hier nur kurz die Rahmenbedingungen für den Umgang mit Sexualität und Sexueller Bildung in den Institutionen umreißen. Es ist gut, wenn uns Eltern klar ist, was wir von den Orten, in denen unsere Kinder viele Stunden verbringen, erwarten dürfen und was nicht.

Wenn wir kurz darüber nachdenken, was Kinder von morgens bis abends tun, ist es logisch: Was zu Hause rund um Körper, Geschlechter und Liebe interessiert, das findet auch in der Kita und Schule seinen Ausdruck. Betreuer und Betreuerinnen sind genau wie wir Bezugspersonen zu Hause gezwungen, sich zu sexuellen Themen zu verhalten, beim Wickeln, beim Eincremen mit Sonnencreme, bei spontanen Umarmungen, in der Reaktion auf Rollenspiele oder Mutproben hinter den Büschen. Lehrkräfte müssen mit sexualisierten Kraftausdrücken umgehen. Wir Eltern erwarten, dass das umsichtig und professionell passiert.

Fangen wir klein an: Kitas und Krippen haben keine expliziten Vorgaben für die Sexuelle Bildung, aber einen generellen Schutzauftrag. Eine gute Kita besitzt altersgerechte Bücher zum Thema, die Fachkräfte gehen aufmerksam mit den sensiblen Fragen um. Auf welche Weise und wie bewusst die psychosexuelle Entwicklung der Kinder begleitet wird, ist leider sowohl in der pädagogischen Ausbildung als auch in jeder einzelnen Einrichtung anders. Es hängt von Konzept, Organisation, Engagement und professioneller Haltung ab. Natürlich wird ein kirchlicher Träger anders damit umgehen als eine kommunale Vereinigung. Ein großer städtischer Träger hat das Thema womöglich breiter im Blick als ein selbstverwalteter kleiner Kinderladen – es kann aber genauso gut auch umgekehrt sein.

Die meisten Institutionen haben das Thema Sexualität heute jedoch besser im Fokus, bitter gelernt aus Missbrauchsskandalen wie dem in der Odenwaldschule oder in kirchlichen Institutionen. Nach den erschütternden Aufdeckungen formulierte der Runde Tisch »Sexueller Kindesmissbrauch« im Jahr 2011 Empfehlungen und forderte im Abschlussbericht klarere Regeln zur Abwehr von sexuellem Missbrauch in Institutionen.[72] Einiges davon ist inzwischen gesetzlich verankert.

Seit 2012 etwa brauchen alle Kinder- und Jugendhilfeeinrichtungen, zu denen die Kitas gehören, laut Bundeskinderschutzgesetz ein sogenanntes Schutzkonzept zum Schutz vor sexuellem Missbrauch. Es ist Voraussetzung für die Betriebserlaubnis und hat zwei Ziele. Zum einen soll es die Kinder innerhalb der jeweiligen Institution vor Missbrauch schützen, und zum zweiten die Institution zu einem Ort machen, an dem Kinder Hilfe finden, wenn Missbrauch außerhalb stattfindet.

Wenn Eltern danach fragen, müsste die Leitung das Konzept aus der Schublade ziehen können, alle Mitarbeitenden müssten es kennen – und im Idealfall den Inhalt mit Leben füllen. In diesen Leitlinien sind Vorkehrungen und Regeln festgehalten, die vor sexuellem Missbrauch und Gewalt schützen sollen – Übergriffe von Mitarbeitenden, aber auch Vorfälle unter Kindern. Sie beschreiben außerdem, was in Verdachts- und Übertrittsfällen zu tun ist, mit einem Notfallplan, dem im Fall der Fälle gefolgt werden soll. Er legt zum Beispiel auch fest, wie und wann Eltern informiert werden.

»Ich weiß noch, wie es in der Gruppe meiner Tochter einen Vorfall unter zwei Kindern gab. Wir erfuhren gar nichts, aber es sprach sich herum. Die Leitung reagierte dann viel zu spät mit einem total undurchsichtigen Brief an alle, dann kam noch einer, aber alles war im Ungefähren. Es war gruselig.
Inzwischen haben sie einen Fortbildungsprozess unternommen und die Kommunikation verbessert.«

Jana, 38 Jahre, mit Tochter Annalena, sechs Jahre alt

Auch hierzu gibt es Input von der Unabhängigen Beauftragten für Fragen des sexuellen Kindesmissbrauchs. Ein Flyer für Kindertagesstätten beschreibt, was das Schutzkonzept für die inhaltliche Arbeit für Leitung und Mitarbeitende idealerweise vorgibt:[73] Es müssen verbindliche Regeln im Umgang mit den Kindern in sensiblen Situationen vereinbart sein, wie ein Verhaltenskodex dazu, wie Fachkräfte in der Kita zum Beispiel mit Nähe und Distanz umgehen, etwa bei Umarmungen und Küsschen. Außerdem werden Aufsichtsregeln sowie Anzeige- und Beschwerdewege festgehalten. Beim Thema Prävention sind wir gleich wieder bei der altersgerechten Sexuellen Bildung für die Kinder und bei den Schutzregeln – sie gelten auch in der Tagesstätte. Es geht um ähnliche Dinge wie zu Hause, um die kindliche Selbstbestimmung über den Körper und das Wissen, dass Kinder vertrauten Personen (hier: den Fachkräften in der Kita) unangenehme und beängstigende Dinge erzählen dürfen. Genauso gehört das kleine Einmaleins des Körperwissens dazu mit Namen für private Stellen statt Tabuzonen. Nur so sind Kinder in der Lage, einen Übertritt überhaupt anzusprechen.

Leider gibt es riesige Berührungsängste mit dem Thema. Und wenn in einer Tagesstätte »etwas« rund um Intimzonen passiert oder besprochen wird, kochen die Emotionen hoch wie im Schnellkochtopf. Viele Eltern denken reflexartig an erwachsenen Sex, und es ist sofort Dampf drin, Angst und Scham. Oft ist ein vernünftiges Gespräch wirklich schwer. Dabei geht es ausgerechnet und gerade um den einfühlsam vermittelten Schutz der Kinder und Sicherheit im Umgang mit Körper und Grenzen.

Es klingt also prima, das mit dem Schutzkonzept. Experten und Expertinnen warnen allerdings, dass ein fix, womöglich nur für die Schublade geschriebenes Konzept auch nicht hilft. Schutz kommt bei den Kindern nur an, wenn die Inhalte tatsächlich in der Kita gelebt werden und alle Mitarbeitenden bei der Einführung und Fortentwicklung des Konzepts mitgenommen wurden. Das ist leider nicht immer der Fall. Doch Sie als Eltern können nachfragen.

Für Schulen gibt es eine Initiative, Schutzkonzepte deutschlandweit zu etablieren, um Missbrauch entgegenzuwirken.[74] Doch bislang sind sie keine Pflicht. Einige Bundesländer fordern sie bereits, einige beschäftigen sich damit, andere nicht. Und natürlich gibt es Schulen, die aus eigenem Antrieb vorangehen. Auf Einheitlichkeit müssen wir Eltern leider noch warten.

Dafür steht in der Schule, auch der Grundschule, Sexuelle Bildung seit den 70er-Jahren im Lehrplan, je nach Bundesland mit unterschiedlichen Nuancen und nicht festgelegt auf ein Fach. Leider zeigt eine Untersuchung, dass Sexuelle Bildung, also Sexualaufklärung, von Schule zu Schule und von Lehrkraft zu Lehrkraft unterschiedlich vermittelt wird.[75] Dabei wäre es gerade im Grundschulalter wichtig, Sensibilität und Respekt zu vermitteln und auf die Pubertät vorzubereiten. So oft wird über Verliebtheit gelacht, werden Schamreaktionen von Mädchen und Jungen als wunder Punkt ausgekostet. Sexualisierte Schimpfworte sind alltäglich und Geschlechtsstereotype wirken oft wie einbetoniert. Das war und ist jedenfalls mein Eindruck. Aber wie gesagt, je nach Lehrkraft: Es gab und gibt auch großartige Workshops, Projekttage und Unterrichtseinheiten dazu.

Darum ist es gut, wenn Eltern zu Hause sagen: Wir wollen aufklären. Dann haben die Kinder den Mitschülerinnen und Mitschülern eben etwas voraus. Ideal, so sehen es auch die Lehrpläne, ist eine Erziehungspartnerschaft von Elternhaus und Schule. Der Staat sieht eben auch einen Auftrag, grundsätzliches kulturelles Wissen und Normen zu vermitteln – zum Beispiel für den Fall, dass Eltern in dieser Partnerschaft ausfallen. Schließlich gibt es Elternhäuser, die zum Thema Sexualität schweigen, falsche Wahrheiten oder religiöse Regeln vorgeben, die die Persönlichkeitsentwicklung hemmen. An welchem anderen Ort als in der Schule kann die Gesellschaft sicherstellen, dass ein Kind ein Mindestmaß an grundlegendem Wissen zu Körper, Entwicklung und Umgang mit Gefühlen und Grenzen erfährt?

Mit dem ganz großen Besteck kann man den Bildungs- und Erziehungsauftrag sogar vom Grundgesetz[76] ableiten. Die »freie Entfaltung der Persönlichkeit«, Artikel 2 Absatz 1, funktioniert nur mit

Wissen um Sexualität, Liebe, Beziehungen und die körperliche Entwicklung. Ebenso ist die »Würde des Menschen [...] unantastbar«, Artikel 1 Absatz 1, weshalb es die Geschlechtsidentität und sexuelle Orientierung zu respektieren gilt. Und Artikel 3 Absatz 1 lautet: »Männer und Frauen sind gleichberechtigt«. Wir würden erwarten, dass Schule diese Verfassungsgrundsätze nicht nur achtet, sondern auch vermittelt. Als der Bildungsauftrag der Schule rund um Sexualität mit einer Klage infrage gestellt wurde, erklärte das Bundesverfassungsgericht im Jahr 1977, dass der Staat »aufgrund seines Erziehungsauftrages und Bildungsauftrages« berechtigt sei, »Sexualerziehung in der Schule durchzuführen«, weil Sexualität viele gesellschaftliche Bezüge aufweist, nicht nur private.[77] So ist es.

Jetzt kürze ich ab, weil ich nicht mit der Geschichte der Schulaufklärung langweilen will, und weil die inhaltlichen Unterschiede in den Bundesländern (zum Teil noch ohne Würdigung diverser Familienformen oder sexueller Identitäten) kompliziert darzustellen sind. Ich gehe lieber darauf ein, was unsere Kinder in etwa im Unterricht erwartet, und was wir zu Hause davon wissen sollten:

Zum einen muss die Schule Eltern informieren, wenn Themen der Aufklärung stattfinden; mit einem groben Überblick darüber, was der Inhalt ist. Das kann durch einen Elternbrief geschehen oder ein paar Sätze am Elternabend. Manchmal, eher in der weiterführenden Schule, werden sexualpädagogische Fachkräfte aus Beratungsstellen eingeladen, um einen Workshop mit den Kindern zu machen. Die Sexualaufklärung in der Schule ist übrigens verpflichtend, Entschuldigungsschreiben von Eltern gelten nicht.

Zur Orientierung greife ich als Beispiel heraus, wie die Inhalte in Hamburg von der Schulbehörde beschrieben werden.[78]

Bis Ende der 2. Klasse wird etwa als Anforderung genannt:

»Die Schülerinnen und Schüler

- stellen unterschiedliche Gefühle dar,
- nennen Beispiele für angenehme und unangenehme Berührungen,
- ordnen Ja oder Nein sagen einzelnen Situationen zu,
- beschreiben ihre Familie,
- bezeichnen Körperteile, benennen Geschlechtsunterschiede,
- erkennen einen Zusammenhang zwischen Zeugung, Schwangerschaft und Geburt.«

Bis Ende von Klasse 4 sind die Anforderungen:

»Die Schülerinnen und Schüler

- nehmen unterschiedliche Gefühle wahr und drücken diese sprachlich aus,
- beschreiben verschiedene Formen des Zusammenlebens und des familiären Aufwachsens,
- nennen Beispiele für Freundschaft und Liebe,
- nennen biologische Geschlechtsunterschiede,
- stellen die Entstehung und Entwicklung menschlichen Lebens dar,
- erläutern die körperliche Veränderung hin zur Pubertät,
- bezeichnen sexuelle Übergriffe als Unrecht.«

Die genannten Aspekte stehen unter der Überschrift »Erkennen«. In den weiteren Rubriken »Bewerten« und »Handeln« kommt zum Beispiel noch hinzu, differenziert mit eigenen Gefühlen und Bewertungen zu Nähe, Grenzen, Partnerschaft und Liebe umzugehen und Toleranz einzuüben. Beim »Handeln« gilt als Aufgabe, Missbrauch und verbale Grenzverletzungen zu erkennen und Hilfe zu holen.

Soweit die Theorie. Und die Praxis? Die zeigt, dass es ein Glücksspiel sein kann, ob das Kind die beschriebenen Inhalte empathisch und auf positive Weise erfährt, nur sachlich-biologische Beschreibungen hört oder auch gar nichts darüber im Unterricht lernt. Selbst in der pädagogischen Ausbildung an den Hochschulen werden die Inhalte und Methoden nicht durchgehend unterrichtet. Manchmal bleiben die Inhalte aber auch aus Furcht vor Vorbehalten der Eltern auf der Strecke, aus eigener Unsicherheit oder Angst vor Widerstand bei den Kindern. Es ist nicht leicht. Generell sind Lehrkräfte heute aber offener für das Thema, denn durch Missbrauchsvorfälle ist die Prävention ins Bewusstsein gerückt.

Rückblick **Sexuelle Bildung in der Schule**

Die Frage ist naheliegend, aber spannend: Erinnern Sie sich an Einheiten zur Sexualkunde – wie das früher hieß – in Ihrer Schullaufbahn? Wie war das? Haben Sie Erkenntnisse mitgenommen? Wie stark hing der Erfolg vom Engagement und der Person des Lehrers oder der Lehrerin ab? Waren die Stunden trockene Wissensvermittlung oder gab es eine Auseinandersetzung, bei der Sie sich persönlich beteiligt fühlten? Was wäre gut gewesen?

Allen Witzchen, heftigen Worten, allem Auslachen zum Trotz: Meist machen Kinder im Schulalter riesige Augen, verstehen ein bisschen mehr von der Welt und der Wichtigkeit von Respekt, sind besser vorbereitet auf die Pubertät und auf das Liebe(s-)Leben, wenn ihnen Grundwissen rund um Liebe, Beziehung und Lust vermittelt wird. Wie gesagt: Je besser Kinder und Jugendliche aufgeklärt sind, desto besser läuft Verhütung, desto später passiert das erste Mal. Weil sie dabei viel über Vernunft lernen und einen klareren Blick auf verwirrende Gefühle bekommen.

5 Mädchen, Jungen und mehr

Die Geschlechterfrage in und um uns. Wie man dem Kind gerecht wird

Ganz natürlich erziehen wir unsere Kinder als Mädchen oder als Junge. Doch … wie sehr erziehen wir sie *zu* Mädchen und *zu* Jungen? Und was heißt da *natürlich*? Mit diesen zwei Fragen sind wir mitten in der Diskussion um die Geschlechter, die niemanden kalt lässt. Ich möchte vorausschicken: Es geht nicht darum, das bessere Geschlecht zu küren. Es geht darum, Menschen mit ihren Gefühlen rund um das Geschlecht und damit zugleich den Geschlechtern gerecht zu werden. Nicht zuletzt: alle gerecht zu behandeln.

Für Kinder ist es eine Entwicklungsaufgabe, im eigenen Körper anzukommen, auch im Geschlecht. Genauso haben auch wir selbst uns damals eingerichtet in unserer individuellen Interpretation von Geschlecht. Wir wurden von unseren Eltern und dem Umfeld dafür anerkannt und bestätigt. Manchmal sind wir angeeckt, dann hieß es: Das macht ein Mädchen/ein Junge nicht. Unsere Kinder durchlaufen denselben Prozess und fragen sich: Wie komme ich bei mir selbst und zugleich in der sozialen Umwelt (möglichst gut) an?

Dabei wissen wir, dass alle, die im Geschlecht anders als die meisten fühlen und leben, im Zusammenleben schnell auf Unverständnis stoßen. Das Unverständnis kommt meist von Menschen, die sich goldrichtig in ihrem Mann- und Frausein fühlen. Und genau deswegen wird die Diskussion um Geschlechter oft so hitzig geführt: weil die meisten sie nicht theoretisch führen können, da sie sich ihrer Sache so sicher sind. Also, so folgern sie, müsste ihr Denken ebenso für andere gelten. Und sie beschweren sich, wenn sie über das eigene, meist heterosexuelle Selbstkonzept hinausdenken sollen. Dabei kann es befreien und ermächtigen, eigene Gewissheiten auf den Prüfstand zu stellen. Es kann aber auch verunsichern.

Mir zum Beispiel wurde in intensiven Diskussionen im Studium (und angesichts von Frauen und Paaren, die es anders machen) immer klarer, mit wieviel Sorgearbeit mich mein Selbstbild überhäuft, genauer gesagt, wie ich mich mit meinen Erwartungen überhäufe. Kinderwohl und -wehe, Küche, Haushalt, zuständig sein für soziale Harmonie, dabei aber intellektuell am Ball bleiben und Geld verdienen und dabei lächeln und gut aussehen – das ist der für Frauen so typische Spagat. Dabei sagt die Autorin und Feministin Chimamanda Ngozi Adichie so schön: »Die Fähigkeit zu kochen ist nicht vorinstalliert in einer Vagina.«[79] Ein schönes Bild dafür, dass als geschlechtsspezifisch geltende Aufgaben nicht mit der Biologie begründbar sind. Ich bin mir ziemlich sicher, auch ich habe keinen Staubsensor in den Genen (die Fusselnester stören mich trotzdem schneller als meinen Partner). Aber so wie bei allen Müttern mit großen Idealen flüstert eine Stimme in mir: *Gut, dass du für die Kinder da bist. Gut gemacht, dass es jetzt sauber ist.* Sie erkennen sicher Konflikte entlang der Rollenerwartung wieder, die sich wie vorinstalliert anfühlen: Wer kocht? Wer wäscht? Wer repariert die Lampe? Wer beruhigt das Kind, wenn es aufwacht? *Schatz? Ich arbeite doch den lieben langen Tag. Ich auch!*

Dabei möchten wir heute keine überkommenen Geschlechtervorstellungen mehr an die nächste Generation weiterreichen. Also bleibt uns nichts anderes übrig, als unsere Vorstellungen zu hinterfragen. Die Sache greift auch tiefer, als Mädchen zu mehr Mut und Jungen zu mehr Gefühlswahrnehmung zu erziehen. In diesem Kapitel möchte ich darum zuerst den Blick auf Geschlechter und in einem zweiten Schritt die Perspektive auf Diversität Schritt für Schritt erweitern. Weil das nicht einfach ist, machen wir den Weg zum Ziel. Hier kommen Grundgedanken für die ersten Meter.

- **Die Diskussion um Natürlichkeit führt nirgendwo hin** Was ist typisch männlich, was typisch weiblich? Was ist Biologie, was Erziehung? Dieses Denken bringt uns nicht weiter. Es gibt homosexuelle Pinguine, das ist Natur. Bei trans* Personen gibt es sowohl die Geschlechtsorgane als auch die entgegengesetzten Geschlechtsgefühle – alles Natur. Es gibt demnach nur das Richtig des Individuums (so lange dessen Handeln nicht die Grundrechte anderer einschränkt). Die Biologie kann kein richtig und falsch im Zusammenleben begründen und schon gar keine Hierarchie.
- **Das Hinterfragen von kulturellen Normen bringt uns weiter** Das erkennen wir daran, dass in der angeblich natürlichen Menschheit die Konzepte von Männlichkeit, Weiblichkeit oder gar anderen Geschlechtskategorien sehr unterschiedlich definiert sind und waren – je nach Zeit, Ort, religiöser Auslegung, gesellschaftlicher Gruppe, medizinischem und wissenschaftlichem Fortschritt. Selbst innerhalb von Familien werden Geschlechterrollen unterschiedlich gelebt, vergleichen Sie mal Ihre erwachsenen Geschwister, Großeltern, Tanten und Onkel untereinander.

- **Trotz Differenzen sind die Gemeinsamkeiten größer** Natürlich unterscheiden sich Körper, die primären und sekundären Geschlechtsmerkmale, Hormone, körperliche Kraft, Körperfettanteil, Nase und Kiefer im Durchschnitt. In ihrer Studie »The Gender Similarities Hypothesis« bewies die US-Psychologin Janet Hyde[80] jedoch, dass weder das räumliche Vorstellungsvermögen, Aggression, Durchsetzungsvermögen, noch Empathie oder Ängstlichkeit eindeutig einem Geschlecht zugeordnet werden können.
  Ihr Fazit lautet: Im Schnitt sind die Unterschiede zwischen Frauen *untereinander* und Männern *untereinander* größer als die Unterschiede *zwischen* den beiden Gruppen.
  Eine andere Forschungsgruppe[81] fand heraus, dass nur sechs Prozent der untersuchten Menschen ein insgesamt typisch männlich oder weiblich geprägtes Gehirn hatten. Bei allen anderen zeigte sich ein Mosaik aus eher weiblich und eher männlich geprägten Arealen.♥
- **Es geht auch weniger stereotyp** Alternative Entwürfe der Geschlechtsidentität, sexuellen Orientierung und Familienformen zeigen, wie vielfältig Menschen leben, mit zwei Müttern oder Vätern, über Geschlechter hinweg, alleinerziehend, in der Großfamilie ... Respekt gilt für alle, nicht nur für die, die ins Schema passen.
- **Stereotype haben gute Seiten** Wenn wir genau gucken, gibt es mehr als zwei Schubladen. Selbst in diversen Communitys ordnen sich Menschen Gruppen zu. Das schafft Identi-

♥ *Entscheidend ist offenbar, was eine Person im Alltag tut. Das Gehirn formt Verhalten, aber Verhalten formt auch das Gehirn. Dass wir mehr Trennendes sehen, erklären die Forschenden mit unserer Neigung, den Durchschnitt auszublenden und auf Extreme zu achten – zum Beispiel den energischen Kerl, der alle Klischees vereint, genau wie die unbeschreiblich weibliche Frau.*

tät, Gemeinschaft und ein (Selbst-)Verständnis ohne Worte. Kurzum: Es tut gut – solange es nicht ausgrenzt und abwertet.

- **Offenes Denken ist ein guter Weg** Ein gutes Ziel wäre mehr Annäherung zwischen den Geschlechtern, statt ewig das Trennende zu betonen. Das geht ohne große Ideologie, wenn wir Kinder unterschiedlichen Geschlechts auf gleiche Weise fördern, egal ob mit intellektuellen oder körperlichen Herausforderungen. Wir sollten auch mit gleicher Aufmerksamkeit auf ihre Gefühle eingehen.
- **Das Ziel ist, dem Kind gerecht zu werden** Gerecht ist, wenn wir nicht in Wert und Bewertung aufgrund des Geschlechtes unterscheiden. Nichts anderes bedeutet das Wort Diskriminierung. Für Eltern heißt das: Wir fördern das Kind als Individuum, nicht als Vertreter*in eines Rollenfachs, in das es passen muss.

Geschlechtergerecht oder: Wie kommen die Klischees ins Kind?

Wir reiben uns die Augen, wenn Kinder früh geschlechtsspezifisch spielen, Jungen mit Autos und Bauklötzen, Mädchen mit Puppen und Pailletten-Tutu. Dabei sind wir doch schon so weit gekommen und wollen sie gleichbehandeln. Dieses Kapitel fragt, woher Stereotype kommen und warum wir so an ihnen hängen. Dann stelle ich ein paar Ideen vor, wie wir anders handeln können, gerechter – und stärker am Kind orientiert als an einer von außen vorgegebenen Vorlage.

Von uns haben sie das nicht, oder?

Väter sind vielseitigere Vorbilder geworden, Mütter ebenso. Care- und Erwerbsarbeitszeit, Wickel- und handwerklicher Einsatz sind heute gerechter verteilt. In meinem Viertel sehe ich Tag für Tag Männer mit Baby vor dem Bauch oder Kleinkindern an der Hand. Da tut sich einiges. Frauen verlangen selbstbewusst nach ebenbürtiger Wahrnehmung und Bezahlung. Was ihnen zugetraut wird, hat sich historisch gesehen verändert, längst sind sie Ärztin, Polizistin, Soldatin, Professorin, sie können Kanzlerin und Außenministerin, inklusive Pokerface gegenüber alten, weißen Männern. Aber auch Vertretern des männlichen Geschlechts stehen vielfältigere Vorbilder und Lebensentwürfe zur Verfügung, Väter nutzen zunehmend Elternzeitangebote und werden als Kitaerzieher und Pfleger umworben.

Zugleich mahlen die alten Muster in einem enormen Strom. Durch die Generationen, über Länder, Schichten, Berufsbilder hinweg bestehen ungleiche Rollenbilder. Der Gender-Pay-Gap, die Einkommenslücke zwischen den Geschlechtern, ist laut Deutschem Institut für Wirtschaftsforschung Berlin einer der höchsten unter vergleichbaren europäischen Ländern. Und er ist in den vergangenen fast zwanzig Jahren nur minimal gesunken.[82] Dazu kommt: Ausgerechnet, wenn die Kinder kommen, turnen wir die Rolle rückwärts. Teilzeit für Mütter ist die Regel, für Väter nicht. Mama trägt den Mental Load. Mehr Elternzeit als die derzeit zwei Partnermonate kommt in manchen Branchen gar nicht gut. Auch äußerlich sind wir in einer Phase der Betonung von Gegensätzen. Zwar sind androgyne Looks in, aber im Allgemeinen betonen die Styles das Geschlecht stereotyper denn je, die Männer muskelbepackt und mit Bart und teils zur Schau gestellter Brustbehaarung, die Frauen kurvig und geschminkt. Im ersten Lockdown der Coronapandemie sah es erst nach Fortschritt aus, als sich viele Männer für die Familie engagierten. Langfristig wurde die Care- und Familienarbeit dann doch wieder althergebracht verteilt. Was wirkt da auf unsere Kinder?

»Als unsere Kinder auf die Welt kamen, ging meine Schwiegermutter, Sonderschulpädagogin aus der Generation der 68er, zum ersten Mal seit Jahrzehnten in ein Spielzeuggeschäft und war entsetzt: In der einen Hälfte gab es nur Waffen und Bautechnik, in der anderen war alles rosa und niedlich. Besonders geärgert hat sie sich über ein pinkes Minibügeleisen mit Brett: ›Warum soll man bügeln, mit vier Jahren?‹, fragte sie sauer.«

Dorota, 41 Jahre, ihr Sohn Leon ist zehn, Tochter Mila acht Jahre alt

Wir brauchen also nicht lange zu rätseln, woher Kinder die Klischees haben. Von uns und den Menschen und Dingen um sie herum. Studien zeigen, dass sich Eltern und pädagogische Fachkräfte im Erziehungsverhalten an den typischen Geschlechterbildern orientieren – und das, obwohl sie es anders wollen, sagt die Erziehungswissenschaftlerin Petra Focks.[83] Den »kleinen Unterschied«, frei nach Alice Schwarzer♥, übergroß wahrzunehmen,

♥ *Die Journalistin ließ 1975 in ihrem Buch* Der kleine Unterschied und seine großen Folgen *(Fischer Verlag) 17 Frauen quer durch alle Schichten von ihrem Leben berichten, von Ungerechtigkeit in Bett und Beziehung, Ausbildung und Arbeit, Ängsten und Abhängigkeit. Sie erntete einen Sturm der Entrüstung – und half einem neuen Bewusstsein auf den Weg. Heute ist sie in der Kritik, weil sie Transgeschlechtlichkeit und die damit verbundenen Bedürfnisse als Trend und Gefahr abtut. Das ist das Gegenteil einer dringend gebotenen Anerkennung von geschlechtlicher Selbstbestimmung.*

das ist tief in unserer Sozialisation verankert. Außerdem mischt die ganze Gesellschaft mit, Stereotype sind allgegenwärtig. Manche sprechen von der heterosexuellen binären Matrix, dem Zusammenspiel aus der Norm der zwei Geschlechter gekreuzt mit der Norm gegengeschlechtlicher Liebe. Kinder gucken sich alles ab. Natürlich ist heute zugleich die ironische Brechung der Stereotype modern, keine Frage. Es gibt viel Veränderungswillen, Initiativen, Bewusstsein. Organisationen wie Pinkstinks sind nur ein Beispiel, oder Pro Quote Film und MaLisa von Maria und Elisabeth Furtwängler für mehr Frauen in der Filmbranche. Und doch kennen Kinder spätestens im Vorschulalter viele Klischees in- und auswendig. Wir brauchen ihnen nur bei Rollenspielen zuzusehen. Um die ungeschriebenen Geschlechterregeln klarer zu erkennen, hilft der Begriff Gender, weil er Biologie und kulturelles Konstrukt trennt.

Gender. Eine Definition

Um die soziale Konzeption der Geschlechter zu fassen, wurde im angelsächsischen Sprachraum das Wort *gender* ins Spiel gebracht als Gegenbegriff zum *sex* für das biologische oder juristische Geschlecht, zu deutsch recht sperrig (und ungebräuchlich) *Sexus*.

Zuerst benutzte der britische Sexualwissenschaftler John Money das Wort in den 1950ern im Sinne der *gender role,* also Geschlechterrolle. In den 70ern entwickelte die US-Feministin und Anthropologin Gayle Rubin das Konzept weiter, die Philosophin Judith Butler machte es zum festen Bestandteil der Queer Theory im wissenschaftlichen Kontext.[84] Gender bezeichnet demnach das *soziale Geschlecht,* nämlich die Stereotype rund um die Geschlechter, die von der Gesellschaft zugeschrieben werden.

Doing Gender hört man auch manchmal: Es meint den alltäglichen und unvermeidbaren Prozess, mit dem wir die Geschlechterrollen immer wieder herstellen, ausleben, nicht immer bewusst. Wir sind in einem kleinen Kreislauf gefangen oder sagen wir optimistischer: in einer Spirale unterwegs. Denn immerhin sind wir dabei, die Kategorien infrage zu stellen und anders zu handeln. Das nennt man *Undoing Gender*.

Manche Menschen reagieren allergisch auf das Wort Gender, weil sie »biologische Tatsachen« und kulturelle Rollenkonzepte der zwei Geschlechter für deckungsgleich und richtig halten, für alle Menschen. Das sind sie aber nicht, und das zeigt sich schon im Alltag kleiner Kinder. Sie erleben täglich, dass es Eigenschaften gibt, die Jungen oder Mädchen zugeschrieben werden, die aber nicht für alle passen, sie selbst eingeschlossen. Wenn nämlich Emilia super gerne und gut Fußball spielt, während Jan es spannend findet, sich die Fingernägel zu lackieren, ist das für sie und ihn kein Problem. Es wird eines, wenn andere das für unpassend oder außergewöhnlich halten.Übrigens werden männlich konnotierte Eigenschaften gesellschaftlich oft positiver bewertet als weibliche. Darum wird Mädchen auch eher zugestanden, in diese Richtung »auszubrechen«, während Jungen außerhalb ihres Geschlechter-Mainstreams stärker zu leiden haben.

So etwas wirkt stark auf Kinder. So kam eine unserer Töchter aus der Kita nach Hause und war überzeugt: Mit Jungs kann man nicht spielen. Die sind doof. Warum? Weil ein Junge in ihrer Gruppe die kleine Gemeinschaft entlang der Stereotype polarisierte. Das gab es in der Gruppe unserer zweiten Tochter nicht. Sie dagegen erklärte mir eines Tages überzeugt, dass Jungs nicht tanzen könnten. Nichts half, sie war felsenfest überzeugt. Nicht einmal der Videobeweis konnte sie umstimmen, egal, wie viele Clips von Weltklasse-Balletttänzern und Breakdancern ich ihr vorspielte.

Wir Eltern brauchen also einen langen Atem. Manchmal muss man es gut sein lassen und kann an anderer Stelle darauf hinweisen, dass gefühlte Wahrheiten eben nur gefühlt wahr sind. Zum Glück wird die Fähigkeit zu differenzieren ab dem Grundschulalter und in der weiterführenden Schule schrittweise größer. Wir sollten nicht müde werden, sie zu fördern. Zugleich haben wir mit uns zu tun. Manchmal bemerken wir eigene stereotype Gedanken erst, wenn sie uns längst über die Lippen geschlüpft sind. Wir lieben Glitzer für Mädchen und kaufen Streifen für Jungen, haben begeistert auf das Technik-Interesse reagiert und das Puppenhaus vom Speicher geholt. Das ist nicht verwerflich. Es wäre nur ehrlich, wenn wir den eigenen (und den gesellschaftlich vorgelebten Anteil) an den Klischees anerkennen würden.

Rückblick **Wie passen wir ins Schema F (oder M)?**

Die meisten Menschen identifizieren sich als feminin oder maskulin. Geschlechtliche Identität fühlt sich gut an, wenn man im Reinen mit ihr ist. Doch wie waren Sie so »für einen Jungen« oder »für ein Mädchen«? War der Weg immer klar und einfach? Vielleicht passt(e) der Körper nicht ins Idealbild? Waren Sie »zu« empfindlich, laut, emotional oder eigensinnig? Oft lehnt das Umfeld Eigenschaften ab, die nicht zum Stereotyp passen. Erinnern Sie sich an das Gefühl von Ungerechtigkeit, wenn Sie als Kind etwas nicht durften oder tun mussten, weil Sie ein Mädchen oder ein Junge waren?

So hat jeder sein oder ihr Modell im Schema F für feminin und M für maskulin gefunden, eine Nische, einen Look, eine anerkannte Definition. Manche brechen auch daraus aus. Zum Glück gibt es selbst innerhalb der Stereotype unterschiedliche Rollenversionen und heute auch außerhalb der Rollen Identifikationsmöglichkeiten. Der Rückblick hilft, nachzuvollziehen, wie es sich für ein Kind anfühlt, wenn es hakt. Beispiele für ungerechte Behandlung findet jeder bei sich. Wem wurde noch in Studium oder Ausbildung die Wäsche gewaschen? (Achtung, bitte nicht reproduzieren.) Wer hörte welche Sätze zur Berufswahl, wer muss »die Familie ernähren«?

Dabei gilt es zu bedenken: Die Klischees sind nicht nur beschränkend, wir nutzen sie auch oft für ein bestimmtes Selbstgefühl und unsere innere Sicherheit. Und manchmal nutzen Menschen sie auch gerne aus, um Anstrengung zu vermeiden – denken sie daran, dass »Ich kann kein Mathe« auch als Entschuldigung verwendet werden kann, sich nicht um die Finanzen kümmern zu müssen oder die gefühlte Wahrheit »Ich kann nicht kochen« dazu führt, nicht mal ein Spiegelei braten zu müssen. Lassen Sie sich im Alltag immer wieder inspirieren, genauer hinzuschauen, wo das eigene Kind mit falschen Automatismen entlang der Geschlechterrollen konfrontiert wird. Und Sie, wir alle, gleich mit.

Geschlechterstereotype engen also nicht nur Personen ein, die sich divers oder queer zum Mainstream von Männlichkeit und Weiblichkeit verorten (sie jedoch besonders) – alle sind dem Vergleich mit den Idealen ausgesetzt: *Zu emotional* vs. *nicht emotional genug. Zu burschikos* vs. *nicht stark genug. Das Äußere vernachlässigend* vs. *kümmert sich zu viel ums Aussehen. Zu zierlich* vs. *zu muskulös.* Übrigens würde mich interessieren, was die Männer sagen, die dies lesen. Ging Ihr Umfeld über Ihre Emotionen und Verletzlichkeit hinweg? Wie ist es, sich an Lautstärke und Breitschultrigkeit zu messen, wenn diese Kategorien nicht zum eigenen Empfinden passen?

Wie Familienleben mit weniger Schubladen funktioniert

Nach den theoretischen Überlegungen stelle ich Ihnen jetzt praktische Ideen für weniger eng am Klischee orientierte Erziehung vor. Mit ihnen werden wir dem Kind gerechter, weil sie den Blick auf die individuellen Stärken und Schwächen lenken. Zuvor lade ich Sie ein, Ihren eigenen Reaktionsmustern auf kindliches Verhalten auf die Spur zu kommen.

Rückblick **Wie reagieren wir auf kraftvolle Rabauken und zuckersüße Mädchen?**

Setzen Sie die neutrale Forscherbrille auf, wenn Sie in die Kitagruppe, zum Kindergeburtstag oder auf den Spielplatz kommen. Schauen Sie auf die Reaktion der Erwachsenen: Welche Lautstärke, welche Verhaltensweisen werden unterstützt oder toleriert, bei Töchtern und bei Söhnen? Wie gewagt darf welches Kind klettern? Wer darf sich dreckig machen oder steckt schon mit drei Jahren in Kleidern, mit denen Matschen und Klettern keine gute Idee wäre?

Eine Stufe weiter drehen wir das Experiment, wenn wir uns selbst beobachten: Wie reagieren wir auf kraftvolle Rabauken und niedliche Mädchen? Und wie auf kraftvolle Rabaukinnen oder einen niedlichen Jungen, der gefallen will?

Ich bemerke, dass ich beim Schreiben selbst über die Formulierung eines »Jungen, der gefallen will« stolpere. Ich stelle mir einen Jungen vor, der lächelt und den Kopf kokett schräg hält. Der sich um die Stimmung anderer sorgt, wie das von Mädchen automatisch angenommen wird. Schwierig. In mir taucht Widerstand auf, ich werte. Bei einem Mädchen würde ich nicht stutzen. Man nennt unbewusste Vorannahmen wie diese den *unconscious bias*. Dabei ist es nicht schlimm, Vorurteile zu haben. Es wäre nur fatal zu glauben, wir hätten keine.

Wie kommen wir da raus? Nur ganz allmählich. Wir entlarven und überwinden Vorannahmen nur durch Aufmerksamkeit, Geduld und Reflexion, immer wieder. So wie Willy Brandt einmal über die Gleichberechtigung gesagt hat, sie komme »voran wie eine Schnecke auf Glatteis«.[85] Vielleicht legen wir zuerst einmal die Idee zu den Akten, dass es eine richtige Art gibt, Mann und Frau zu sein. Wir müssen nach feineren Antworten suchen.

Anregungen für geschlechtergerechtes Handeln

Volle Konzentration aufs Individuum Wenn wir nur auf geschlechtsspezifische Eigenschaften achten, erkennen wir möglicherweise nur das halbe Potenzial unseres Kindes. Womöglich verpassen wir etwas und missbilligen Stärken oder kritisieren Schwächen, die beim anderen Geschlecht stimmiger scheinen. Vergleiche: das energische Mädchen und der sozial engagierte Junge.

Lassen wir die Sonne der Aufmerksamkeit überall scheinen. Das gelingt, indem wir das Kind als Individuum betrachten und nicht an weiblichen oder männlichen Eigenschaften messen.

Eigenschaften nicht den Geschlechtern zuordnen Die Voraussetzung dafür ist, dass wir Verhalten nicht nach Geschlecht zuordnen. Meiden Sie Worte wie brav, sensibel, durchsetzungs- und entscheidungsstark, niedlich, emo-

tional, hübsch, kraftvoll, laut, kräftig, mutig – vor allem mit dem gedanklichen Nachsatz »für einen Jungen« oder »für ein Mädchen«.
Falls Ihnen Label auffallen, die am Geschlecht kleben: Streichen Sie sie.

Aufhören mit dem Gefallen-Wollen Mädchen werden sehr an der Äußerlichkeit gemessen und zu Freundlichkeit angehalten, um zu gefallen. Sie sollen für Harmonie sorgen. Falls Sie weiblich sind: Geht Ihnen die internalisierte Lächelautomatik selbst auf den Wecker? Weniger süße Frauen werden ernster genommen. Falls Sie männlich sind: Finden Sie Frauen, die wenig lächeln, zu schroff?
Die Persönlichkeit von Kindern fördern wir mit Anerkennung für besondere Ideen, Anstrengung oder das Erreichen eines Ziels, nicht mit Applaus für Äußerlichkeiten.

Rote Karte für Rücksichtslosigkeit Ich habe den Spruch »Jungs sind halt so« (laut, körperlich, auf ihre Ziele bedacht) oft gehört. Mit einem Schulterzucken wurden oft keine Konsequenzen gezogen. Mich hat beschäftigt: Wird manche Grenzüberschreitung heimlich als Stärke bewundert? Kein Wunder, dass sie so werden, wie Jungs »halt« sind. Bei Mädchen wiederum gilt fieses Verhalten und »hinten herum« sticheln als typisch. Daraus folgt:
Wir sollten negatives Verhalten nicht verharmlosen, nur weil es scheinbar zur Geschlechterrolle passt.

Streiten lernen für alle Erziehungswissenschaftlerin Focks weist darauf hin, dass Mädchen von Haus aus nicht weniger aggressiv sind als Jungen. Auch sie werden wütend, wenn es einen Grund gibt. Nur wird nicht toleriert, dass sie diese Gefühle ausleben. Finstere Blicke, schlechte Laune, Schubsen, böse Worte werden eher Jungen zugestanden. Darum lernen Mädchen früh ein anderes, subtileres Konfliktverhalten und kommen damit in die Zwickmühle: Direkte Aggression wird sanktioniert, indirekte genauso verurteilt. ***Gestehen wir allen Geschlechtern negative Gefühle zu und helfen wir ihnen, sie zu verarbeiten.***

Wieviel Ich, wieviel Wir? In sozialer Hinsicht wird oft mehr Rücksicht von Mädchen gefordert. Doch Respekt, Vor- und Rücksicht sollte für alle selbstverständlich sein.
Nur Ich funktioniert nicht im Wir.

Erwartungen bremsen. Und beflügeln. Wir wissen mittlerweile, dass Aussagen wie »Mädchen können kein Mathe« und »Jungen haben weniger Zugang zu ihren Gefühlen« nicht wahr sind. Dennoch halten sich die Glaubenssätze hartnäckig. Wer jetzt argumentiert, dass Mädchen in Deutschland bei PISA-Studien schlechter abschneiden, hat mit diesem Faktum recht, aber: In der auf Naturwissenschaft fokussierten TIMSS-Studie schnitten in der Hälfte der 58 beteiligten Länder Mädchen und Jungen gleich ab.[86] In den übrigen Ländern waren Mädchen manchmal besser, meist aber Jungen. Nicht die Biologie, sondern die Erwartungshaltung der Eltern und des Umfelds beeinflusst die Leistungen. ***Machen wir für alle geltend: Du kannst das.***

Kein Geschlecht verliert Am Beispiel Mathematik lässt sich übrigens zeigen, dass kein Kind bei geschlechtergerechter Erziehung verliert. Es geht ja nicht darum, etwas oder jemanden schlechter zu behandeln, sondern alle zu fördern. Janet Mertz und ihr Kollege Jonathan Kane zeigten: Je gleichberechtigter die Gesellschaft, desto bessere Leistungen in Mathematik erreichten sowohl die Mädchen als auch die Jungen.[87]

Fordern und fördern gilt für alle.

Vorbilder zählen Gut wäre, wenn Lasten nicht einseitig verteilt sind und jedes Elternteil alles kann, was ein Mensch zum Leben braucht, sei es Putzen, Kochen, Einparken, Dinge reparieren, Gefühle verstehen, auch Geld verdienen oder die Welt erklären. Papa »hilft« nicht nur in Haushalt und Erziehung, er ist ebenso kompetent. Mama ist nicht die Beste, »die alles schafft«, alle schaffen alles. Keine Tätigkeit ist männlich oder weiblich. Wir haben das nur lange so wahrgenommen.

Eltern sind geschlechtergerechte Vorbilder, wenn sie als Person vollständig sind.♥ Egal welches Geschlecht, sie geben alle Fähigkeiten mit, die ein Kind im Leben benötigt.

Damit sind wir wieder bei unserem Selbstbild. Natürlich können wir das nicht über Nacht ändern. Beruhigend ist aber, dass auch Schnecken irgendwann ankommen. Selbst auf rutschigem Eis.

♥ *Extrem einseitige Rollenentwürfe kennen wir noch von den Großeltern: der Mann die Finanzen, das Sagen und die Öffentlichkeit, die Frau Kinder, Küche, das Schöne und Soziale.*

Von Vielfalt und Einfalt. Definitionen sexueller Identität

Diversität. Das Wort zeigt an, dass ein tief gefühlter Wesenszug in Menschen divers, also unterschiedlich angelegt sein kann – in verschiedensten Versionen der geschlechtlichen Identität und sexuellen Orientierung.♥ Was kann divers sein? Der Körper, das Selbstgefühl und das Begehren, vielleicht in einem Merkmal, oder in unterschiedlichen Kombinationen und Schattierungen. Darum gibt es so viele Begriffe.

Warum aber tun sich manche Menschen schwer, vielfältige Bedürfnisse im Rahmen von Sexualität zu akzeptieren? Vermutlich sind fremde geschlechtliche Gefühle für sie unvorstellbar. Der Bestsellerautor Matt Haig hat in einem anderen Zusammenhang geschrieben: »Manche Leute werden nie verstehen, was sie nicht selbst erlebt haben.«[88] Ein fremdes Gefühl für Geschlecht, ein anderes Begehren, eine fremde Identität, das können wir nicht selbst erleben. Aber erstens können wir versuchen zu verstehen, und zweitens hindert das nicht daran, respektvoll damit umzugehen.

Dabei liegt ein nachvollziehbares Argument für die Akzeptanz von Diversität auf der Hand: In jedem Menschen materialisieren sich Gefühle von Geschlecht und Liebe unwillkürlich. Wir kennen das dringende Gefühl verliebt zu sein. Wir planen nicht, in wen. Wir fühlen uns als Mann oder Frau, und das auf unterschiedliche Weise, mehr, weniger oder gar nicht, und das nicht aus einem Entschluss, den wir gefasst haben. Also sind die Kategorien des Liebens

♥ *Die Vielfalt im Geschlecht ist mit dem Eintrag »divers« oder der Möglichkeit, keinen Eintrag vorzunehmen, im Jahr 2018 im Personenstandsregister angekommen. Das geplante Selbstbestimmungsgesetz soll die Änderung von Geschlechtseintrag und Vornamen für Volljährige durch eine schlichte Erklärung künftig noch einfacher machen. Ein riesiger Fortschritt.*

und des Geschlechts keine Vorlieben, die sich willentlich verändern lassen. Wir werden in die Identität des Körpers hineingeboren. Wahl-los. Was heißt: ohne Wahl fürs Individuum. Viele Eltern verstehen das heute.

Doch dass Unterschiede herausfordern, bleibt ein Thema, gerade beim Aufwachsen. Denn gelebte Akzeptanz ist nicht überall Realität. Das Wort »schwul« kursiert, als Abwertung gemeint, schon auf dem Pausenhof der Grundschule. Fühlt sich ein Mädchen als Junge, eckt es oft schon in der Kita an. Wir haben es mit der Heteronormativität zu tun. Sie besagt, dass nur »richtig« und »normal« sei, was die meisten fühlen, gegengeschlechtliche Liebe nämlich, eindeutiges Mann- oder Frausein. Diversität zeigt: Es gibt mehr. Und wer dafür kämpft, verlangt nicht, dass die 96,5 Prozent[89] (laut aktuellen Zahlen der GeSiD-Studie von 2020) der Menschen, die sich heterosexuell sehen, nun anders lieben sollen. Es geht darum, dass die restlichen 3,5 Prozent in ihrem Sein anerkannt werden.

Was die diversen Kategorien im Kinderzimmer suchen

Ist das Thema der Identität und Orientierung für kleine Kinder zu hoch? Ich will die Frage mit einer Durchsicht der wichtigsten Begriffe beantworten[90] und jeweils überlegen, wo Berührungspunkte zur kindlichen Welt bestehen. Was können wir Kindern dazu sagen, was nicht? Vor der Begriffserklärung nenne ich nun noch drei Gründe, warum ein Häppchen Wissen über die Vielfalt der Menschen im Kinderleben wichtig ist.

1. **Diversität kann persönlich werden** Kleine Menschen landen schließlich als Überraschungspakete auf dieser Welt. Man weiß nie, was kommt. Vielleicht entwickelt sich das

eigene Kind beim Großwerden in eine diverse Richtung. Manche geschlechtliche Uneindeutigkeiten zeigen sich körperlich, andere werden in der Persönlichkeitsentwicklung offenbar, wie die Geschlechtsidentität. Sie wird im Kindergartenalter spürbar, wenn Kinder das eigene Mädchen- oder Jungesein beglückt annehmen oder vehement ablehnen. Auch erste Hingezogenheit zu einer Person des eigenen oder anderen Geschlechts kann auftauchen. Virulent wird die Identität mit der Pubertät.
Elternteile, die die Entwicklung nicht anerkennen können, begrenzen das eigene Kind. Darum sind Vorsicht und Offenheit die besten Ratgeber. Anders herum ist nicht jeder kleine Junge, der Röcke oder Nagellack liebt, gleich schwul oder trans. Nicht jedes burschikose Mädchen, das Glitzer doof findet, heiratet eines Tages eine Frau.

2. **Diversität kommt uns nahe** Noch ein Grund wäre, dass es im Umfeld Menschen gibt, die divers sind oder sich so entwickeln. Wenn wir uns die Zahlen dazu anschauen, ist das sehr wahrscheinlich. Rechnerisch entwickelt sich etwa ein Kind pro Grundschulklasse gegen die Stereotype. Bei der Frage, wer wen liebt, haben Kinder meist das geringste Problem. Erleben sie das früh im engen Umfeld, gehört es einfach dazu. Die Unterschiedlichkeit von Menschen ist für sie sowieso die Regel, nicht die Ausnahme. Trotzdem werden Kindern die geschlechtlichen Kategorien meist als festgelegt vermittelt, als zentrale Instrumente der Welterklärung und Identitätssicherung. Kleine fühlen sich mächtig groß, wenn sie die Kategorien von männlich und weiblich passend zuordnen. Und trotzdem können die Erwachsenen erklären, dass nicht alle in Schubladen hineinpassen: Der Junge hat lange Haare und ist trotzdem ein Junge. Jonas hat zwei Mamas, Mila wächst bei

ihrem Papa auf. Line mag keine Rüschen und fühlt sich trotzdem mädchenhaft. Kim, Luca, Maxi, Nikola und Sam sind wie sie sind. Und wie? Da fragt man lieber direkt, wie jemand wahrgenommen werden möchte, welches Pronomen passt.

3. **Diversität in der weiten Welt** In allen Ecken und Enden der Gesellschaft gibt es Diversität zu entdecken, bei Sängern, Stars, in Serien. Das schwappt nicht nur ins Wohn-, sondern auch ins Kinderzimmer. Ich nehme als Beispiel den Sport ins Visier: Die Beachvolleyball-Olympiamedaillen-Gewinnerin Kira Walkenhorst zieht mit ihrer Partnerin Drillinge auf. Wahrscheinlich sind mehr Fußballgötter als der Ex-Nationalspieler Thomas Hitzlsperger homosexuell, auch wenn sich wenige outen. Bei den weiblichen Stars am Ball wird lesbische Liebe lässiger gelebt. Was nur zeigt, wie offen und rigide die Gesellschaft zugleich sein kann, je nach Branche. Eine ehemalige Stabhochspringerin outete sich vor gut zehn Jahren als trans* Mann und lebt als Balian Buschbaum längst ein männliches Leben. Stabhochsprung-Kollege Tim Lobinger kommentierte: »Dafür braucht man ganz schön Eier in der Hose.«[91]

Egal, ob in der Nähe oder Ferne: Toleranz für die Gefühle und Bedürfnisse anderer Menschen ist geboten, weil es um tief gefühlte Identitäten geht. Und gleich hier möchte ich der Erfahrung eines Freundes Raum geben, der die Stereotype in seiner Transidentität mehrfach kreuzt: »Erwachsene denken oft, Kinder könnten sexuelle Identitäten jenseits der Stereotype nicht verstehen, weil sie noch zu klein sind und die Sache zu kompliziert. Dabei ist es meist genau andersherum: Je älter Menschen werden, umso gefestigter sind sie in ihren Ansichten, während Kinder, die die Welt erst kennenlernen, noch flexibel sind in ihrem Denken.«

Definitionen für diverse Gefühle

Gehen wir die Begriffe durch. Voran stelle ich die Geschlechtsidentität und die sexuelle Orientierung, weil sie zwei wichtige unterschiedliche Ebenen markieren: Bei der **Geschlechtsidentität** geht es um uns selbst, das persönliche Selbstverständnis als geschlechtliches Wesen im Körper und der sozialen Rolle. Also darum, wie eine Person sich rund um das Geschlecht beschreibt, zum Beispiel weiblich, männlich oder darüber hinaus, außerhalb oder zwischen den Kategorien. Auch der Begriff binär passt hierher. Binär kommt vom lateinischen *bina* für doppelt, paarweise, und meint hier die Einteilung in zwei Geschlechter. Als **nichtbinär** oder non-binär, nonbinary verstehen sich Personen, auf die das binäre Kategoriensystem der zwei Geschlechter nicht zutrifft.

Und Kinder? Sie bemerken an allen Ecken und Enden ihrer Welt, dass eine starre Zweiteilung mit großem Sog vorherrscht, im Spielzeugladen, beim Kleiderkauf, den Erwartungen an sie. Praktisch alle Kinder versuchen in Rollenspielen oder beim Verkleiden spielerisch zu erfahren, wie sich unterschiedliche Identitäten anfühlen. Eltern können abwarten und das Kind in seiner Persönlichkeit bestärken. Dabei hilft es die besonderen Charakterzüge des Kindes zu würdigen und zu bestärken. Weil die Gefühle der Identität tief gefühlt von innen kommen, lassen sich diese Gefühle weder hin- noch wegerziehen, dabei verbiegt man nur. Wenn ein Kind überzeugt feststellt: Ich bin so – anders als ihr alle sagt –, sollten Eltern das ernst nehmen. Dann ist eine einschlägige Beratungsstelle ein guter Anlaufpunkt (siehe Anhang). Emotionaler Aufruhr ist eher die Regel als die Ausnahme.

Der zweite große Begriff ist der der **sexuellen Orientierung**. Sie zeigt an, wohin sich Menschen in Erotik und Liebe automatisch hingezogen fühlen – heterosexuelle Menschen zum anderen

Geschlecht, homosexuelle zum selben Geschlecht wie dem eigenen. Schwul ist für homosexuelle Männer das gängige Adjektiv, lesbisch für Frauen, die Frauen lieben. **Bisexuell** nennt man Menschen, die sich zu zu mehr als einem Geschlecht hingezogen fühlen. Pansexuelle Menschen fühlen sich zu anderen Menschen unabhängig des Geschlechts hingezogen. Das klingt verwegen, aber wir sollten bedenken, dass sich pansexuelle Menschen nicht wahllos in irgendwen verlieben, sondern in ihnen sympathische, für sie attraktive Menschen. Asexuell bedeutet ohne Verlangen nach sexueller Interaktion oder es fehlt an sexueller Anziehung, in unterschiedlicher Ausgestaltung.

Kurz noch ein paar Zahlen: Die **Heterosexualität**, Beziehungen zwischen Frau und Mann, halten wir aufgrund der Häufigkeit für das Standardmodell. In der großen GeSiD-Studie erklärten 96,9 Prozent der Männer und 96,2 Prozent der Frauen, sie seien hetero. In anderen Studien zeigt sich eine größere Offenheit in den Sexualitäten mit einem stetig wachsenden Anteil an vor allem jüngeren Menschen, die sich nicht ausschließlich als heterosexuell bezeichnen[92]. Egal wie groß oder klein, Zahlen können keine Norm für alle begründen. Schließlich haben Rothaarige oder Linkshänder auch nicht weniger Rechte. In der GeSiD-Studie bezeichneten sich 1,8 Prozent der Männer und 0,9 Prozent der Frauen als homosexuell. Multipliziert man das spaßeshalber mit der deutschen Bevölkerung von rund 83 Millionen (Stand 2021 laut Statistischem Bundesamt), dann sprechen wir von etwa 1,5 Millionen Männern und einer knappen Dreiviertelmillion Frauen in Deutschland. Bei den Männern entspricht das einmal ganz München, bei den Frauen einmal Frankfurt/Main. Als bisexuell bezeichneten sich in der Studie 0,9 Prozent der Männer und 1,8 Prozent der Frauen. Dabei berichtet mit 63 Prozent mehr als jeder zweite homo-, bi- oder asexuelle Mann von 18 bis 35 Jahren von Erfahrungen der Benachteiligung und Diskriminierung aufgrund der sexuellen Orientierung. Für Eltern ist die Angst, dass das eigene Kind schlechte Erfahrungen machen muss, riesig und sehr real. Sie ist aber kein Grund, Identität oder Orientierung zu unterdrücken.

Und Kinder? Denken wir zurück: Wann war die erste Schwärmerei? Wann erinnern Sie das erste Gefühl einer herzklopfenden Sehnsucht, einen Menschen außerhalb der eigenen Familie umwerfend zu finden? Die meisten Menschen können das Gefühl in Kindergartenalter oder der Grundschule verorten, egal ob hetero- oder homosexuell. Deutlich spürbar wird die sexuelle Orientierung in der Pubertät, wenn man sich bis über beide Ohren verliebt. Darum ist für Kinder die Frage: Darf das, was sie fühlen, offenbar werden? Wird das akzeptiert oder sanktioniert? Je nach Offenheit von Kind und Familie bekommen Eltern die Gefühle mit oder nicht. Kinder sollten erfahren, dass es mehr gibt als »Mann liebt Frau« und »Frau liebt Mann«. Die Erklärung dazu lautet: Das sind tiefe Gefühle, die sind einfach da. Das können kleine Kinder verstehen.

Wenn Menschen sich nicht mit dem ihnen bei der Geburt zugewiesenen Geschlecht identifizieren können, wird das oft als Transsexualität bezeichnet – obwohl sie mit der ausgeübten Sexualität nichts zu tun hat, sondern die Geschlechtsidentität betrifft. Also ist der Begriff falsch, die Bezeichnung **Transidentität** ist richtig. Ein trans* Mann ist im inneren Gefühl männlich, eine trans* Frau weiblich. Wie sie individuell zu den Geschlechtsstereotypen stehen oder in wen sich transidente Menschen verlieben, steht auf einem anderen Blatt.

Und Kinder? Das Wissen, dass Geschlechtsorgane und die Einordnung des Umfeldes nicht mit dem gefühlten Geschlecht übereinstimmen, wird oft schon im Kindergartenalter offenbar. Spätestens mit Beginn der Pubertät entwickelt sich für viele trans* Kinder der Körper in eine quälend falsche Richtung. Kinder brauchen Unterstützung, Eltern sollten sich möglichst frühzeitig beraten lassen. Wenn Kinder in ihrem Identitätsgeschlecht aufwachsen dürfen, geht es ihnen am besten.

Denn wenn ein bei Geburt männlich eingeordnetes Kind, das sich weiblich fühlt, in der Pubertät dank Testosteronschüben in einen Männerkörper hineinwächst, lässt sich das nicht mehr zurückdrehen. Ähnliche Fakten schafft ein durch die Wirkung der Östrogene weiblich entwickeltes Becken. Das macht das Leben im wahren Geschlecht für immer schwierig. Die Entwicklung kann durch pubertätsaufschiebende oder geschlechtsangleichende Hormongaben zu Beginn der Pubertät verhindert werden. Ab dem 18. Geburtstag gibt es die Möglichkeit von geschlechtsangleichenden Operationen – angleichend, weil man den Körper an die Identität angleicht. Das unzutreffende Wort Geschlechtsumwandlung gehört aus dem Wortschatz gestrichen. Die Person fühlt sich längst im richtigen Geschlecht, der Körper folgt.

Trans, Cis und Sternchen

Trans bedeutet als Vorsilbe »jenseits«, währen *cis* »diesseits« bedeutet, so wie in transalpin und cisalpin. Das *Cis* oder das Wort *cisgender* verwenden Menschen, um anzuzeigen, dass sie sich eins fühlen mit dem zugewiesenen Geschlecht. Zum Beispiel: Ich bin eine cis Frau. Das *Gendersternchen* * wiederum, wie in *trans** oder *Partner*innen* zeigt Offenheit für Identitäten und sexuelle Geschlechter über das binäre Mann-Frau-Modell hinaus an.

Natürlich kann es verwirrend sein, wenn die Identität über alles hinausgeht, was man bisher kannte. Aber auch da gibt es Leben. Manchmal müssen Eltern für das Verständnis innere Gebirge überwinden. Denn alles fühlte sich jahrelang richtig an mit dem Mädchen oder Jungen. Nur ist alles anders. Trotzdem bleibt das Kind Kind, der Mensch im Kern Mensch. Die Persönlichkeit zählt – und das dringende Bedürfnis, so zu leben, wie man sich fühlt. Viele Eltern fürchten die negativen Reaktionen des Umfelds. Doch davor können wir nicht schützen, sondern nur gut vorbereiten und bestärken, indem wir jedes Kind in seinem Sosein unterstützen und ihm einen sicheren Hafen bieten, aus dem heraus es die Welt erforschen kann. Bei Uneindeutigkeit – oder unbequemer Eindeutigkeit – hilft professionelle Beratung. Für Außenstehende gilt, Akzeptanz und Verständnis zu üben. Das Coming-Out und die Transition sind emotional herausfordernd genug.

Kinder, die mit biologisch uneindeutigen Geschlechtsmerkmalen zur Welt kommen, werden als **intergeschlechtlich** bezeichnet oder **inter***. Die Bezeichnung intersexuell liegt wieder daneben, weil es nicht um sexuelles Erleben, sondern körperlich-geschlechtliche Identität geht. Bei einem inter* Kind können weibliche und männliche Geschlechtsorgane zugleich vorhanden sein oder sie sind nicht eindeutig ausgeprägt, ebenso kann die Genetik uneindeutig sein.♥ Manchmal passt die Genetik nicht zu den Organen, hormonelle Rezeptoren funktionieren anders – Intergeschlechtlichkeit kann sichtbar sein oder nicht. Darum wird sie manchmal direkt bei Geburt diagnostiziert, in anderen Fällen im Lauf

♥ *Das Sternchen zeigt an, dass auch inter* und trans* Personen gemeint sind, die sich nicht im binären Geschlechtermodell wiederfinden.*

der Jahre, manchmal sogar erst im Erwachsenenalter. Die Meisten sind dann froh: Endlich eine Erklärung! Bei den Zahlen wird es schwierig, die Schätzungen sind bei trans* und inter* extrem unterschiedlich, von circa einer Person pro tausend bis zwei oder drei pro hundert[93]. Ich habe einmal den Vergleich gehört, es gäbe etwa so viele intergeschlechtliche Personen wie natürlich rothaarige Menschen in Deutschland.

Und Kinder? Früher wurden von den Genitalien her uneindeutige Babys oft in eine Eindeutigkeit operiert, in der Annahme, das würde das Leben der Kinder erleichtern. Doch oft war das Gegenteil der Fall, wenn ein Geschlecht aufgezwungen wurde, das der kleine Mensch später nicht fühlte. Nur war dann das operative Rad nicht mehr zurückzudrehen, was riesiges Leid verursachte. Seit 2021 sind solche Operationen zum Glück und endlich verboten, es gilt das Recht auf körperliche Unversehrtheit und geschlechtliche Selbstbestimmung. Die meisten Formen von Intergeschlechtlichkeit sind nicht medizinisch behandlungsbedürftig. Das oberste Ziel ist, die Person selbst über Körper und Leben entscheiden zu lassen. Im besten Fall wird also der Geschlechtseintrag bei uneindeutigen Kindern offengelassen und abgewartet. So kann das Kind beim Erwachsenwerden das Geschlecht selbst entscheiden. Viele Familien gehen heute offener mit der Intergeschlechtlichkeit ihres Kindes um und machen gute Erfahrungen.

So wird hier noch einmal deutlich, dass der Schluss, dass das Geschlecht eine biologisch festgelegte Kategorie sei, durch transidente und intergeschlechtliche Personen ins Wanken gerät. Die Biologie führt die Natürlichkeitsdiskussion ad absurdum. Alles, was Menschen fühlen, ist zu 100 Prozent biologisch, also »natürlich« in ihnen angelegt.

Beim Aufwachsen braucht es keine riesige Diskussion bis in die Tiefen der Definitionen und Erscheinungsformen. Wichtig ist nur der Hinweis, dass es Kinder und Menschen gibt, die seelisch oder körperlich nicht eindeutig sind. Und wir das respektieren!

Und was ist Genderwahnsinn?
Wenn nun Vielfalt anerkannt wird, ist das automatisch Genderwahnsinn? Nein. Das überlassen wir der Minderheit, die es wahnsinnig aufregt, darüber nachdenken zu müssen, was an der Männlich-Weiblich-Schublade soziale Konvention ist, was nicht. Oder die nicht akzeptieren können, dass es Menschen gibt, die anders fühlen als sie selbst. Kurz: Alle, die es Wahnsinn finden, womöglich ihr Denken und Handeln so anzupassen, dass sie die naturgegebenen Körper und Gefühle anderer Menschen nicht verletzen.

Zuletzt noch ein paar Erklärungen, eher für Eltern. Wobei man anmerken muss: In der weiterführenden Schule ziehen Kinder an den Erwachsenen oft auf der Überholspur vorbei, wenn das Thema Diversität in der Schule aufkommt oder sie online Influencern oder Influencerinnen folgen, die feministische und diverse Werte vertreten und sich jenseits der Stereotype positionieren. Dazu noch ein paar Bonus-Erklärungen:

Die Abkürzung **LGBTQIA+** steht für Lesbian, Gay, Bisexual, Transgender, Queer, Inter, Asexual, also lesbisch, schwul, bisexuell, transgender, queer, inter und asexuell. Unter diesem Akronym tun sich die diversen Orientierungen und Identitäten zusammen, meist unter der Regenbogenfahne, um gemeinsam für Anerkennung zu kämpfen und auf ihre Rechte aufmerksam zu machen. Es gibt noch zahlreiche weitere Kategorien und Gruppierungen, was auch das Plus andeutet, doch ich setze hier einen Punkt für Eltern und nenne nur noch ein paar zusätzliche Begriffe, die Kindern auf dem Schulhof oder in den sozialen Netzwerken vielleicht begegnen könnten.

Wer sich anders verortet♥ findet weitere Identitätsbegriffe wie **genderqueer**, für weder ganz und immer weiblich noch männlich, **genderfluid** als zwischen verschiedenen Geschlechterdefinitionen wechselnd, **bigender**, also doppelgeschlechtlich oder **trigender**, sich mit drei Geschlechtern identifizierend, und **agender** – für eine Person, die sich mit keinem Geschlecht identifiziert.

Und Kinder? Alle Differenzierungen müssen Sie nicht mit Kindern durchdeklinieren. Wichtiger als das ist, dass Sie dafür sensibilisieren, dass Menschen offen nach dem suchen, was für sie passt, in Körper, Liebe und Geschlecht. Und dass Mitmenschen und Mitkinder möglicherweise eine andere Antwort finden als man selbst. Im Kitaalter ist die Botschaft, dass Menschen sich unterschiedlich fühlen, was Geschlecht und Liebe betrifft, die wichtigste Basis. Mehr erfahren Kinder in der Schulzeit, Feinheiten entdecken sie in der Pubertät. Der vielleicht beste Rat ist, gelassen damit umzugehen, die Definitionen zu erklären und Möglichkeiten aufzuzeigen.

»Ich war ganz schön baff, als die Lehrerin mir beim Elterngespräch erzählte, dass Johanna sich in der Schule als bisexuell bezeichnet. Sie hat sogar ein Briefchen einer Klassenkameradin gesehen, die Johanna ihre Liebe gesteht. Was soll ich davon halten?«

Niko, 54 Jahre, seine Tochter Johanna ist elf Jahre alt

♥ *Manchen Menschen machen die vielen Kategorien zu schaffen. Doch wenn man bedenkt, dass im Grunde jeder Mensch seine eigene sexuelle Identität hat, sind Gruppierungen, die Gemeinsamkeiten finden nichts Schlechtes. Keine ist wichtiger als die andere, es geht um Anerkennung und Bewusstsein.*

Wenn das eigene Kind verbal, im Verhalten und Aussehen mit Identität und Orientierung experimentiert, können Eltern das abwartend beobachten und sollten sich mit Kommentaren zurückhalten. Viele Teenie- und sogar Vor-Teenie-Mädchen ab zehn, elf Jahren labeln sich heute als bisexuell, ob sie tatsächlich Erfahrungen und entsprechende Gefühle haben oder nicht. So höre und sehe ich das jedenfalls im eigenen Umfeld, interessanterweise weniger von Jungen. Wobei es, wie erwähnt, für Jungen riskanter ist, »Mädchensachen« zu machen, weil sie damit eine gesellschaftlich weniger anerkannte Rolle einnehmen. Dagegen werden Mädchen mit »Jungsinteressen« dafür eher gefeiert. Immerhin: Es gibt Offenheit, etwa Jungen mit Nagellack in der weiterführenden Schule. Auch im Cosplay können Geschlechtergrenzen verschwimmen oder zementiert dargestellt werden; in diesem »Costume Play« werden Film- und Anime-Figuren in Kostüm und Make-up nachgespielt. Es ist eine Chance, versuchsweise in einen anderen Charakter zu schlüpfen. Teenies ändern ihr Aussehen, den Stil, die Inszenierung ständig. Natürlich kann sich da eine diverse oder queere Identität den Weg bahnen. Es kann aber auch ganz anders sein und einfach nur ein Test bleiben. Vermutlich geht es genau wie in der sexualisierten Sprache zunächst ums Vor-Fühlen von Besonderheit und Erwachsensein. Entsprechende Aussagen und expressive Looks sind zumindest ein sicheres Indiz dafür, dass die Suche nach passender Identität das Kind im Moment stark beschäftigt.

Ich würde raten, eigene Zuschreibungen des Kindes so stehen zu lassen, aber miteinander zu besprechen, was die Begriffe bedeuten, und wie überlebenswichtig sie für Menschen sind, die sich ganz tief und fest in der jeweiligen Identität fühlen. So kann das Kind verstehen, warum Teile des erwachsenen Umfelds, von der Lehrkraft bis zu den Großeltern, bei solchen Aussagen eventuell leicht schockiert reagiert. Wenn sich die profunde Identität zeigt, wird es ernst – im Reden und Handeln, in ersten persönlichen, erwachsenen Erfahrungen damit in der weiteren Pubertät. Das oberste Ziel lautet, als Familie im Gespräch zu bleiben über die Gefühle der Identität. Für Kinder gibt es inzwischen eine riesige Auswahl an Büchern, in denen Diversität thematisiert wird, zu Geschlechterrollen, Familienformen, sexueller Orientierung und mehr.

Rückblick **Einblick in andere Identitäten**

Alles eindeutig? Ich möchte Sie auf Momente aufmerksam machen, in denen auch Sie Gefühlen nachspüren konnten, die jenseits Ihrer Geschlechtsidentität oder sexuellen Orientierung liegen.

Es gibt manchmal Situationen, in denen wir nachfühlen können, wie andere Menschen lieben, sich verorten. In denen wir sie verstehen. Dazu zwei Beobachtungen:

Erinnern Sie sich an Spiele an der Geschlechtergrenze vor der Pubertät? Manche haben als Schulmädchen unter hysterischem Kichern miteinander Zungenküsse probiert. Jungen zeigten einander den Penis. Beides war spannend, aber nicht automatisch homosexuell.

Erinnern Sie sich an Momente, an denen Sie sich mit für die eigene Person fremden erotischen Gefühlen identifizieren konnten? Vielleicht kam das vor, als ein vertrauter Mensch sich outete und von für Sie unbekannten Gefühlen erzählte. Häufig entfalten auch Bücher oder Filme, die intensive Geschichten von Sexualität oder vom Suchen und Finden einer Identität jenseits der Norm erzählen, eine enorme Kraft und führen zum Verstehen.

Zum Schluss

Ein Nachwort mit guten Wünschen

Kurz vor dem Schreiben dieser Zeilen habe ich mit Freundinnen, allesamt Journalistinnen, Buchautorinnen plus eine Lehrerin, diskutiert: Was kommt nach dem Buch? Mehr Eltern- und Sexualberatung? Mehr Elternabende? Auf alle Fälle noch ein Elternratgeber! Und das Thema Sexualität bleibt.

Für alle aber gilt: Nach dem Buch kommt das Leben – auch für Sie. Es geht weiter, und das bedeutet in Ihrem Fall vermutlich, dass Sie das tun, was auf dem Titel steht: Mit Kindern über Körper, Gefühle und Sexualität sprechen. Ich würde mich freuen, wenn Sie die kindliche Entwicklung nach der Lektüre dieses Buches besser einordnen können und es mir gelungen ist, die Hürde abzubauen, über sexuelle Themen zu sprechen. Dabei möchte ich Sie ermutigen, auf Ihre Weise aufzuklären. Denn Sie haben ja gesehen: Vorgefertigte Antworten helfen kaum, Worte und Taten müssen zu Ihnen passen. Ich freue mich aber, wenn Sie sich von Grund auf informiert fühlen, motiviert und für Zwischentöne sensibilisiert. Vermutlich sind Sie Ihren eigenen Gefühlen rund um Körper und Sexualität nähergekommen. Vielleicht können Sie nun Ihnen fremde sexuelle Gefühle besser nachvollziehen. Ganz bestimmt aber verstehen Sie den Blick Ihres Kindes darauf besser: unbedarft und neugierig, mit dem Bedürfnis, die Welt zu verstehen, auch die von Körper, Liebe und Sexualität.

Ich freue mich, wenn Situationen rund um Geschlecht, Körper und Liebe künftig weniger von Angst und Besorgnis begleitet sind, sondern als das verstanden werden, was sie sind: Entwicklungsaufgaben. Nun können Sie Momente, in denen es um Nacktheit geht, um Genitalien, um Scham oder Doktorspiele, mit einem wissenden Lächeln und Sicherheit moderieren.

Dabei bleibt es an den Rändern und Grenzen der Sexualität immer aufregend: Emotionen, Wertungen, Beziehungen, Gefühle, Grenzen – da hängt alles mit allem zusammen, das wissen Sie jetzt. Und dass es in Lust und Liebe nur klappt, über sich selbst zu bestimmen, wenn man sich selbst versteht. Dass man sich nur schützen kann, wenn man die eigenen Grenzen kennt. Auch Sexualität genießen kann man nur, wenn man um die eigenen Möglichkeiten weiß und sie erprobt.

Ich wünsche weiterhin wunderbares Lieben und Lernen.

Widmung und Dank

Dieses Buch widme ich meiner Mutter. Leider war es ihr nicht mehr möglich, es zu lesen, sie hat aber die Freude darüber geteilt, dass ich es schreiben darf. Im Prozess des Schreibens habe ich häufig an ihre und generell vorausgegangene Generationen gedacht, die es schwer hatten mit der Sexualität, weil sie tabu war. Zugleich widme ich es meinen wunderbaren Töchtern und ihrer inspirierenden, offenen Generation. Ich widme dieses Buch überhaupt allen Töchtern und Müttern und allen Vätern und Söhnen, die das emotionale wie emotional wichtige Thema ausloten. Ich fühle mit allen, die ahnen, wie erfüllend und spannend, aber auch kompliziert und schmerzlich Sexualität sein kann, nämlich dann, wenn es weniger glatt geht mit Körper, Bindung, Beziehung, Geschlecht und Familienplanung. Mein Wunsch ist, dass wir unsere eigenen und uns fremde Gefühle dazu besser verstehen lernen.

Riesiger Dank gilt meinem Mann Daniel für die Bestärkung, Begleitung und jeden einzelnen Cappuccino am Morgen. Ich danke meinem Bruder Alexander fürs Stellunghalten in schwieriger Familienzeit. Erwähnen möchte ich Professor Konrad Weller von der Hochschule Merseburg für seine Fähigkeit, sexualwissenschaftliche Inhalte mit maximaler Fachkompetenz plus Charme und Witz zu vermitteln. Dank auch ans gesamte Lehrteam vor Ort.

Bedanken möchte ich mich außerdem bei Alex Rump für wertvolle Hinweise im Zuge des Sensitivity Reading sowie bei meinen ehemaligen Mitstudierenden und Fachkolleg*innen Laura, Janosch und Jonas für differenzierte Kritik zu Teilen der Texte, genau wie bei dem Sexualpädagogen Sven vom Landesverband Pro Familia Hamburg. Den treffenden Vergleich von Verkehrserziehung und Aufklärung verdanke ich der Sexualpädagogin Silke. Mit beiden durfte ich eine Elternbroschüre[94] erarbeiten, die zum Anstoß für dieses Buch wurde, veröffentlicht mit Unterstützung von Kerstin, der Geschäftsführerin des Landesverbandes Pro Familia Hamburg. Danke!

Glück habe ich außerdem mit den Lektorinnen Annegret Augustin vom Kösel-Verlag und Imke Oldenburg. Dank für ihr scharfes Auge und beständiges Mitdenken. Ein Danke geht auch an meine Agentin Heike Wilhelmi, die Autorin und Freundin Verena Carl und meinen Nachbarn und Schreibprofi Michael Friderici für die Lektüre erster Versionen des Buches. Es hat gedauert, bis die Herangehensweise passend war.

Zuletzt danke ich allen Eltern wie Kindern, über die ich erfahren konnte, wie Kinder sich die Welt um Körper, Beziehung, Liebe, und ja, Sexualität erobern – und wie viele Fragen es gibt, über die sich das Nachdenken lohnt. Sorgen wir dafür, dass die nächste Generation einen sicheren und selbstbestimmten Weg in die eigene Sexualität findet.

Beste Bücher

Für alle, die das Thema Geschlechter, Sexualität und Erziehung für sich weiter ausloten möchten, nenne ich hier Bücher, die den Horizont erweitern. Ohne Vollständigkeit. Aber mit persönlicher Empfehlung.

Für Eltern allgemein

Das Buch, von dem du dir wünschst, deine Eltern hätten es gelesen (und deine Kinder werden froh sein, wenn du es gelesen hast) von Philippa Perry, Ullstein 2020. *Eine kluge, zugewandte Reflexion dazu, wie uns Eltern die eigene Herkunftsfamilie prägt – und wie wir alte Muster überwinden, für uns und unsere Kinder.*

Sex verändert alles von Ann-Marlene Henning, Rowohlt 2019, *für Jugendliche. Offenherzig und frisch erklärt die Sexualtherapeutin der Stunde, berühmt geworden durch die Serie* **Make Love**, *was man für guten Sex wissen muss. Siehe auch: www.doch-noch.de*

Ist das normal? Sprechen wir über Sex, wie du ihn willst von Melanie Büttner u. a., Beltz 2020. *Das aktuell facettenreichste Buch über Sex für Erwachsene und ältere Jugendliche. Es ist entstanden aus einem Sex-*

podcast der Wochenzeitung Die Zeit *und unbestechlich gut recherchiert. www.zeit.de/sexpodcast*

Komm, wie du willst von Emily Nagoski, Knaur 2017. *Ein Buch, das jede Frau gelesen haben sollte. Fachlich tiefgründig und locker-flockig erzählt die US-Wissenschaftsautorin und Sexualpädagogin, was die weibliche Sexualität bremst – und wie man die Bremse löst.*

Untenrum frei von Margarete Stokowski, Rowohlt 2016. *Eine sexuelle Autobiografie ums Aufwachsen und Ausbrechen aus normierter Sexualität. Stokowskis Fazit lautet: Man kann untenrum (beim Sex) nur frei sein, wenn man obenrum (im Kopf) frei ist von inneren und äußeren normativen Grenzen und Zuschreibungen.*

Keine Zeit: Wenn die Firma zum Zuhause wird und zu Hause nur Arbeit wartet von Arlie Russel Hochschild, VS Verlag für Sozialwissenschaften 2006. *Die Soziologin erfand den Begriff der Emotionalen Arbeit und beschrieb bereits in der US-Ausgabe des Buches aus dem Jahr 1989 die neue Doppelbelastung von Frauen: mit Arbeit Geld verdienen und zu Hause umsonst weiterarbeiten.*

Die Erschöpfung der Frauen: Wider die weibliche Verfügbarkeit von Franziska Schutzbach, Droemer 2021. *Ein Reminder ans Weiterkämpfen: Schutzbach legt den Finger in die Wunden (ja, plural) und wendet sich gegen die All-Zuständigkeit von Frauen für Sorge und Emotionen, die angeblich in ihrer Natur liegen und darüber hinaus weder finanziell noch emotional wertgeschätzt werden. Ein kluger Beitrag zur Debatte.*

Die Hochzeit der Chani Kaufmann von Eve Harris, Diogenes 2015, und **Unorthodox** von Deborah Feldmann, btb Verlag

2017. *Zwei Exempel für ein Aufbegehren gegen Glaubensvorstellungen, die das weibliche (und männliche!) Geschlecht begrenzen. Nur zufällig handeln beide Bücher in jüdisch-orthodoxen Gemeinschaften. »Unorthodox« ist eher ernst und autobiografisch, »Chani Kaufmann« ein unterhaltsamer Roman.*

Zum Thema Sexualität, Aufklärung und Erziehung

»Da unten«: Über Vulven und Sexualität. Ein Aufklärungscomic von Louie Läuger, Unrast 2021. *Erklärt sensibel und offen in Wort und Bild, was Frauen und Mädchen ab der Pubertät über Körper, Liebe und Respekt wissen sollten. Fragt sich: Wann kommt ein Gegenstück fürs andere Geschlecht? Zum Thema Diversität gibt es neu von ihr* **Gender-Kram.**

Starke Mädchen, starke Jungen: Genderbewusste Pädagogik in der Kita von Petra Focks, Herder 2016. *Ein Fachbuch – auch für Eltern zum Thema Geschlechter spannend.*

Die Rosa-Hellblau-Falle. Für eine Kindheit ohne Rollenklischees von Almut Schnerring und Sascha Verlan, Kunstmann 2014. *Wie der Titel sagt: raus aus der Falle.*

Prinzessinnenjungs. Wie wir unsere Söhne aus der Geschlechterfalle befreien von Nils Pickert, Beltz 2020. *Ein Vater denkt leidenschaftlich und berührend darüber nach, wie die Erziehung von Jungen heute sein könnte – freier, menschlicher und mit einer Vielfalt von Rollenangeboten jenseits der Klischees. Ebenso empfehlenswert finde ich sein neuestes Buch* **Lebenskompliz*innen**, Beltz 2022. *Eine wegwei-*

sende Neubestimmung von Liebe. Es verabschiedet das altmodische Konzept der romantischen Liebe und begrüßt die Gleichberechtigung in der Partnerschaft.

Kindliche Sexualität in Kindertageseinrichtungen von Oliver Bienia und Sylvia Kägi, Beltz Juventa 2021. *Das neueste Fachbuch zum Thema.*

Sexualität in den Medien *Differenzierte Broschüre für Eltern der Bayerischen Landeszentrale für Neue Medien zum Umgang damit.* https://www.blm.de/files/pdf2/broschuere_sexualitaet_in_den_medien.pdf

Darf ich mit meinem Kind in die Badewanne? 100 und noch mehr Fragen und Antworten aus dem Alltag bei Dunkelziffer e. V. *Broschüre zur Erziehung rund um Sexualität und gegen sexuellen Kindesmissbrauch.* https://www.dunkelziffer.de/wp-content/uploads/2020/06/100_Fragen_Dunkelziffer_download.pdf

Vorlese- und Aufklärungsbücher für die Familie

Eine Auswahl von Klassikern und Neuerscheinungen zu Körper und Familie, das Angebot ist noch viel größer. Ein paar davon im Kinderzimmer zu haben, auszuleihen und gemeinsam anzuschauen, macht Aufklärung leichter.

Mein Körper gehört mir! und **Mein erstes Aufklärungsbuc**h von Dagmar Geisler, Loewe 2020 und 2012. *Diese oder ähnliche Bücher gehören einfach dazu.*

Wir entdecken unseren Körper von Doris Rübel, Ravensburger 2012. *Klassiker zu Körperwissen von klein auf aus der Reihe »Wieso? Weshalb? Warum?«.*

Überall Popos von Annika Leone, Klett Kinderbuch 2020. *Milla sieht im Schwimmbad Körper aller Arten, im Becken wie unter der Dusche. Ein humorvolles Buch zur Körpervielfalt auch für ganz Kleine.*

Lina, die Entdeckerin von Katharina Schönborn-Hotter, Achse 2020. *Enttabuisiert die Worte Vulva, Klitoris und Vagina und sorgt für positives Körperwissen fürs weibliche Geschlecht.*

Bruno will hoch hinaus von Sabine Ziegelwanger, Achse 2022. *Das Buch für Entdecker und Körperkundler mit Penis – das Pendant zum Buch zuvor.*

AnyBody: Dick & dünn & Haut & Haar: das große Abc von unserem Körper-Zuhause von Katharina von der Gathen und Anke Kuhl, Klett Kinderbuch 2021. *Gegen Bodyshaming, für Vielfalt und Selbst(er)kenntnis für Grundschulkinder, inklusive intimer Parts und einer satten Portion Humor dazu.*

Erbsenklein Melonengroß: Das gendersensible Vorlesebuch rund um Familie und Geburt von Cornelia Lindner und Verena Tschemernjak, Achse 2021. *Das Buch erzählt so von Empfängnis, Schwangerschaft und Geburt, dass sich alle Familien darin wiederfinden. Gut für Kitakinder.*

Ein Baby! Wie eine Familie entsteht von Rachel Greener, Penguin Junior 2021. *Inkludiert alternative Wege, wie Familie entsteht und Babys auf die Welt kommen.*

Peter, Ida und Minimum. Familie Lindström bekommt ein Baby von Grethe Fagerström, Ravensburger 1989. *Unverkrampfter comicartiger und realistischer Klassiker rund ums Kinderkriegen.*

Herr Seepferdchen von Eric Carle, Gerstenberg 2009. *Der Kinderbuchklassiker zeigt, wer bei den Seepferdchen und anderen Meerestieren die Mama ist: der Papa, mal überspitzt formuliert.*

Alles Familie! von Alexandra Maxeiner, Klett Kinderbuch 2021. *Wie der Titel sagt stellt das Buch Familienkonstellationen vor, vielfältig und multikulturell. Ganz ähnlich tickt* **Das alles ist Familie** von Michael Engler, Ars Edition 2021.

Von wegen Bienchen und Blümchen! Aufklärung, Gefühle und Körperwissen für Kinder ab 5 von Carsten Müller und **Sex ist wie Brokkoli, nur anders – Ein Aufklärungsbuch für die ganze Familie**, beide EMF Verlag 2021 bzw. 2020. *Der »Brokkoli« richtet sich in Taschenbuchform eher an Eltern, die »Bienchen« als Vorlesebuch an Kinder. Unverkrampfte Aufklärung für Groß und Klein.*

Klär mich auf. 101 echte Kinderfragen rund um ein aufregendes Thema von Katharina von der Gathen, Klett Kinderbuch 2014. *Kinderfragen und kurze, klare Antworten. Klasse gemacht für Kinder ab acht Jahren.*

Die Gefühlebande und **Soll ich es sagen? Eine Geschichte über Geheimnisse** von Clemens Fobian und Mirjam Zels sowie **PS: Es gibt Lieblingseis** von Luzie Loda, Marta Press 2018 und 2019. *Der alternative Verlag Marta Press thematisiert die Gefühle, gute wie schlechte Geheimnisse sowie Intergeschlechtlichkeit.*

Kontakt und Beratung im Internet

Ein Auswahl von Anlaufstellen zu Fragen der Sexualität allgemein und speziell für Eltern und Kinder.

Wichtig vorab

Bei akuten Krisen helfen www.telefonseelsorge.de und www.telefonseelsorge.at sowie www.143.ch

Für Kinder gibt es die Telefonberatung www.nummergegenkummer.de mit der Telefonnummer 116 111 inklusive einer Nummer für Eltern: 0800 111 0550

Sexualität allgemein

www.profamilia.de, **https://profamilia.sextra.de** *Der größte unabhängige Verband für Sexualberatung und Sexualpädagogik in Deutschland. Mit lokalen Beratungsstellen in ganz Deutschland und Onlineberatung.*

www.oegs.or.at/sexualtherapie *und* **www.sante-sexuelle.ch** *sind die Pendants dazu in Österreich und der Schweiz.*

www.liebesleben.de *Information rund um Sexualität und sexuelle Gesundheit der Bundeszentrale für gesundheitliche Aufklärung (BZgA).*

www.isp-sexualpaedagogik.org *Institut für Sexualpädagogik, Zusammenschluss in Sexueller Bildung tätiger Personen aus dem deutschsprachigen Raum (D/A/CH), Materialien auch zu Kindern und Jugendlichen.*

Sexuelle Vielfalt: Trans- und Intergeschlechtlichkeit, Homosexualität und mehr

Heterosexuelle Identität ist nur eine Möglichkeit von vielen. Hier sind Kontakte für Fragen zu Diversität und queerer Entwicklung.

Flying Unicorn *Zum Verständnis der wichtigsten Ebenen sexueller Vielfalt: das Identitäten-Einhorn lädt ein, sich persönlich zu verorten.*
https://www.plusproject.ch/gender-unicorn/
www.regenbogenportal.de *Informationspool der Bundesregierung zu gleichgeschlechtlichen Lebensweisen und geschlechtlicher Vielfalt.*
www.lsvd.de *Lesben- und Schwulenverband in Deutschland. Offen und für Vielfalt aktiv.*
www.bundesverband-trans.de *Dachverband für regionale Vereine und Gruppen, die für die Rechte von trans* Personen eintreten.*
https://lambda-online.de *Lambda ist ein bundesweit agierender Verband für junge, queere Menschen, egal ob lesbisch, schwul, bi, trans*, inter*, queer oder einfach noch unsicher.*

www.trans-kinder-netz.de *Trakine oder Trans-Kinder-Netz ist ein internationaler Verein, der Eltern von trans* Kindern und trans* Jugendlichen zur Seite steht.*
https://im-ev.de/ *Bundesverband Intergeschlechtliche Menschen e. V.*
www.queerer-beratungskoffer.de *Infos zum Einstieg zu queeren Kindern für Fachkräfte und Eltern.*
www.queer-leben.de *Beratung in Berlin und grundlegend weitergehende Informationen für Familien.*
www.transinterqueer.org *Fachstelle für trans*, inter* und nichtbinäre Lebensweisen.*
www.oiigermany.org *Deutsche Vertretung der Internationalen Vereinigung Intergeschlechtlicher Menschen, Vereine und Organisationen, teils lokal, teils bundesweit vernetzt als Anlaufstellen zum Thema inter* und trans*.*

Geschlechterfragen

Hier ist eine Übersicht knifflig. Darum ein paar Stichworte zu Organisationen gegen Sexismus und mit feministischer Zielrichtung, ohne Anspruch auf Vollständigkeit.

https://pinkstinks.de/ *Protest- und Bildungsorganisation gegen Sexismus und Homophobie. Eigenes Motto: Die Zeiten gendern sich.*
www.gwi-boell.de Gunda-Werner-Institut, *modern und feministisch.*
www.frauenrechte.de Terre des Femmes, *agiert weltweit.*
www.frauenrat.de *Dachverband für Frauenorganisationen.*

Missbrauch

www.beauftragte-missbrauch.de Seite der Unabhängigen Beauftragten für Fragen des sexuellen Kindesmissbrauchs der Bundesregierung. *Gute Eltern-Infos unter den Stichworten Prävention und Hilfe. Mit Kontakt-Telefon für akute Fälle und Fragen.*

www.hilfe-portal-missbrauch.de *Anonyme, kostenfreie Hilfe und Information bei sexueller Gewalt in Kindheit und Jugend.*

www.dunkelziffer.de *Hamburger Verein mit einem großen Hilfsangebot für von Missbrauch betroffene Kinder und Jugendliche. Mit Not-Telefon und vielen Infos auf der Website.*

www.zartbitter.de *Der Verein aus Köln mit Information rund um sexuellen Missbrauch.*

www.trau-dich.de *Initiative gegen Kindesmissbrauch der BZgA und des Bundesministeriums für Familie, Senioren, Frauen und Jugend. Für Kinder, Pädagog*innen und Eltern.*

Medien

www.schau-hin.info *Information und fundierter Rat zum Thema digitale Medien.*

www.klicksafe.de *Unterstützung bei der Medienerziehung und Sicherheit im Internet.*

www.surfen-ohne-risiko.net *Nach dem Motto: Schützen, Handeln, Stärken für sicheren Umgang mit Medien.*

www.lieben-lernen.info *Website der Autorin, rund um Sexuelle Bildung für Eltern jüngerer Kinder.*

Quellen

1 *No more boys and girls,* Originaldokumentation des britischen Senders BBC aus dem Jahr 2018. Siehe: https://www.bbc.co.uk/programmes/b09202jz, ebenfalls abrufbar auf YouTube. Siehe: https://www.youtube.com/watch?v=wN5R2LWhTrY&t=0s. Die entsprechende ZDF-Doku mit Collien Ulmen-Fernandes vom 05.06.2021 steht laut Ankündigung bis 22.05.2023 in der ZDF-Mediathek. Siehe: https://www.zdf.de/dokumentation/no-more-boys-and-girls, abgerufen am 06.01.2022

2 Lin Bian, Sarah-Jane Leslie und Andrei Cimpian: »Gender stereotypes about intellectual ability emerge early and influence children's interests«, in: *Science* 355/6323 2017, Seite 389–391. Siehe: https://www.science.org/doi/10.1126/science.aah6524, abgerufen am 03.05.2022

3 Carol Seavey, Phyllis Katz und Sue Rosenberg Zalk: »Baby X: The effect of gender labels on adult responses to infants«, in: *Sex Roles* 1/1975, Seite 103–109, zitiert nach Almut Schnerring und Sascha Verlan: *Die Rosa-Hellblau-Falle. Für eine Kindheit ohne Rollenklischees,* Verlag Kunstmann 2021, und dem Blog der Autoren https://rosa-hellblau-falle.de/2018/07/wege-aus-der-rosa-hellblau-falle/

4 Philippa Perry: *Das Buch, von dem du dir wünschst, deine Eltern hätten es gelesen (und deine Kinder werden froh sein, wenn du es gelesen hast), Ullstein 2020*

5 Sabine Andresen, Marie Demant, Anna Galliker, Luzia Rott: *Sexuelle Gewalt in der Familie. Gesellschaftliche Aufarbeitung sexueller Gewalt gegen Kinder und Jugendliche von 1945 bis in die Gegenwart,* Unabhängige Kommission zur Aufarbeitung sexuellen Kindesmissbrauchs (Hg.), Berlin 2021. Siehe: https://www.aufarbeitungskommission.de/wp-content/uploads/Studie_Sexuelle-Gewalt-in-der-Familie_bf.pdf, abgerufen am 06.01.2022

6 Thorsten Quandt, Jens Vogelgesang: »Jugend, Internet und Pornografie. Eine repräsentative Befragungsstudie zu individuellen und sozialen Kontexten der Nutzung sexuell expliziter Inhalte im Jugendalter«, in: Patrick Rössler, Constanze Rossmann (Hg.): *Kumulierte Evidenzen. Replikationsstudien in der empirischen Kommunikationsforschung,* Springer 2018, Seite 91–118. Siehe: https://www.researchgate.net/publication/319640220_Jugend_Internet_und_Pornografie, abgerufen am 06.01.2022

7 Bauer Media Group: *Bravo Dr.-Sommer-Studie 2016,* München 2016, zitiert nach Quandt/Vogelgesang

8 Ina-Maria Philipps: *Körper, Liebe, Doktorspiele. Ein Ratgeber für Eltern zur kindlichen Sexualentwicklung.* Teil 1: 1.–3. Lebensjahr. Teil 2: 4.–6. Lebensjahr. Bundeszentrale für gesundheitliche Aufklärung (Hg.), Köln 2000. Sowie: »Wie sexuell ist kindliche

Sexualität?«, Vortrag am 21.02.2005 in Hamburg auf der Fachtagung *Kuscheln, Fühlen, Doktorspiele… – Frühkindliche Sexualerziehung in der Kita*. Siehe: https://www.isp-sexualpaedagogik.org/downloadfiles/vortrag_Philipps_-_Kindliche_Sexualitat.pdf, abgerufen am 07.01.2022

9 Gunter Schmidt: *Das neue Der Die Das. Über die Modernisierung des Sexuellen*, Psychosozial-Verlag 2007

10 Guy Bodenmann, Corinne Gröbli: »Einfühlsame Eltern … Grundlage für eine sichere Bindung und gesunde Entwicklung«. Flyer vom Lehrstuhl für Klinische Psychologie der Universität Zürich. Siehe: https://www.paarlife.ch/wp-content/uploads/Flyer-Einfuehlsame-Eltern_2020.pdf, abgerufen am 07.01.2022

11 Gunter Schmidt: *Das neue Der Die Das. Über die Modernisierung des Sexuellen*, Psychosozial-Verlag 2007, Seite 68

12 Diesen Schluss legen die vergleichenden Studien der Bundeszentrale für gesundheitliche Aufklärung von 1980 bis 2020 zum Thema Jugendsexualität nahe. Siehe: https://www.forschung.sexualaufklaerung.de/forschungsthemen/jugendsexualitaet-im-ueberblick/, abgerufen am 21.02.2022

13 Heinz-Jürgen Voß: *Geschlecht. Wider die Natürlichkeit*, Schmetterling 2018

14 Marianne Becker, Volker Hesse: »Minipuberty: Why does it happen«, in: *Hormone Research in Pediaetrics* 93/2020, Seite 76–84. Siehe: https://www.karger.com/Article/FullText/508329, abgerufen am 31.01.2022

15 Lee Gettler u. a.: »Longitudinal evidence that fatherhood decreases testosterone in human males«, in: *Proceedings of the National Academy of Sciences of the United States of America*, September 2011. Siehe: https://www.pnas.org/content/108/39/16194, abgerufen am 11.02.2022

16 »Schon Frühchen unterscheiden Silben und Stimmen«, auf www.welt.de vom 25.02.2013 (ohne Autor). Siehe: https://www.welt.de/wissenschaft/article113898421/Schon-Fruehchen-unterscheiden-Silben-und-Stimmen.html, abgerufen am 31.01.2022. Basiert auf: Mahdi Mahmoudzadeh u. a.: »Syllabic discrimination in premature human infants prior to complete formation of cortical layers«, in: *Proceedings of the National Academy of the Sciences oft the United States of America*, März 2013, Seite 4846–4851. Siehe: https://doi.org/10.1073/pnas.1212220110, abgerufen am 08.01.2022.

17 Siehe Becker/Hesse.

18 Renate Volbert: »Sexualwissen von 2- bis 6-jährigen Kindern«, in: *BZgA Forum Sexualaufklärung*, Bundeszentrale für gesundheitliche Aufklärung (Hg.) 2/1998, Seite 5–8. Siehe: https://forum.sexualaufklaerung.de/fileadmin/redakteur/forum/dokumente/13327000.pdf, abgerufen am 02.05.2022

19 Gabriele Haug-Schnabel: *Physiologische und Psychologische Aspekte der Sauberkeitsentwicklung*. KiTa Fachtexte der Alice Salomon Hochschule, Fröbel Gruppe und der Weiterbildungsinitiative Frühpädagogische Fachkräfte (WIFF) 2011. Siehe: https://www.kita-fachtexte.de/fileadmin/Redaktion/Publikationen/FT_haug_schnabel_2011.pdf, abgerufen am 08.12.2022

20 Remo Largo: *Babyjahre*, Piper 2005, Seite 78ff.

21 Adelheid Müller-Lissner: »Das Märchen vom frühen Testosteron-Anstieg«, www.tagesspiegel.de vom 16.05.2020. Siehe: https://www.tagesspiegel.de/berlin/unterschiede-bei-jungen-und-maedchen-das-maerchen-vom-fruehen-testosteron-anstieg/24584250.html. Die Autorin weist dort auf das wissenschaftliche Projekt https://caliperproject.ca/ hin, abgerufen am 08.01.2022

22 Heribert Stolzenberg u. a.: »Körpermaße bei Kindern und Jugendlichen in Deutschland. Ergebnisse des Kinder- und Jugendgesundheitssurveys (KiGGS)«, in: *Bundesgesundheitsblatt*, Springer Medizin Verlag 2007, Seite 659–669. Siehe: https://edoc.rki.de/bitstream/handle/176904/421/23a6P5aAcd06.pdf?sequence=1&isAllowed=y, abgerufen am 10.01.2022

23 Bettina Schuhrke: »Kindliche Körperscham und familiale Schamregeln. Ausgewählte Ergebnisse einer Interviewstudie«, in: *BZgA Forum Sexualaufklärung*, Bundeszentrale für gesundheitliche Aufklärung (Hg.) 2/1998, Seite 11. Siehe: https://forum.sexualaufklaerung.de/fileadmin/redakteur/forum/dokumente/13327000.pdf

24 Diese Beiträge diskutieren die sportliche Leistungsfähigkeit von Kindern: Julian Bergmann: *Motorische Leistungsfähigkeit im Kindes- und Jugendalter*, Akademie für Sport und Gesundheit 2008. Siehe: https://www.akademie-sport-gesundheit.de/wissenschaft/816/motorische-leistungsfaehigkeit-im-kindes-und-jugendalter.html und Heinz Krombholz: *Die motorische Entwicklung im Kindesalter – empirische Ergebnisse.* Siehe: https://www.familienhandbuch.de/babys-kinder/bildungsbereiche/bewegung/diemotorische-entwicklung.php, jeweils abgerufen am 10.01.2022

25 Adelheid Müller-Lissner: »Mädchen und Jungen sind gleich stark«, www.tagesspiegel.de vom 26.06.2012. Siehe: https://www.tagesspiegel.de/wissen/sportunterricht-maedchen-und-jungen-sind-gleich-stark/6796404.html, abgerufen am 10.01.2022

26 Freud, Sigmund: *Drei Abhandlungen zur Sexualtheorie*, Nikol 2010

27 Pierre Bourdieu: *Sozialer Sinn. Kritik der theoretischen Vernunft*. Suhrkamp 1980, Seite 135

28 Bini Adamczak: »Come on. Über die Erfindung eines neuen Wortes, das sich aufdrängt – und unser Sprechen über Sex revolutionieren wird«, auf www.missy-magazine.de vom 03.08.2016. Siehe: https://missy-magazine.de/blog/2016/03/08/come-on/, abgerufen am 11.01.2022

29 Siehe: www.ellaberlin.de, abgerufen am 20.04.2022

30 Jillian Lloyd, Sarah M. Creighton u. a.: »Female genital appearance: ›normality‹ unfolds«, in: *BJOG An International Journal on Obstetrics and Gynecology, 5/2005 Seite 643–646.* Siehe: https://pubmed.ncbi.nlm.nih.gov/15842291/ und Anne Kreklau u. a.: »Measurements of a ›normal vulva‹ in women aged 15–84: a cross-sectional prospective single-centre study«, in: *BJOG An International Journal on Obstetrics and Gynecology*, 13/2018, Seite 1656–1661. Siehe: https://obgyn.onlinelibrary.wiley.com/doi/10.1111/1471-0528.15387, abgerufen am 11.01.2022

31 Vincent Di Marino und Hubert Lepidi: *Anatomic Study of the Clitoris and the Bulbo-Clitoral Organ*, Springer 2014, Seite 81–93

32 Mithu Sanyal: »Vaginale Corona: Der Mythos«, auf www.emma.de vom 06.09.2010. Siehe: https://www.emma.de/artikel/vaginale-corona-der-mythos-jungfernhaeutchen-265102, abgerufen am 11.02.2022, und Sibylle Schreiber u. a.: *Das Jungfernhäutchen. Falsche Vorstellungen und Fakten* (Broschüre), Terre des Femmes (Hg.) 2011. Siehe: https://www.frauenrechte.de/images/downloads/ehrgewalt/hymen/broschuere_jungfernhaeutchen-2011.pdf, abgerufen am 11.02.2022

33 David Veale u. a.: »Am I normal? A systematic review and construction of nomograms for flaccid and erect penis length and circumference in up to 15 521 men«, in: *British Journal of Urology International*, 6/2015, Seite 978–986

34 Zitiert nach Ann-Marlene Henning: *Make Love. Ein Aufklärungsbuch*. Rogner & Bernhard 2012, Seite 136

35 Sara Scharmanski, Angelika Hessling: *Sexualaufklärung und Verhütungsberatung im Elternhaus.* Jugendsexualität 9. Welle (BZgA-Faktenblatt), Bundeszentrale für gesundheitliche Aufklärung (Hg.) 2021. Siehe: https://doi.org/10.17623/BZgA_SRH:fb_JUS9_Eltern, abgerufen am 11.01.2022

36 Bundeszentrale für gesundheitliche Aufklärung (Hg.): *Studie Jugendsexualität, Repräsentative Wiederholungsbefragung. Die Perspektive der 14- bis 25-Jährigen.* 2015. Seite 67, Köln 2016. Siehe: https://shop.bzga.de/pdf/13316300.pdf, abgerufen am 25.08.2021

37 Heidrun Kahl u. a.: »Sexuelle Reifung von Kindern und Jugendlichen in Deutschland. Ergebnisse des Kinder- und Gesundheitssurveys«, in: *Bundesgesundheitsblatt,* Seite 677–685. Springer Verlag 2007. Siehe: https://shop.bzga.de/pdf/13316300.pdf, abgerufen am 06.08.2021

38 Bettina Gohlke, Joachim Wölfle: »Growth and Puberty in German Children. Is There Still a Positive Secular Trend?«, in: *Deutsches Ärzteblatt International* 23/2009, Seite 377–382. Siehe: https://www.aerzteblatt.de/int/archive/article/64943, abgerufen am 12.01.2022

39 Heidrun Kahl u. a.: »Sexuelle Reifung von Kindern und Jugendlichen in Deutschland. Ergebnisse des Kinder- und Gesundheitssurveys«, in: *Bundesgesundheitsblatt,* Seite 677–685. Springer Verlag 2007. Siehe: https://edoc.rki.de/bitstream/handle/176904/423/293fQNZFAlEs.pdf?sequence=1&isAllowed=y, abgerufen am 06.08.2021

40 Viele Aussagen in diesem Kapitel fußen auf folgender Studie: Annette Schneider: *Das Körperbewusstsein bei Kindern und Jugendlichen.* Biologische Fakultät der Albert-Ludwigs Universität, Freiburg im Breisgau 2012. Siehe: https://freidok.uni-freiburg.de/fedora/objects/freidok:8721/datastreams/FILE1/content, abgerufen am 26.08.2021

41 Jacinta Lowes, Marika Tiggemann: »Body dissatisfaction, dieting awareness and the impact of parental influence in young children«, in: *British Journal of Health Psychology* Juni 2003, Seite 135–147

42 Im Interview in der Zeitschrift *Brigitte Woman,* Heft 7/2021, Seite 12–18

43 »Body Positivity: ›Das Ziel ist nicht, seine Pickel schön zu finden‹«. Interview von Juliane Frisse mit Anuschka Rees vom 11.08.2019 auf www.zeit.de. Siehe: https://www.zeit.de/die-antwort/2019-08/body-positivity-schoenheitswahn-body-neutrality-selbstbewusstsein, abgerufen am 19.09.21

44 Jacinta Lowes, Marika Tiggemann: »Body dissatisfaction, dieting awareness and the impact of parental influence in young children«, a. a. O.

45 Linda Gerhardt: *The Rebellious History of the Fat Acceptance Movement,* Center for Discovery 2021. Siehe: https://centerfordiscovery.com/blog/fat-acceptance-movement/, abgerufen am 03.10.2021

46 Judith Fischer: »Ich muss meine Cellulite nicht lieben! Warum wir mehr Body Neutrality brauchen«. Siehe: https://www.elle.de/body-neutrality, vom 16.08.2020, abgerufen am 03.10.2021, oder https://www.miss.at/body-neutrality-was-es-bedeutet/

47 Sara Scharmanski, Angelika Hessling: *Im Fokus: Körperbild. Jugendsexualität 9. Welle* (BZgA-Faktenblatt), Bundeszentrale für gesundheitliche Aufklärung (Hg.), 2021. Siehe: https://publikationen.sexualaufklaerung.de/fileadmin/redakteur/publikationen/dokumente/Jugendsexualitaet/Faktenblaetter/2021-Factsheet-Jugendsexualitaet-Sexualaufklaerung-Koerperbild_Version_1-0.pdf, abgerufen am 15.11.2021

48 Maya Götz, Margit Herche: »Wespentaille und breite Schultern. Der Körper der ›globalen‹ Mädchen- und Jungencharaktere in animierten Kindersendungen«, in: Maya Götz (Hg.): *Die Fernsehheld(inn)en der Mädchen und Jungen. Geschlechterspezifische Studien zum Kinderfernsehen*, kopaed 2013, Seite 63–78

49 Anke M. Leitzgen: »Aufklärung aus Kindersicht. Eine Befragung 6- bis 12-jähriger Kinder zu Sexualwissen und Körpergefühl«, in: *BZgA Forum* 3/2009, Bundeszentrale für gesundheitliche Aufklärung (Hg.), Seite 42–46. Siehe: https://forum.sexualaufklaerung.de/archiv/2009/ausgabe-3/aufklaerung-aus-kindersicht-eine-befragung-6-bis-12-jaehriger-kinder-zu-sexualwissen-und-koerpergefuehl/, abgerufen am 29.01.2022

50 Anke M. Leitzgen: »Aufklärung aus Kindersicht. Eine Befragung 6- bis 12-jähriger Kinder zu Sexualwissen und Körpergefühl«, a. a. O.

51 Vgl. Nicola Döring: »Sexualisierung«, in: *Dorsch Lexikon der Psychologie*, Hogrefe. Eintrag vom 30.04.2019. Siehe: https://dorsch.hogrefe.com/stichwort/sexualisierung, abgerufen am 26.04.2022

52 Anke M. Leitzgen: »Aufklärung aus Kindersicht. Eine Befragung 6- bis 12-jähriger Kinder zu Sexualwissen und Körpergefühl«, a. a. O.

53 Ebenda

54 Konrad Weller u. a.: *PARTNER 5 Jugendsexualität 2021. Primärbericht: Sexuelle Bildung, sexuelle Grenzverletzungen und sexualisierte Gewalt*. Hochschule Merseburg 2021. Siehe: https://heinzjuergenvoss.de/wp-content/uploads/2021/09/Primaerbericht-Gewalt-PARTNER-5-Jugendliche-FINAL.pdf, abgerufen am 29.01.2022

55 Umfassendes Wissen zum Thema Scham, Basis für dieses Kapitel, hat Bettina Schuhrke, Professorin für Psychologie an der Evangelischen Hochschule Darmstadt, gesammelt. Etwa: *Kindliche Körperscham und familiale Schamregeln. Eine Studie im Auftrag der Bundeszentrale für gesundheitliche Aufklärung*, Bundeszentrale für gesundheitliche Aufklärung (Hg.) 2003. Siehe: https://shop.bzga.de/pdf/13300011.pdf, abgerufen am 19.01.2022. Online findet man den Vortrag: »Zur Entwicklung des körperlichen Schamgefühls. Theoretische Perspektiven und eine Studie an Kindern in Familien«. Vortrag an der Universität Frankfurt/Main vom Februar 2003. Siehe: https://www.eh-darmstadt.de/fileadmin/user_upload/lehrende/Schuhrke/Schuhrke_Vortraege_Anhang.pdf, abgerufen am 02.05.2022 Information zu den Yanomami: Nancy Allmrodt, Wiebke Hebold: »Infoblatt Yanomami. Basisdaten, Lebensweise, Konflikte und Lösungsansätze«. Auf *Terrasse online* vom 29.07.2014, https://www.klett.de/alias/969296, abgerufen am 06.10.2021

56 Aus: Gunter Schmidt: *Das neue Der Die Das. Über die Modernisierung des Sexuellen*. Psychosozial Verlag 2014, Seite 63f. Die Studie, auf die er sich beruft, findet man im Sammelband von John Bancroft: *Sexual Development in Childhood*, Indiana University Press 2003

57 König wird hier zitiert nach Christina Berndt: »Alles nur ein Spiel. Doktorspiele unter Kindern«. Siehe: https://www.sueddeutsche.de/leben/doktorspiele-unter-kindern-alles-nur-ein-spiel-1.3505865 vom 15.05.2017, abgerufen am 25.10.2021

58 Heinz-Jürgen Voß: »Partner 5 Jugendsexualität 2021. Sexuelle Grenzverletzungen und Sexualisierte Gewalt«. Online-Präsentation der Studienergebnisse am 30.07.2021. Hochschule Merseburg, Institut für Angewandte Sexualwissenschaft. Siehe: https://heinzjuergenvoss.de/wp-content/uploads/2021/09/Primaerbericht-Gewalt-PARTNER-5-Jugendliche-FINAL.pdf, abgerufen am 03.05.2022

59 Bettina Schuhrke im Interview mit Julia Köppen: »Wann Doktorspiele zu weit gehen«, Interview vom 25.03.2019 auf www.spiegel.de. Siehe: https://www.spiegel.de/gesundheit/diagnose/doktorspiele-wann-gehen-sie-zu-weit-psychologin-gibt-erziehungstipps-a-1259554.html, abgerufen am 25.10.2021

60 Anke M. Leitzgen: »Aufklärung aus Kindersicht. Eine Befragung 6- bis 12-jähriger Kinder zu Sexualwissen und Körpergefühl«, in: *BZgA Forum*, 3/2009, Bundeszentrale für gesundheitliche Aufklärung (Hg.), Seite 42–46. Siehe: https://forum.sexualaufklaerung.de/archiv/2009/ausgabe-3/aufklaerung-aus-kindersicht-eine-befragung-6-bis-12-jaehriger-kinder-zu-sexualwissen-und-koerpergefuehl/, abgerufen am 29.01.2022

61 Vgl. Ina-Maria Philipps: »Sexualisiertes Verhalten – Brauchen wir neue Bewertungen?«, Vortrag vom 09.01.2001. Siehe: https://www.isp-sexualpaedagogik.org/downloadfiles/sexualisiertes_verhalten.pdf, abgerufen am 11.11.2021

62 Thorsten Quandt, Jens Vogelgesang: »Jugend, Internet und Pornografie«, aus: »Eine repräsentative Befragungsstudie zu individuellen und sozialen Kontexten der Nutzung sexuell expliziter Inhalte im Jugendalter«, in: Patrick Rössler, Constanze Rossmann (Hg.): *Kumulierte Evidenzen. Replikationsstudien in der empirischen Kommunikationsforschung*, Springer 2018, Seite 91–118. Siehe auch: https://www.researchgate.net/publication/319640220_Jugend_Internet_und_Pornografie, abgerufen am 12.11.2021
Die Zitate stammen aus einer Pressemitteilung der Universität Hohenheim vom 25.10.2017. Siehe: https://www.uni-hohenheim.de/uploads/media/Gemeinsame_PM_Pornografie-Studie.pdf, abgerufen am 12.11.2021

63 John H. Gagnon, William Simon: *Sexuelles Verhalten: Die sozialen Quellen der menschlichen Sexualität*. Aldine 1973

64 Folgende Studien präsentieren vergleichende Daten: *Jugendsexualität 2013. Partner 4 Sexualität & Partnerschaft ostdeutscher Jugendlicher im Vergleich der Hochschule Merseburg*. Siehe: https://www.ifas-home.de/downloads/PARTNER4_Handout_06%2006.pdf. Für die USA: Debby Herbenick u. a.: »Sexual behavior in the United States: results from a national probability sample of men and women ages 14–94«, in: *The Journal of Sexual Medicine* 7, Supplement 5, 2010, Seite 255–265 und »American Center for Disease Control's National Survey of Family Growth«, zitiert im *New York Magazine* vom 21.12.2006: Em & Lo: »The Bottom Line«. Siehe: https://nymag.com/nightlife/mating/25988/, alle abgerufen am 12.11.2021

65 Hoffentlich noch lange zu sehen unter https://www.keepitrealonline.govt.nz/parents/pornography/, alternativ auf YouTube, abgerufen am 12.11.2021

66 Bettina Schuhrke: *Kindliche Körperscham und familiale Schamregeln. Eine Studie im Auftrag der Bundeszentrale für gesundheitliche Aufklärung, BZgA (Hg.) 2003. Siehe: https://shop.bzga.de/pdf/13300011.pdf, abgerufen am 17.11.2021*

67 Den Hinweis auf die Yanomami gibt wie bereits angemerkt Bettina Schuhrke, aber auch der Artikel von Nancy Allmrodt und Wiebke Hebold: »Infoblatt Yanomami. Basisdaten, Lebensweise, Konflikte und Lösungsansätze«, auf *Terrasse Online*, Klett Verlag, vom 29.07.2014. Siehe: https://www.klett.de/alias/969296, abgerufen am 19.11.2021

68 Bettina Schuhrke u. a.: »Kindliche Körperscham und familiale Schamregeln«, a. a. O.

69 Definition von sexuellem Missbrauch, vgl. die Definition auf dem Internetauftritt der Unabhängigen Beauftragten für Fragen des sexuellen Missbrauchs, https://beauftragter-missbrauch.de/. Zitat siehe: https://beauftragter-missbrauch.de/prae-

vention/was-ist-sexueller-missbrauch/definition-von-sexuellem-missbrauch, abgerufen am 22.11.2021

70 Dunkelziffer e. V.: *Darf ich mit meinem Kind in die Badewanne? 100 und noch mehr Fragen aus dem Alltag von Dunkelziffer e. V.*, Frage 007. Siehe: https://www.dunkelziffer.de/wp-content/uploads/2020/06/100_Fragen_Dunkelziffer_download.pdf, abgerufen am 23.11.2021

71 Winfried Häuser u. a.: »Misshandlungen in Kindheit und Jugend«, in: *Deutsches Ärzteblatt*, 17/2011, Seite 287–94, und Andreas Witt u. a.: »Child maltreatment in Germany: prevalence rates in the general population«, in: *Child and adolescent psychiatry and mental health*, 1/2017, Seite 1–9, sowie: Andreas Witt u. a.: »The Prevalence of Sexual Abuse in Institutions: Results from a Representative Population-Based Sample in Germany«, in: *Sexual abuse: a journal of research and treatment*, 6/2019, Seite 643–661. Zitiert nach: Unabhängiger Beauftragter für Fragen des sexuellen Missbrauchs (Hg.): »Zahlen und Fakten. Sexuelle Gewalt gegen Kinder und Jugendliche«, vom 01.01.2022. Siehe: https://beauftragter-missbrauch.de/materialien/publikationen-des-unabhaengigen-beauftragten/zahlen-und-fakten, abgerufen am 22.02.2022

72 Bundesministerium für Justiz u. a. (Hg.): *Abschlussbericht Runder Tisch Sexueller Kindesmissbrauch*, vom 30.11.2011, S. 125ff. Siehe: https://www.bmj.de/SharedDocs/Downloads/DE/Fachinformationen/Abschlussbericht_RTKM.pdf;jsessionid=578289A7887995F4EA7E8984524DACBC.1_cid289?__blob=publicationFile&v=5, abgerufen am 28.04.2022

73 Arbeitsstab der Unabhängigen Beauftragten für Fragen des sexuellen Kindesmissbrauchs (Hg.): »Wie schützen wir die, die Schutz brauchen?« (Broschüre), Berlin 2016. Siehe: https://store.kein-raum-fuer-missbrauch.de/ubk/Custom/PDFPreview/UBSKM_Kitaflyer_72dpi.pdf#view=Fit, abgerufen am 01.12.2021. Mehr dazu: Kathrin Hedtke: »Die Kita – ein sicherer Ort. Aktiv gegen sexuellen Missbrauch: Schutzkonzepte sorgen in Kitas für Sicherheit«, in: *KinderKinder. Sicherheit & Gesundheit in Kindertageseinrichtungen*, Deutsche Gesetzliche Unfallversicherung e.V. Berlin (Hg.) 3/2018. Siehe: https://www.kinderkinder.dguv.de/die-kita-ein-sicherer-ort/, abgerufen am 02.12.2021

74 Zu diesen Thema gibt es ein Portal des Unabhängigen Beauftragten für Fragen des sexuellen Kindesmissbrauchs mit der Adresse www.schule-gegen-sexuelle-gewalt.de sowie einen Flyer und eine Broschüre vom Arbeitsstab des Unabhängigen Beauftragten für Fragen des sexuellen Kindesmissbrauchs (Hg.): »Wie gehen wir an, was alle angeht? Helfen Sie mit, Schülerinnen und Schüler vor sexuellem Missbrauch zu schützen«, Berlin 2016. Siehe: https://www.schule-gegen-sexuelle-gewalt.de/fileadmin/Inhalte/PDF/Downloads/UBSKM_P1_Flyer_175x175_ICv2_RZ18_sRGB_1_.pdf, abgerufen am 02.12.2021. Und: »Was muss geschehen, damit nichts geschieht? Schutzkonzepte helfen, Schülerinnen und Schüler vor sexueller Gewalt zu schützen. Informationen zu den Bestandteilen von Schutzkonzepten«, Berlin 2016. Siehe: https://www.schule-gegen-sexuelle-gewalt.de/fileadmin/Inhalte/PDF/Downloads/Broschuere/Broschuere.pdf, jeweils abgerufen am 02.12.2021

75 Uwe Sielert: »Expertise zum Thema ›Sexualerziehung in Grundschulen‹«, Kiel 2011. Siehe: https://schulblatt.tg.ch/public/upload/assets/84950/Expertise%20Sielert%20Langfassung%201_2015.pdf?fp=1, abgerufen am 03.05.2022

76 Der Deutsche Bundestag: Grundgesetz für die Bundesrepublik Deutschland. Vom 23. Mai 1949. Siehe: https://www.bundestag.de/gg, abgerufen am 06.12.2021

77 Vergleiche Andrea Hilgers u. a.: *Richtlinien und Lehrpläne zur Sexualerziehung. Eine Analyse der Inhalte, Normen, Werte und Methoden zur Sexualaufklärung in den sechzehn Ländern der Bundesrepublik Deutschland*, Bundeszentrale für gesundheitliche Aufklärung (Hg.) 2004. Siehe: https://publikationen.sexualaufklaerung.de/fileadmin/redakteur/publikationen/dokumente/13300004.pdf, abgerufen am 03.05.2022

78 Landesinstitut für Lehrerbildung und Schulentwicklung Hamburg (Hg.): *Auszug aus dem Hamburger Bildungsplan für die Grundschule, 3.6. Sexualerziehung*, Seite 26–27. Siehe: https://li.hamburg.de/contentblob/4075234/14b189e8be08f3387f4793bbf64a570a/data/pdf-bildungsplaene-aufgabengebiete.pdf, abgerufen am 06.12.2021, und Hilgers. a. a. O.

79 Chimamanda Ngozi Adichie: *Liebe Ijeawele… Wie unsere Töchter selbstbestimmte Frauen werden*. Fischer Verlag 2017, Seite 23

80 Janet Hyde: »The Gender Similarities Hypothesis«, in: *American Psychologist*, 6/2005, Seite 581–592. Siehe: https://www.apa.org/pubs/journals/releases/amp-606581.pdf. Siehe auch Konstanze Kindel: »Wie sich Frau und Mann unterscheiden: Verblüffende Erkenntnisse der neuen Forschung«, auf www.geo.de. Siehe: https://www.geo.de/wissen/22301-rtkl-geschlechterforschung-wie-sich-frau-und-mann-unterscheiden-verblueffende, abgerufen am 04.01.2022

81 Ethan Zell, Zlatan Krizan, Sabrina Teeter: »Evaluating gender simliarities and differences using metasythesis«, in: *American Psychologist*, 1/2015, Seite 10–20. Siehe: https://pubmed.ncbi.nlm.nih.gov/25581005/, abgerufen am 16.12.2021

82 Julia Schmieder, Katharina Wrohlich: »Gender Pay Gap im europäischen Vergleich: Positiver Zusammenhang zwischen Frauenerwerbsquote und Lohnlücke«, in: *DIW Wochenbericht*, 9/2021, Seite 141–147. Siehe: https://www.diw.de/documents/publikationen/73/diw_01.c.812226.de/21-9-3.pdf, abgerufen am 22.02.2022

83 Marlene Hellene: »›Du bist nicht mehr meine Freundin‹«, in: *Süddeutsche Zeitung* vom 15./16.01.2022, Seite 50

84 Die Zusammenfassung verdanke ich Wikipedia zum Stichwort Gender. Siehe: https://de.wikipedia.org/wiki/Gender, abgerufen am 16.12.2021

85 Zitiert nach Heribert Prantl: »Gleichberechtigung: Mission erfüllt?«, in: *Süddeutsche Zeitung Online* vom 08.09.2019, Prantls Blick. Siehe: https://www.sueddeutsche.de/politik/prantl-frauen-gleichberechtigung-1.4592437, abgerufen am 21.12.2021

86 IEA International Association for the Evaluation of Educational Achievement: *TIMSS 2019. Trends in International Mathematics and Science Study 2019*. Siehe: https://www.iea.nl/studies/iea/timss/2019 und https://datastudio.google.com/reporting/4e57826a-fd39-46da-b87e-a36188fac026/page/KtsmB, abgerufen am 21.12.2021

87 Jonathan M. Kane, Janet E. Mertz: »Debunking Myths about Gender and Mathematics Performance«, in: *Notices of the American Mathematical Society*, 1/2012, Seite 10–21. Siehe: https://www.ams.org/notices/201201/rtx120100010p.pdf, abgerufen am 03.01.2022 Siehe auch Holger Dambeck: »Studie widerlegt Mythen über Mädchen und Mathematik«, auf www.t-online.de vom 14.12.2011. Siehe: https://www.t-online.de/leben/familie/schulkind-und-jugendliche/id_52378550/maedchen-und-mathematik-studie-widerlegt-mythen.html, abgerufen am 03.01.2022

88 Matt Haig: *Ziemlich gute Gründe, um am Leben zu bleiben*, DTV 2016

89 Die in diesem Kapitel genannten Zahlen stammen aus der umfangreichen und aktuellen GeSiD-Studie *Gesundheit und Sexualität in Deutschland* aus dem Jahr 2020, Institut für Sexualforschung, Sexualmedizin und Forensische Psychiatrie (Hg.): *Gesund-*

heit und Sexualität in Deutschland. Bericht für die Befragten, Hamburg 2020. Siehe: https://gesid.eu/wp-content/uploads/2021/06/GeSiD_Zwischenbericht-200706_Einzel_RGB.pdf, abgerufen am 09.12.2021

90 Quellen: Felix Liebelt: »Anders ist normal. Vielfalt in Liebe und Sexualität« (Broschüre), Pro Familia (Hg.), Frankfurt 2015. Siehe: https://www.profamilia.de/fileadmin/publikationen/ePub/anders_ist_normal/html5.html#/1, oder die Website https://divers.land/, ein journalistisches Projekt, das die Lebenswelt von trans* Personen darstellt, ebenfalls mit Glossar. http://www.transinterqueer.org, Website des sozialen Zentrums TransInterQueer Berlin von und für trans*, inter* und nichtbinäre Personen, jeweils abgerufen am 10.12.2021

91 Jörg Winterfeldt: »Transsexuelle Buschbaum erfüllt sich ›Lebenstraum‹«, Artikel auf www.welt.de vom 25.01.2008. Siehe: https://www.welt.de/sport/article1595544/Transsexuelle-Buschbaum-erfuellt-sich-Lebenstraum.html, abgerufen am 08.12.2021

92 Siehe z. B. Michael Hermann u. a.: *Geschlechtergerechter. Studie # 1 Geschlecht und Identiät*, von: www.geschlechtergerechter.ch 12/2021. Siehe: https://dev.geschlechtergerechter.ch/assets/tour/GG-Studie-1-Sperrfrist-28.12.-17-Uhr.pdf. Und: James S. Morandini u. a.: »Exposure to continuous or fluid theories of sexual orientation leads some heterosexuals to embrace less exclusive heterosexual orientations«, in: *Nature Scientific Reports*, 11/2021. Siehe: www.nature.com/articles/s41598-021-94479-9.pdf, beide abgerufen am 30.01.2022

93 Zur Transgeschlechtlichkeit etwa: Madeleine B. Deutsch: »Making it count«, in: *LGBT Health*, 3/2016, S. 181–185. Siehe: http://doi.org/10.1089/lgbt.2016.0013, abgerufen am 30.01.2022.
In der großen GeSiD-Umfrage bestätigten 99,05 Prozent der Befragten, dass ihr Geburtsgeschlecht mit ihrem selbstbezeichneten Geschlecht übereinstimmt. Hinter dem knappen einen Prozent steckt aber mehr als nur inter* oder trans* Identität, in der Umfrage identifizierten sich statistisch gesehen vier von 10.000 als trans* oder inter*. Vgl. Carolin Muschalik u. a.: »Erfassung und Operationalisierung des Merkmals ›Geschlecht‹ in repräsentativen Bevölkerungsstichproben: Herausforderungen und Implikationen am Beispiel der GeSiD-Studie«, in: *Bundesgesundheitsblatt 11/2021, Seite 1367. Siehe: https://static-content.springer.com/pdf/art%3A10.1007%2Fs00103-021-03440-8.pdf?token=1651567725493--dc1ca7197263b2980e50b677e0307ebbc36247b54cce39fbcf8fc7c5440f024dda7dc48f95de708e998bb84b884300e9ee058c-87267f9b8539daf000557b3ca5, abgerufen am 03.05.2022*

94 Sie finden die Broschüre: »10 Fragen. 10 Antworten. Kinder, Gefühle, Doktorspiele«, Pro Familia Landesverband (Hg.), unter https://www.kita-einstieg-hamburg.de/wp-content/uploads/2021/06/10-Fragen.-10-Antworten.-Kinder-Gefuehle-Doktorspiele_DE.pdf

© Dirk Uhlenbrock

Christiane Kolb schloss 2018 ein Masterstudium der Angewandten Sexualwissenschaft an der Hochschule Merseburg ab und gibt ihr Wissen inzwischen in Projekten der Bildung und Beratung, an Elternabenden und in Büchern weiter. Außerdem schreibt sie seit 20 Jahren als Magazinautorin, u. a. für die Zeitschriften *Eltern, Eltern Family, Women's Health* und *Anders Handeln* über Liebe und Partnerschaft sowie Gesundheit und Gesellschaft. Sie ist Mutter zweier Töchter und lebt mit ihrer Familie in Hamburg.

www.lieben-lernen.info

heit und Sexualität in Deutschland. Bericht für die Befragten, Hamburg 2020. Siehe: https://gesid.eu/wp-content/uploads/2021/06/GeSiD_Zwischenbericht-200706_Einzel_RGB.pdf, abgerufen am 09.12.2021

90 Quellen: Felix Liebelt: »Anders ist normal. Vielfalt in Liebe und Sexualität« (Broschüre), Pro Familia (Hg.), Frankfurt 2015. Siehe: https://www.profamilia.de/fileadmin/publikationen/ePub/anders_ist_normal/html5.html#/1, oder die Website https://divers.land/, ein journalistisches Projekt, das die Lebenswelt von trans* Personen darstellt, ebenfalls mit Glossar. http://www.transinterqueer.org, Website des sozialen Zentrums TransInterQueer Berlin von und für trans*, inter* und nichtbinäre Personen, jeweils abgerufen am 10.12.2021

91 Jörg Winterfeldt: »Transsexuelle Buschbaum erfüllt sich ›Lebenstraum‹«, Artikel auf www.welt.de vom 25.01.2008. Siehe: https://www.welt.de/sport/article1595544/Transsexuelle-Buschbaum-erfuellt-sich-Lebenstraum.html, abgerufen am 08.12.2021

92 Siehe z. B. Michael Hermann u. a.: *Geschlechtergerechter. Studie # 1 Geschlecht und Identiät,* von: www.geschlechtergerechter.ch 12/2021. Siehe: https://dev.geschlechtergerechter.ch/assets/tour/GG-Studie-1-Sperrfrist-28.12.-17-Uhr.pdf. Und: James S. Morandini u. a.: »Exposure to continuous or fluid theories of sexual orientation leads some heterosexuals to embrace less exclusive heterosexual orientations«, in: *Nature Scientific Reports,* 11/2021. Siehe: www.nature.com/articles/s41598-021-94479-9.pdf, beide abgerufen am 30.01.2022

93 Zur Transgeschlechtlichkeit etwa: Madeleine B. Deutsch: »Making it count«, in: *LGBT Health,* 3/2016, S. 181–185. Siehe: http://doi.org/10.1089/lgbt.2016.0013, abgerufen am 30.01.2022.

In der großen GeSiD-Umfrage bestätigten 99,05 Prozent der Befragten, dass ihr Geburtsgeschlecht mit ihrem selbstbezeichneten Geschlecht übereinstimmt. Hinter dem knappen einen Prozent steckt aber mehr als nur inter* oder trans* Identität, in der Umfrage identifizierten sich statistisch gesehen vier von 10.000 als trans* oder inter*. Vgl. Carolin Muschalik u. a.: »Erfassung und Operationalisierung des Merkmals ›Geschlecht‹ in repräsentativen Bevölkerungsstichproben: Herausforderungen und Implikationen am Beispiel der GeSiD-Studie«, in: *Bundesgesundheitsblatt 11/2021, Seite 1367. Siehe: https://static-content.springer.com/pdf/art%3A10.1007%2Fs00103-021-03440-8.pdf?token=1651567725493--dc1ca7197263b2980e50b677e0307ebbc36247b54cce39fbcf8fc7c5440f024dda7dc48f95de708e998bb84b884300e9ee058c-87267f9b8539daf000557b3ca5, abgerufen am 03.05.2022*

94 Sie finden die Broschüre: »10 Fragen. 10 Antworten. Kinder, Gefühle, Doktorspiele«, Pro Familia Landesverband (Hg.), unter https://www.kita-einstieg-hamburg.de/wp-content/uploads/2021/06/10-Fragen.-10-Antworten.-Kinder-Gefuehle-Doktorspiele_DE.pdf